「ゼロ」から年商1億円の最短ルート

【超完全版】
Amazon ビジネス 大全

（株）GROOVE代表取締役
田中謙伍
Kengo Tanaka

KADOKAWA

- 本書の内容は、2025年1月末時点の情報をもとに構成しています。
- 本書で述べる小売市場、EC市場、Amazonをはじめとする各企業の売上高は、株式会社GROOVE独自調べによるものです。
- 本書の発行後にソフトウェアの機能や操作方法、画面などが変更された場合、本書の掲載内容どおりに操作ができなくなる可能性があります。
- 本書に掲載されたURLなどは、予告なく変更される場合があります。
- 本書の出版にあたり正確な記述に努めておりますが、内容にもとづく運用の結果について著者および株式会社KADOKAWAは一切の責任を負いかねますのでご了承ください。
- 本書に記載されている会社名、製品名、サービス名は、一般に各開発メーカーおよびサービス提供元の登録商標または商標です。なお本文中にはTMおよびRマークは明記していません。

はじめに

　本書はタイトルのとおり、Amazon でモノを売ることを通じて「誰でも」「最短で」年商 1 億円を達成するための方法をまとめたものです。

「誰でも」というのは、個人・法人を問わずさまざまな方が当てはまります。

- 副業をはじめたいけれど、なにから手をつけてよいかわからない人
- 独自で商品を生み出し、販売に挑戦したい人
- すでに独自商品を持ち、自社通販サイト以外にも販路を広げたい法人
- ネット販売の正しいノウハウがほしい、通販部門の担当者
- 代々受け継ぐ伝統工芸品を、広く発信・販売したい職人や作家

「モノを売る」というのは、なにも法人だけに許された特権ではありません。Amazon で販売する最大の魅力は、個人・法人を問わず誰でも販売者になれること。思い立ったら、誰でもすぐにはじめられるのが醍醐味と言えます。

　ただし先にお伝えしておきますと、本書は、せどりや転売活動を行いたいと考える方にはおすすめしません。あくまで、**イチからモノを生み出し、それを Amazon で販売し、売上・利益を生み出していくノウハウを伝授**するものだからです。もちろん才能やコネなどの類いも、必要ありません。

　強いて言うならば、「自分の想いを形にしたモノを売りたい！」。あなたの心のなかにそれほどの情熱があるならば、年商 1 億円に到達する才能は十分持っていると言えるでしょう。このままぜひ、本書の STEP1 へとページを進めてください。

▶本書があれば、"自称" EC コンサルとおさらばできる！

　――とはいえネット通販について、そんな簡単に年商 1 億円が到達できるのかと、つい疑いたくなる方もいることでしょう。

　とくに、ネット通販で過去に失敗を経験したことがある方ほど、二の足を踏ん

でしまうのは無理もありません。

世の中には、ウェブマーケティングやEC事業を支援する企業がたくさんあります。そうした会社に相談を持ちかけてみても、思ったような実績につながらなかったという苦い経験をお持ちの方もいるでしょう。

私はその原因について、支援者がそもそもECについて実践的な経験値に乏しいからではないかと考えます。残念ながら、ECコンサルタントを自称する人や企業の99%は、自前でゼロから年商1億円のEC事業へ成長させ、安定的に継続させたという実績を持っていません。

YouTube動画のためによい機材を揃えなさい、Instagram運用のために写真をプロに頼みなさい、インフルエンサーにお金を払って告知をしてもらいなさい、出費を厭わずオフィシャルサイトのデザインにこだわりなさい……。こうしたアドバイスを強くすすめられた経験はありませんか？

しかしこれらの打ち手は、必ずしも大切であるとは限りません。

▶元Amazon社員だから語れる、Amazonのリアル

では「なにが必要なのか」と言うと、答えはシンプルです。

EC、つまりAmazonの仕組みやアルゴリズムを知り、それに準じて商品を正しく売るという方法論です。本書で紹介する基本ルールに則って検証や改善を繰り返していけば、年商1億円は自然と到達できます。

——自己紹介が遅れました。

私は株式会社GROOVEの代表取締役を務めている田中謙伍と申します。GROOVEは、Amazon D2Cにおける商品企画から販売戦略の策定、また運用を代行し、EC事業部の組織構築、内製化のための社内研修を通じて、日本のモノづくり企業へのEC事業支援を行っています。

私は2012年に新卒でAmazonの日本法人に入社し、約5年勤めてまいりました。

その間、Amazonマーケットプレイスで販売をする方への営業支援、マーケティングの仕事を担当しています。

数百社におよぶブランド様やメーカー様をサポートさせていただくなかで、Amazon内の仕組みやアルゴリズムについても独自で研究、検証を重ねていきました。と同時に、Amazonそのものの市場規模が、年を追うごとに急成長を遂げ

ていく姿も "内側" から体感してきました。

▶副業ではじめた Amazon ビジネスが、初年で年商 1 億円を達成

「Amazon はこれからも、日本の EC 市場（ひいては小売市場）を席巻していくことは確実だ！」

そう感じた私は、もともとモノづくりに興味があったことから、「**自分も Amazon の通販に挑戦してみよう**」と思い立ちました。入社して 3 年目のときです。友人とともに「株式会社 GROOVE」という会社を設立し、「副業」という形で販売を開始しました。初めて販売した商品は、財布です。代表取締役の友人のもと、**Amazon 社内で培った知見をもとに商品企画、商品開発、販売**を行い、なんと **1 年目で年商 1 億円を達成**しました。

当然ですがその間は、単に財布を「売っただけ」ではありません。Amazon 上の機能をフル活用しながら、**商品ページ内のクオリティ改善、日々蓄積されていくカスタマーレビューの分析、商品そのものの改善、Amazon 広告施策など「やるべきこと（＝ PDCA〈STEP8 で詳述〉）」**を徹底的に繰り返しました。

それによって私の商品は Amazon の商品検索結果でたびたび上位に表示されるようになり、多くのお客様が私の商品を注目せずにはいられない状態をつくりあげていったのです。

そして **2 年目には、年商 3 億円**まで伸ばすことができました。

「**自分が導き出した Amazon ビジネスのメソッドは、本当に使える！**」

そう手応えを感じた私は、年商 3 億円を達成した時点で独立を決意。その後、GROOVE の代表取締役となります。当社クライアントの流通総額は 50 億、100 億、500 億円という形で現在まで拡大し続けています。

▶Amazon ビジネスを成功させる最新メソッドを大公開

当然ですが起業してから現在まで、Amazon 内の仕組みやアルゴリズムは進化を続けています。またそれに併せて、当社のメソッドもブラッシュアップを重ねています。本書はそんな **Amazon ビジネスのノウハウについて、最新情報を余すところなく**詰め込みました。「余すところなく」の文字どおり、ページ数も相当のボリュームがありますし、構成内容も細かく分類しています（次ページ参照）。

004 / 005

【超完全版】Amazonビジネス大全　構成の概観

STEP 1
いまさら聞けない！
Amazonってそもそもどんな会社？

なぜ私がこれほど、AmazonでのEC事業を強く推しているのか、その理由について詳しく解説します。日本の小売市場規模、そこに占めるAmazonの市場規模や成長率、楽天との違いなどから、「なぜ本気でAmazonへの参入を検討すべきか」「モノを売るならAmazon一択である」ことを裏づけます。

STEP 2
年商1億円の必須知識！
「利益構造」と「売上方程式」

「Amazonマーケットプレイス」でモノを売るために、必ず押さえておくべき必須知識を伝授します。まずはAmazonの仕組みを理解するうえで、サイトのユーザー・インターフェース設計、自分に合った販売方法の選択、検索ロジックなどを解説します。そのうえで、収益化に向けた「Amazonの売上方程式」「Amazonの収益モデル」といった事業計画を立てるうえでの大切な知識をお伝えします。

STEP 3
狙うべき市場はここ！
激しい戦場でも勝てる「3C分析」活用術

Amazonには、膨大な量の商品カテゴリー、商品を取り揃えております。そのなかから、自分が狙うべき市場をどのようにして見定めるかを解説します。とくに販売の初心者は、「自分が好きなジャンルだから」「人気のジャンルだから」という短絡的な選択に陥りがちで、つまずきやすいポイントです。マーケティング手法である「3C分析」をベースに、Amazonに備わっている機能を駆使しながら勝てる市場と、適切な規模感を浮き彫りにします。

STEP 4
こういうのがほしかった！
市場にウケまくる商品企画

売れる商品になるかどうか。それを決定づけるのは企画です。とくに間違えやすいパターンとして、「プロダクトアウト」に原因があります。競合商品に勝つためには、「マーケットイン」の思考に切り替えなければなりません。そのために「POX」というフレームワークに当てはめながら、検討を進めます。

STEP 5
競合商品のパッケージ裏に答えが！
最良の製造パートナーを最速で見つける

商品企画が固まったら、次は開発です。つまり製造を行います。しかし自前で製造部門を持っていない場合、外注するしか方法はありません。つまりOEM先を検討します。外注の難しいところは、自分の情熱を理解してくれる優秀な企業が見つかるかどうか。そんな最良のビジネスパートナーの選定方法について解説します。

STEP 6

アルゴリズムは怖くない！
「理念」と「原則」を理解し、検索上位を獲る

結論から言いますと、Amazon のアルゴリズムは非公表です。ですが、知るためのヒントはあります。それが「Amazon の理念」です。創業者であるジェフ・ベゾス氏が掲げた理念は、いまもアルゴリズムに息づいています。また私の Amazon 在籍時代から続ける検証結果からも、精度の高い情報を提供します。本章では、アルゴリズムを詳細に理解し、自社商品が検索結果上位に表示されるためのコツをまとめます。

STEP 7

スタートダッシュが命！
「7Days ハーフの法則」×「フレッシュネス」
でライバルを瞬時に蹴散らせ

「7Days ハーフの法則」「フレッシュネス」は、アルゴリズムの検証から導き出した法則です。Amazon では、商品ページの公開日を起点に約 7 日間でどれだけ Amazon 内で広告を打てるかが勝敗を分けるのです。その理由と具体的な施策について解説します。

STEP 8

売って終わり、ではない！
ベストセラーを達成するための「攻め方」と「守り方」

私が初めて Amazon で販売した財布は、1 年で年商 1 億円を達成しました。これほど短期間に到達できた秘密が、まさに本章に書かれています。商品は発売すれば勝手に売れる、というわけではありません。むしろあらゆることに対して PDCA を回し続ける必要があるのです。商品ページ全体の見直し、カスタマーレビュー分析、商品自体のリニューアルなど PDCA を回すべき対象とその方法について紹介します。

STEP 9

広告、SEO に次ぐ "第 3 の施策"
「Amazon ブランドストア」にいち早く取り組め

Amazon に出品する企業や個人は年々増加しています。それに伴って Amazon 広告も高騰し、資金力のある企業でさえ利益率の低下に頭を抱えています。また、そこへ追い打ちをかけるように昨今の物価高で商品原価も高騰する状況です。

そんななか、いま広告や SEO に次ぐ新たな施策が注目されています。それが「Amazon ブランドストア」という存在。なんと、Amazon 内に自社ブランドのホームページのようなコンテンツがつくれるのです。

これまでの広告施策や SEO 施策は、検索される "面積" が重要視されました。一方ストアでは、お客様がページに滞在し続ける "時間" が要とされています。

今後さらに注目を集めるであろう、ストアの運用と PDCA について解説します。

STEP 10

進むも勇気、退くも勇気！
正しい未来へ導くための「拡大戦略」「撤退戦略」

年商 1 億円に到達するための道筋は、なにも 1 商品だけで達成する必要はありません。途中、さまざまな取捨選択を行いながら達成することもあるでしょう。そんななかで判断に迷うのが「拡大か、撤退か」という事業そのものの見極め方です。私がこれまでに見てきた企業の「成功事例」「失敗事例」を元に、事業の未来を正しく予測するためのノウハウを伝授します。

▶「年商1億円」は、自分も日本も幸せにする

本書のタイトルに掲げる「年商1億円」は、お金持ちになりたい読者へ向けた"釣り"ではありません。

私はGROOVEを立ち上げてから現在まで、さまざまな企業や個人をサポートしてきました。そのなかで、商品に対する情熱や想いはあるけれど、どのように売ればよいかわからないという中小企業の担当者、職人、作家の方も数多くいらっしゃいます。そういった方々が本書で紹介しているメソッドを実践すると、たちまち売上が伸びて「ベストセラー1位」のバッジを獲得したり、悪化した業績をV字回復させたりするのです。

収入が増えることでもたらされる恩恵はいくつもありますが、もっとも大事なのは「次への投資が行える」ことだと私は考えます。当然、自身の暮らしが豊かになるという面もありますが、それだけにとどまらないことを強調したいのです。

利益によって生まれた「余剰」で、新しい挑戦が可能になります。現在売れている商品に対して、Amazon以外の広告にも広げていくことでさらにお客様を獲得する機会がつくれます。あるいは、まったく新しいジャンルの商品の企画・開発・販売に挑戦することも可能でしょう。

私はそういった次への投資（企画・開発・製造・広告など）に必要な予算を潤沢に用意できるボーダーが、「年商1億円」であると位置づけています。

そして新たな挑戦でも年商1億円を達成し、さらに次の投資へと進めるようになる──。こうしたよい循環が生まれることで、ひいては日本のモノづくり文化の素晴らしさが「再発見」されていき、都市部だけでなく地方で細々と営む優秀な方々まで満遍なく活躍でき、豊かな日本社会になることを目指したいと考えています。

それが私がGROOVE設立当初から掲げる「日本のモノづくりをアップデートする」ことなのです。

ぜひ読者のみなさまも、本書を通じて「年商1億円」を達成していただき、日本のモノづくり文化の発展に寄与してほしいと願っております。

【超完全版】
Amazonビジネス大全
CONTENTS

はじめに ———————————————————————— 003

STEP 1
いまさら聞けない！
Amazonってそもそもどんな会社？

1-1 | Amazonの勢いは、もはや誰にも止められない ———— 023
1-1-1　老若男女問わず愛される存在である ———————— 023
1-1-2　米国内でのECシェア率は50%を超えている！ ———— 024
1-1-3　成長率が加速度的に伸びている ————————— 025

1-2 | Amazonと楽天の違いを知る ———————————— 028
1-2-1　事業概要の違い ——————————————— 028
1-2-2　ユーザー・インターフェースの違い ——————— 031
1-2-3　Amazonの収益モデルは、成果報酬型 —————— 037
1-2-4　楽天の収益モデルは、固定収入型 ——————— 038

1-3 | ビジネスモデルと社員像の違い ———————————— 040
1-3-1　Amazonは中途採用が9割。他業界から人が集まる世界 —— 041
1-3-2　楽天は知的体育会系型。積極的な外国人採用で店舗側の苦労も？ — 041
1-3-3　Amazonの営業はビジネスドライ ———————— 042
1-3-4　楽天の営業は、人間関係を重視したサポート体制 ——— 042
1-3-5　営業担当者が「喜ぶツボ」を押さえておくと有利 ——— 043

COLUMN 1 ▶ Amazon.co.jp 20年の歩み ———————— 045

STEP 2

年商1億円の必須知識！「利益構造」と「売上方程式」

2-1 Amazonセラーとベンダーの違い ... 049
- 2-1-1 2種類の販売方法を理解する ... 049
- 2-1-2 誰が顧客なのか？ ... 050
- 2-1-3 ベンダーは、自分に価格決定権がない！ ... 052
- 2-1-4 セラーとベンダーを分ける3つの基準 ... 053

2-2 Amazonマーケットプレイス ... 055
- 2-2-1 画期的な発明「シングル・ディテール・ページ」 ... 055
- 2-2-2 1つの商品ページを"みんなでつくる"UI設計 ... 057
- 2-2-3 単なる物流代行だけじゃない「FBA」 ... 058

2-3 お客様の動線を示す「カスタマージャーニー」 ... 061
- 2-3-1 お客様は、モノを買うときに「どう調べ」「どう買う」のか？ ... 061

2-4 「検索」を制する者はAmazonを制する ... 064
- 2-4-1 検索には2パターンの流入経路がある ... 064
- 2-4-2 自然検索を上げるもっとも重要な指標 ... 065
- 2-4-3 検索結果1位の商品だけが味わえるメリット ... 068

2-5 Amazonの売上方程式 ... 070
- 2-5-1 売上を構成する3要素 ... 070
- 2-5-2 売上を伸ばすための基本的な施策 ... 072

2-6 Amazonの検索アルゴリズム ... 074
- 2-6-1 売れば売るほど、検索順位が上がる仕組み ... 074
- 2-6-2 検索ロジックをストーリーで考える ... 076
- 2-6-3 クリック率を上げる ... 076
- 2-6-4 転換率を上げる ... 077
- 2-6-5 アクセス数の拡大 ... 079

2-7 販売計画を立てる前の基礎知識 —————— 082

2-7-1 黒字化までのシナリオ ————————————————— 082
2-7-2 1か月目は、広告投資と赤字を覚悟する ————————— 083
2-7-3 2か月目は、徐々に広告の効果が出るもまだ赤字 ————— 083
2-7-4 苦しい時期を乗り越えて、5〜6か月目で黒字化に！ ——— 084
2-7-5 成長から衰退へ向かう4フェーズ ———————————— 085

COLUMN 2 D2CやAmazonが小売市場の構造を変革する ———— 087

STEP 3
狙うべき市場はここ！激しい戦場でも勝てる「3C分析」活用術

3-1 膨大なジャンルから、どれで勝負するか？ ———— 091

3-1-1 広大なカテゴリーから「3C分析」で絞り込む ————— 091
3-1-2 ①カスタマー：年間で1億円売上げられる市場が目安 —— 092
3-1-3 ②コンペティター：負け戦にならないために、相手の力量を探る — 093
3-1-4 ③カンパニー：商品を生み出す資金は、自社にあるのか？ — 094
3-1-5 大切なのは3つのCをバランスよく考えていくこと ——— 095

3-2 Customer：
狙う市場の規模を推測する ————————— 096

3-2-1 カテゴリー選択によって、市場をどこまで絞るか ——— 096
3-2-2 検索ボリュームから、市場規模を計測する ——————— 097

3-3 市場規模を計測するツール ———————————— 099

3-3-1 「ブランドアナリティクス」で検索頻度ランクを調べる — 099
3-3-2 ミドルキーワードで戦う市場をロックオン —————— 102
3-3-3 穴場を見つけたら「通常検索欄の推奨キーワード」で冷静に判断！ — 103
3-3-4 スポンサープロダクト広告の「キーワードターゲティング」 — 105
3-3-5 Googleの「キーワードプランナー」で、客観的な検証も忘れない — 106

3-4 正しい目標の立て方 ———————————————— 107

3-4-1 検索結果上に、ヒントがある ——————————————— 107

3-5 Competitor：競合がどのくらい強いかを把握する ——————— 109
3-5-1 商品力×マーケティング力＝競合の強さ ————————————— 109
3-5-2 競合の商品力は、カスタマーレビューでわかる ——————————— 109
3-5-3 グルーピング、マッピングで、未開のポジションが見える ——————— 110
3-5-4 競合のマーケティング力を知る「4P分析」————————————— 111

3-6 Company：自分の強みを見極める ———————————————— 114
3-6-1 「長期的に売れるには？」という時間軸を持つ ——————————— 114
3-6-2 自社商品の価値を構成する「バリューチェーン」——————————— 115

COLUMN 3 「ブランド」を構成する3つの要素 ——————————————— 121

STEP 4
こういうのがほしかった！
市場にウケまくる商品企画

4-1 良い商品なのに売れない最大の理由 ——————————————— 125
4-1-1 初心者が陥りやすい「プロダクトアウト」思想 ——————————— 125
4-1-2 自社の強みを定義するためのフレームワーク「POX」—————————— 126

4-2 人気商品"完全栄養パン"からPOXを学ぶ ————————————— 128
4-2-1 POD：どの製パンよりも栄養満点！————————————————— 128
4-2-2 POP："完全栄養パン"はおいしくない？——————————————— 128
4-2-3 POF："完全栄養パン"は高い！—————————————————— 129
4-2-4 高価すぎる家電「バルミューダ・ザ・トースター」のPOX ——————— 129

4-3 初心者が間違えやすい「自己満POD」——————————————— 131
4-3-1 知らぬ間にプロダクトアウトに陥るパターン ——————————— 131
4-3-2 圧倒的に強いPODがあれば、広告なしでも売れる！————————— 132

4-4 良い企画会議、悪い企画会議 —————————————————— 134
4-4-1 企画会議で出すべきは「アイデア」ではない！——————————— 134
4-4-2 キーワード分析の使い方を間違えると、ニーズを見誤る ——————— 136
4-4-3 「仮説」と「検証」でインサイトを浮かび上がらせる ——————————— 136

4-5	お客様の声を集めると、市場のスキマが見える	138
4-5-1	カスタマーレビュー分析実践編	138
4-5-2	企画から開発へ移る前にすべきこと	141
4-5-3	「5ちゃんねる」の意見をバカにしてはいけない	144

COLUMN 4 Amazonで戦うための実践的マーケットイン思考法 ———— 145

STEP 5

競合商品のパッケージ裏に答えが！ 最良の製造パートナーを最速で見つける

5-1	AmazonD2C原価構造の黄金比	149
5-1-1	原価率にAmazon販売コストを加える	149

5-2	よきビジネスパートナーを見つける	152
5-2-1	自社製造ができなくても諦める必要はない	152
5-2-2	ネットでパートナーを調べる	153
5-2-3	競合の製造元を調べる	156
5-2-4	構成要素を分解して考える	157
5-2-5	ケーススタディ：原材料から紐解いた成功例	157

5-3	相見積もりでわかる、優良企業の見分け方	159
5-3-1	相見積もりは、とにかくたくさん取れ	159
5-3-2	「良い取引先か」を見極める3つの視点	160
5-3-3	良い製造元を選ぶためのチェックリスト	161

5-4	土壇場でモノを言うのは「良好な人間関係」である	163
5-4-1	OEM先とは、良好な人間関係を築け	163
5-4-2	泥臭い交渉を重ねた先に得られるもの	164
5-4-3	「見積もりが安いから」だけの判断は、とても危ない	165

5-5	スピーディーに商品改善できる仕組みづくり	166
5-5-1	開発部門を持つ企業の「あるある失敗」事例	166
5-5-2	商品は、「売って終わり」ではない	167

5-5-3	小ロット生産は、商品改善との相性が抜群によい	168
5-5-4	「ずっとβ版」という初心を忘れない	169
5-5-5	取引先をアップデートするタイミング	170

STEP 6

アルゴリズムは怖くない！「理念」と「原則」を理解し、検索上位を獲る

6-1 ジェフ・ベゾスの想い＝Amazonアルゴリズム … 173
6-1-1	検索アルゴリズムは、お客様ファーストで構築される	173
6-1-2	利益至上主義でないのが Amazon の魅力	174
6-1-3	真っ当な販売をしていれば、アルゴリズムの激動は怖くない	175

6-2 商品ページに大切なキーワードを忍ばせる … 177
6-2-1	アルゴリズムの原則は「洗い出し」と「並び替え」	177
6-2-2	インデックスさせるための方法	178
6-2-3	キーワードを入れるべき項目	179
6-2-4	検索キーワードは十分か	181
6-2-5	3つのアルゴリズムを意識する	183
6-2-6	Google の自然検索対策で盤石な体制を築く	183
6-2-7	顧客志向で商品ページをつくった者が勝つ	185

6-3 【ラッキー編】勝手にインデックスされる … 186
| 6-3-1 | 顧客の行動履歴を参照して、インデックスされる | 186 |
| 6-3-2 | お客様によって付加価値を与えてもらえる場合がある | 188 |

6-4 【アンラッキー編】インデックスされたいのにされない … 189
| 6-4-1 | 原因は、「アンチキーワード設定」 | 189 |

6-5 きちんとインデックスされているか … 191
6-5-1	「ASIN ＋キーワード」で確認	191
6-5-2	インデックスの検証方法	192
6-5-3	なにかの拍子で設定が外れるため、定期的なチェックが大切	193

6-6 販売実績：売上より個数に注力せよ —— 194

- 6-6-1 販売実績とは、「金額」ではなく「個数」である —— 194
- 6-6-2 他社の販売実績に勝つには —— 195
- 6-6-3 直接キーワードは、間接キーワードよりも約3倍評価が高い —— 197
- 6-6-4 価格帯で検索結果の枠数が決まっている —— 198

6-7 時間軸：「7Daysハーフの法則」「180日の法則」 —— 199

- 6-7-1 販売スコアは、1週間経るごとに半減してしまう —— 199
- 6-7-2 ひと月で400個売るのと、1週間で400個売るのはどちらがよい？ —— 199
- 6-7-3 最初の1週間で、広告予算を使い切る覚悟を！ —— 200
- 6-7-4 中長期的な評価軸「180日の法則」 —— 201

6-8 配送条件：FBAを利用しているか、していないか —— 202

- 6-8-1 販売実績がまったく同じならば、FBA利用者が有利 —— 202
- 6-8-2 アルゴリズムのまとめ —— 202

COLUMN 5 検索キーワードを徹底的に洗い出す方法 —— 204

STEP 7 スタートダッシュが命！「7Daysハーフの法則」×「フレッシュネス」でライバルを瞬時に蹴散らせ

7-1 販売1か月目の基本戦略 —— 209

- 7-1-1 収益モデルのおさらい —— 209
- 7-1-2 「直接効果」から「間接効果」への素早い転換を目指す —— 210
- 7-1-3 月間の広告予算を予測する —— 212
- 7-1-4 CPA：1注文あたりの広告費を算出する —— 214
- 7-1-5 1クリックあたりの広告料の目安とは？ —— 214
- 7-1-6 CVR：商品ページを訪れた人のうち何人が購入したか —— 216
- 7-1-7 販売計画は3パターン用意する —— 217
- 7-1-8 1か月目の結果を見て、2か月目以降の事業計画を修正する —— 218
- 7-1-9 広告予算確保の「理想」と「現実」 —— 219

7-2 ケーススタディ：1か月30万円の広告予算の場合 —— 220

- 7-2-1 検索結果の1ページ目・最下位は何個売れているか？ —— 220

7-2-2	検索キーワードに入札する	220
7-2-3	予算シミュレーションを立てる	221
7-2-4	初回シミュレーション結果をもとに目標設定を修正する	222

7-3 最初の14日間で勝敗が決まる！ 225

7-3-1	商品ページ公開から2週間は"ゴールデンタイム"	225
7-3-2	フレッシュネスを台無しにする段取り	225
7-3-3	見切り発車厳禁！すべてが整ったら商品ページをリリースする	226
7-3-4	「7Days ハーフ＋フレッシュネス」で、全広告予算を投入せよ！	226

COLUMN 6 集客が爆増するマーケティング施策 228

STEP 8 売って終わり、ではない！ ベストセラーを達成するための 「攻め方」と「守り方」

8-1 PDCAを回すべき対象 233

| 8-1-1 | Amazon販売におけるPDCAの意義 | 233 |
| 8-1-2 | 売上方程式のPDCAを回せ | 234 |

8-2 分析レポートを確認する 235

8-2-1	「ビジネスレポート」と「広告レポート」	235
8-2-2	ビジネスレポートと広告レポートの棲み分け	236
8-2-3	大公開！年商1億円を達成するPDCAチェックリスト	236

8-3 適切なキーワードボリュームで市場を正しく狙う 238

| 8-3-1 | アクセス数を増やす3つの施策 | 238 |

8-4 競合の商品を定期的にチェックする 240

| 8-4-1 | 競合はどんなキーワードで勝負しているかを考察する | 240 |

8-5 キーワードから市場の"スキマ"を探しにいく 242

| 8-5-1 | ミドルキーワードで、自分の"居場所"を探り当てる | 242 |

8-6 広告の費用対効果を確認する　245

- 8-6-1 商品のフェーズに合わせて、適切な目標を設定する　245
- 8-6-2 広告の費用対効果を測る「ACoS」「ACoTS」　246
- 8-6-3 ACoS と ROAS はどっちが便利？　248
- 8-6-4 広告予算を切らさない　250

8-7 バッジを獲得する　251

- 8-7-1 バッジの存在は、お客様を無意識に引きつける　251
- 8-7-2 バッジを獲得するための条件　251

8-8 カスタマーレビューを改善する　253

- 8-8-1 まずは「レビュー数 30 件」「スコア 4.0 点」を目指そう　253
- 8-8-2 目標をクリアできれば、競合に引けを取らない　254

8-9 カスタマーレビューの星を増やす　255

- 8-9-1 人はよくも悪くも"ギャップ"に弱い　255
- 8-9-2 悪いレビューがつかないようにする施策　256

8-10 お客様に「役立つレビュー」を書いてもらう　258

- 8-10-1 ファンが「役立つレビュー」を書いてくれる　258
- 8-10-2 CRM でファンを拡大させる　258

8-11 価格を改定する　260

- 8-11-1 少しずつ値下げして、適切な価格を探る　260

8-12 商品ページ全体を改善する　261

- 8-12-1 お客様は商品ページの「どこを」見ているか？　261
- 8-12-2 カスタマーレビューを甘く見てはいけない　267
- 8-12-3 スマホ画面での確認を忘れない　267

8-13 商品のメイン画像を改善する　268

- 8-13-1 目的は、いかに CTR を上げられるか　268
- 8-13-2 他社の商品画像を 100 枚見よ　269
- 8-13-3 1 枚の写真のなかに「狙い」をしっかり詰め込む　270

8-14 商品のサブ画像を改善する ———— 272

8-14-1 問題点を洗い出す ———— 272
8-14-2 「機能的価値」を整理する ———— 273
8-14-3 「情緒的価値」を整理する ———— 275
8-14-4 サブ画像を変えるだけで CVR が 1.5 倍に！ ———— 276

8-15 情緒的価値、機能的価値を高める ———— 277

8-15-1 世の中の流れを見て、大きく方向転換する ———— 277
8-15-2 製品を前面に打ち出さなくても CVR が 1.6 倍に！ ———— 278
8-15-3 コンセプトを機能的価値から、情緒的価値へシフト ———— 278

8-16 商品に影響力をもたらす2つの理論を活用する ———— 280

8-16-1 ゴールデンサークル理論 ———— 280
8-16-2 「Why」の見つけ方①：カスタマーレビュー分析 ———— 281
8-16-3 「Why」の見つけ方②：ベンチマーキング ———— 282
8-16-4 影響力の武器 ———— 283
8-16-5 サブ画像は「情緒 2 枚：機能 4 枚」でつくる ———— 284

8-17 結局、商品はずっと β 版である ———— 285

8-17-1 事業計画に対する PDCA を忘れてはいけない ———— 285

COLUMN 7 Amazon 新規参入の壁！「適正価格」を考える ———— 287

STEP 9 広告、SEOに次ぐ"第3の施策"「Amazonブランドストア」にいち早く取り組め

9-1 「Amazonブランドストア」とはなにか？ ———— 291

9-1-1 まるで公式ホームページのような独自コンテンツがつくれる ———— 291
9-1-2 Amazon 内、外部広告どちらでもお客様が流入可能！ ———— 293

9-2 施策①：ストア来訪者の「即離脱」を防ぐ ———— 295

9-2-1 ストアの滞在時間を増やすための具体的な施策 ———— 295
9-2-2 ストアに来た人をいかに「つなぎとめるか」 ———— 296

9-3	施策②： ストレスを与えない導線設計を考える	299
9-3-1	やるべきことは簡単。「使いやすさ」「わかりやすさ」の改善	299

9-4	施策③： クロスセル、アップセルで売上を最大化する	302
9-4-1	お客様に「便利」と「知識」を授けることが大切	302
9-4-2	Amazon ブランドストア PDCA まとめ	304

COLUMN 8	無名シャンプーが、大手メーカーに勝った秘密	305

STEP 10
進むも勇気、退くも勇気！正しい未来へ導くための「拡大戦略」「撤退戦略」

10-1	年商1億円に至るシナリオ	309
10-1-1	ラインナップを増やす	309
10-1-2	カテゴリー、ブランドを増やす	311
10-1-3	販路はあえて増やさない	315
10-1-4	別媒体から流入させる	317

10-2	勇気ある撤退判断	319
10-2-1	撤退の根本原因は「マーケット選定ミス」が9割	319
10-2-2	原因①：市場規模の検討が不十分だった	319
10-2-3	原因②：競合が強すぎた	320
10-2-4	原因③：プロダクトがお客様に刺さらなかった	321
10-2-5	撤退の検討は3～6か月目までに決着せよ	321
10-2-6	失敗を次に生かすための種とする	322

10-3	あるある失敗事例から学ぶ	323
10-3-1	よくある失敗①：広告予算が途中で尽きる	323
10-3-2	よくある失敗②：PDCA を回しきれていない	324
10-3-3	よくある失敗③：強力な競合が参入してくる	325
10-3-4	よくある失敗④：事業計画が不十分	326
10-3-5	よくある失敗⑤：市場シェアを奪われる	327

10-4 成功事例から学ぶ ——————————————— 328

10-4-1 成功事例①：常にPDCAを回している ——————————— 328
10-4-2 成功事例②：世の中のマクロ環境を捉えている ——————— 329
10-4-3 成功事例③：ブランディングができている ——————————— 329
10-4-4 ビッグキーワードで検索されれば、ブランド力として十分！ ——— 331

COLUMN 9 「日本のモノづくりをアップデート」の真意 ——————— 333

おわりに ———————————————————————— 335

特典1 Amazon セラーセントラル（出品アカウント登録） ——————— 338
特典2 Amazon ブランドレジストリ（Amazon ブランド登録） ————— 340
特典3 Amazon の新規商品登録の方法 ——————————————— 342
特典4 AmazonD2C PDCA チェックリスト 131 ——————————— 344
特典5 AmazonD2C 用語解説集 ——————————————————— 348

STEP
1

いまさら聞けない！
Amazon ってそもそも
どんな会社？

Amazonの勢いは、もはや誰にも止められない

1-1-1
老若男女問わず愛される存在である

Amazonという会社を知るにあたり、まず**Amazonに出品するメリット**について理解しておきましょう。

先に結論からお話しします。

商品によってAmazonに向いているもの、向いていないものは多少ありますが、すべてのメーカーにおいて「**Amazonで販売しない手はない**」というのが持論です。それはなぜなのか、データを用いて詳しくお話をします。

▶すでに楽天市場を超えた存在なのかもしれない

私は独自で、ある調査を行いました。一般の消費者さんに対して、「ある商品について調べたいとき、どこで情報収集をしますか？」というものです。

その結果が下図になります。

● あなたは買い物をするときに商品の情報を何で調べますか？（日本）

Amazonは、全体の約30%も占めています。次点に楽天市場で調べる、GoogleやYahoo!などで検索する、SNSで調べる、そして店舗で直接調べる方は6%となります。

この調査は、10〜70代の方に分散して調査しても同様の割合でした。つまり**現代において、ウェブ上、とりわけECサイトで情報収集をすることは当たり前**であることが見えてきます。

10〜20年前は、雑誌や実店舗などが情報収集の主力でした。いまはほぼ、インターネットに置き換わった構図です。

▶Googleも Yahoo!も、結局Amazonへ接続する

ちなみに検索エンジンとしてGoogleとYahoo!が約25%を占めていますが、結局のところAmazonや楽天とは地続きのような関係であると言えます。たとえばGoogleやYahoo!で「ビジネスバッグ」と検索するとします。すると検索結果として、Amazonの飛び先が表示されるのです。

つまり**Amazonは26%だけにとどまらず、GoogleやYahoo!など検索エンジンからも間接的に流入する場合がある**のです。

1-1-2
米国内でのECシェア率は50%を超えている！

とはいえ、楽天も約20%を占めています。本書は「Amazonで年商1億目指す

ぞ！」と謳っているものの、読者のなかには「楽天という選択肢もあるのでは？」という気持ちを捨てきれない人もいるかもしれません。

私が先に紹介した調査について、じつはアメリカでも同様の調査が行われています（下図参照）。Amazonを情報収集先とする人は51％も占めているのです。日本の結果と比較しても、アメリカでのAmazonの存在感は圧倒的です。

この結果を踏まえ、Amazonで販売すべき理由は大きく2つです。

①市場全体のなかでAmazonが大きく占めている
②しかも成長率が高く、まだまだシェアを伸ばす

● あなたは買い物をするときに商品の情報を何で調べますか？（米国）

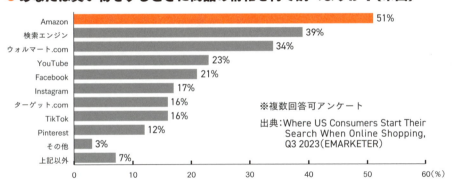

1-1-3
成長率が加速度的に伸びている

　Amazonに限らずEC市場全体は、いま非常に伸び盛りです。
　経済産業省の調べによると、2023年での小売業界の市場規模は約163兆340億円です。そのうち、EC市場は約14兆6,760億円となっています。
　ここで注目したいのが「成長率」です。2017年での小売り全体の市場規模は約142兆5,140億円。2023年を2017年と比較したら、成長率は約14.4％増です。一方2017年でのEC業界の市場規模は約8兆6,008億円で、2023年までの成長

率は約 70.6% です。

　つまり小売市場全体としては緩やかに成長を続けるなかで、**EC市場は圧倒的な急成長を続けている**ということがわかります。

● 小売業界のなかでもECは突出して急成長している

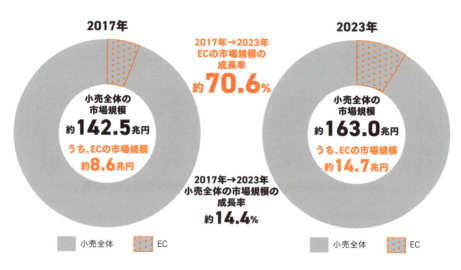

▶ ECのなかでもAmazonだけ突出して成長している

　米Amazon.comが公開している年次報告などから推計すると、2017年の日本事業における流通総額は約2兆円。それに対し2023年は4兆5,000億円となっています。**成長率はなんと脅威の125%**です。先ほど急成長をしていると紹介したEC市場の成長率と比較しても、さらに突出しています。

　やや複雑な思いもありますが、日本のEC市場において米国発のAmazonは、今後もますます存在感を強めていくことでしょう。

　ちなみに売上規模で言えば、EC市場全体の14兆6,760億円のうち、楽天は約3兆円、Yahoo!ショッピングは約1兆7,547億円などが続くような構図になります。ただ、楽天については注意が必要です。Amazonの売上はあくまで物販に関する売上（※1）であるのに対し、楽天はグループ全体の売上の公開となるため、「楽天市場」以外のサービスも含まれています（※2）。

※1 直販ビジネスのほか、第三者による販売手数料収入、定期購入サービス、Amazon ウェブ Service（AWS）などが含まれる。

※2 トラベル（宿泊流通）、ブックス、ブックスネットワーク、Kobo（国内）、ゴルフ、ファッション、ドリームビジネス、ビューティ、Rakuten24 などの日用品直販、Car、ラクマ、Rebates、楽天マート、チケット、クロスボーダートレーディングなどの流通額の合計。

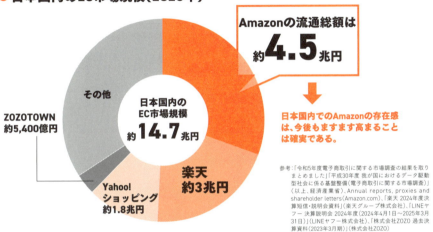

●日本国内のEC市場規模（2023年）

繰り返しになりますが、商品によっては楽天市場と相性がよいものもあります。とはいえ、**Amazon で調べている方が多い点、検索エンジンから Amazon へ流入する方がいる点、そして Amazon 自体が市場をさらに席巻していく可能性が高い点**、これらを鑑（かんが）みたときに「**Amazon で販売するメリットは大きい**」と理解していただけるのではないでしょうか。

アメリカでは買い物するうえで、50％以上の人が Amazon を利用します。日本にも同様の波が訪れるでしょう。

1-2 Amazonと楽天の違いを知る

　前項ではAmazonとはなにかを知るうえで、EC市場内で占める割合や、楽天など国内ECサイトの売上規模との比較を解説しました。簡単に言うと、日本におけるEC市場はAmazonと楽天で半分以上を占めているという話です。つまりこの2社を概ね理解しておけば、ある意味EC市場の半分を理解できたと言えるでしょう。そこでここからは「Amazonと楽天の違い」について、さらに深掘りします。

1-2-1 事業概要の違い

　本項では大きく3つのテーマに分けて、その「違い」を解説します。

① 事業概要の違い（成長率、店舗数、得意ジャンル）
② ユーザー・インターフェースの違い（サイト構成、商品ページ、カスタマージャーニー）
③ ビジネスモデルの違い（収益源、営業体制、営業担当のノルマ）

▶Amazonは高成長率、楽天は横ばい？

　前項で、**Amazonの日本事業は2017と2023年の比較で約225％のプラス成長率**を遂げていると述べました。
　一方で楽天はどうでしょうか。これはあくまで私見ですが、Amazonほどの成長はしていないという印象です。おおよそ横ばい、またカテゴリーやジャンルによっては昨対比率がマイナス成長しているものもあるようです。
　ちなみに「カテゴリーによって違う」という点は後ほど触れますが、Amazonと楽天で「どんな商品が売られているか」「どんな出店会社があるか」という部分

に違いがあります。すなわち、単純に「**Amazon は伸びている**」「**楽天はダメだ**」**という話ではない点**は強調しておきます。

● **事業概要の違い**

	Amazon	楽天
流通総額	約4兆5,000億円	約3兆円
出店舗数	約30万＋1	約5万7,000
得意ジャンル	本	食品
	家電	ファッション
	消費財	―

▶Amazon はモールビジネス、直販モデルの2軸展開

次に、店舗数についてお話をします。

Amazon は約30万プラス1店舗あります。なお「プラス1店舗」というのは後述します。つまり基本的には、約30万店です。

一方、楽天は約5万7,000店舗です。

こうして比べると、1店舗あたりの売上は「Amazon のほうが低くて、楽天のほうが高いのでは？」となります。Amazon と楽天で店舗数が大きく異なるのは理由があります。

Amazon は、個人の販売者が含まれているからです。たとえば**自宅でいらなくなった本を中古品として販売すると、その人も1店舗としてカウント**されます。

しかし楽天の場合は出店にあたる審査のプロセスが多岐にわたり、初期費用も数十万から、場合によっては100万円を超えることもあります。そのため、法人の出店が大半を占めているのです。

先ほど Amazon の店舗数で「プラス1店舗」あると述べました。これはなにかと言うと、Amazon の直販モデルを指しています。

そもそも、Amazon には大きく「モールビジネス」と「直販モデル」の2つが存在します。「モールビジネス」は、個人や法人が独自で出店したり、Amazon から誘致された販売店などが該当します。

「直販モデル」は、Amazonが独自で仕入れて販売を行っています。つまりモールが約30万店舗、そしてAmazon直販として1店舗としています。

2015年までは直販の売上のほうが大きかったのですが、2016年以降、モールビジネスが流通総額で上回っています。

▶Amazonと楽天の得意ジャンル

Amazonと楽天で、売れやすい商品、得意なジャンルは異なります。まず、Amazonは次のジャンルを得意とします。

- **本**
- **家電**
- **消費財**

本、家電はイメージしやすいでしょう。消費財とは、ペットボトル飲料、シャンプー、米など、重たい食材や消耗品が中心です。**何度もリピートして買うものをAmazonは得意**とします。**スーパー、コンビニ、家電量販店などで売っているものを、Amazonで調べて安く買う。**あるいは、店舗で買って持ち帰るには重たすぎる場合も、Amazonなら最短で翌日に届けてくれる手軽さも魅力です。

楽天は、次のジャンルを得意とします。

- **食品**
- **ファッション**

いずれもオリジナル商品、プライベートブランドものが得意とされています。

クリスマスケーキ、父の日や母の日ギフトなど、特別感のある食品を中心に、カニ、うなぎなどが人気です。

ファッションは、プチプラ系が得意です。実店舗ではなかなか見かけないファッションブランド、あるいはネット通販のみのブランドを業界的には「プライベートブランド」と呼んでいますが、それらの商品が売られやすい場所です。当然、商品ラインナップも女性向けが多く、メンズが2割でレディースが8割という

比率になります。

　ちなみに Amazon の場合はメンズ7割で、レディース3割となります。加え
て**ファッションカテゴリーでは、現在も楽天のほうが強いと言えます。規模で言
うと、Amazon の3倍以上はある**でしょう。

1-2-2
ユーザー・インターフェースの違い

　こうして Amazon と楽天を細かく比較すると、得意ジャンルも違えば、同ジャ
ンルでもターゲット層が異なっていることが見えてきます。

　こうした違いが生まれる大きな要素として、サイト内の UI（ユーザー・インター
フェース）が挙げられます。

▶得意ジャンルは UI 設計で決まる

　UI とは簡単に言うと、サイトを構成するデザインです。

　**Amazon と楽天市場の UI は、ざっくり言うと「カタログ型」「モール型」という
思想の違い**があります。

　Amazon は、まるでカタログを眺めているように商品が主体となる見え方にな
ります。消費者の購買意欲に言い換えると、**「なにを（What）→誰から（Who）買
うか」**という流れです。

● ユーザー・インターフェースの違い

	Amazon	**楽天**
サイト構成	カタログ型（SDP） （What→Who）	モール型 （Who→What）
商品ページ	シンプル性 統一感	カスタム性
カスタマージャーニー	検索（60%） レコメンド（30%）	検索（35%） メルマガ（35%） アフィリエイト（20%）

一方、楽天市場はショッピングモールを運営しているという考え方です。つまりブランドや店舗が醸し出す雰囲気も込みで商品を選ぶ感覚です。消費者の購買意欲としては、「誰から（Who）→なにを（What）を買うか」という流れになります。

▶AmazonのUIはお客様目線の「シングル・ディテール・ページ」設計

　どちらが良い・悪い、使いやすい・使いにくいなどの評価は、お客様が判断するのでここで議論する必要はありません。ただ、Amazonが現在まで急成長してきた1つの理由として、創業者のジェフ・ベゾス氏の発見・発明がカギになると私は考えています。それは **SDP（シングル・ディテール・ページ）** というものです（STEP2のP.55で詳述します）。

　Amazonは基本的に **「同じ商品で、複数の商品ページが存在してはいけない」という思想** があります。つまり、1商品につき、商品ページは1つしかつくれないということです。たとえばヘッドホンを特定の型番で検索すると、次の図のように検索結果が異なります。

● Amazonの検索結果ページ

Amazonは同じ型番は1つしか表示されませんが、他の関連機種が並列で紹介されています。これがSDPの特徴です。

一方楽天市場は、同じ型番の商品画像が検索結果としてずらっと並んでいます。**どの店舗が安いか、どの店舗で買うとポイント還元率が高いか、配送が一番早い店舗はどこか**、などを検索結果ページをスクロールしながら比較検討する必要があるのです。これが「誰から（Who）→なにを（What）買うか」の典型的な差と言えます。

● 楽天市場の検索結果ページ

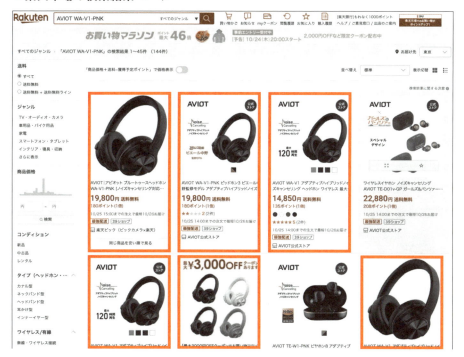

▶ **Amazonの商品ページはシンプル重視、楽天市場は読み応え重視**

UIの話の延長として、各商品ページにも違いがあります。

Amazonはとてもシンプルです。商品名、商品画像、商品説明、購入ボタンなどすべてに統一感があります。

一方、楽天市場の場合は出店する店舗の特色が強い傾向があります。

たとえば、**説明文や画像をてんこ盛りにして読み応えを演出するページ**、あるいは**別商品のリンクがたくさん付随**していてページ内で目移りさせる仕掛けなど。

先ほど紹介したように、楽天市場は「ショッピングモール型」なので、Amazonよりも情報量が多い点は理にかなっていると言えます。つまり出品する店舗が自由にデザイン、カスタマイズができるような仕組みなのです。

> Amazonはお客様目線のUI設計で、楽天市場は販売者目線のUI設計というコンセプトの違いがあります。

具体的に、Amazonと楽天市場の商品ページの違いを見てみましょう。

たとえば人気プロテイン商品「タンパクオトメ」と検索し、それぞれの商品ページで比較します。

楽天市場の場合は、ページ内容の要素が膨大であることがわかります。

● 楽天市場の「タンパクオトメ」商品ページ

「Rakutenランキング第1位」「シリーズ累計〇万袋突破！」「〇〇アワード受賞！」

という感じで、**ある種しつこいくらいの商品説明を詰め込んでいます。**

　そのほか、値引き、ポイント付与などの演出も強く打ち出している場合もあります。たとえば、楽天スーパーセール、お買い物マラソン、3月、6月、9月、12月に大々的なイベントのほか、ポイント7倍付与、50倍付与という大胆な仕掛けも行っています。このように、「お得に買い物がしたい」という方からの熱い支持が集まっているのが楽天市場の特徴と言えるでしょう。

　一方でAmazonは非常にシンプルです。

　まず商品画像は、上限が9枚です（PCは最大9枚まで登録できるが、モバイル上は7枚までしか表示できない）。

　このページを見て感じるのは、**商品を買う前提の人にとって最適なUI**であるということです。つまり**Amazonが自動的に、最安値で買えて、最短で届くなど、お客様にとって最適な条件を満たす店舗を購入ボタンとセットで表示してくれる仕組み**なのです。

> Amazonはもっとも良い条件を自動で提示してくれて、楽天はよい条件をお客様自身の目で探す、という違いです。

● Amazonの「タンパクオトメ」商品ページ

▶Amazonの購買比率は、検索60％、おすすめ30％

ここからは、カスタマージャーニーについてお話をします。なお詳細な解説はSTEP2（P.61）で行いますが、ここではAmazonと楽天の違いを知るうえで最低限の説明に留めます。

カスタマージャーニーとは、直訳すると「お客様の旅路」です。Amazonや楽天を訪れたお客様がどのような経路をたどって、最終的に購入に至ったのかという「動線」を指します。

Amazonの場合は、訪れる方のうち約60％が「検索」を起点とする動線です。
たとえばトップページで「プロテイン」と検索を行います。するとさまざまなメーカーのプロテインが検索結果ページに表示されます。そしてそのなかから最終的に「これを買う」という動線になります。

次点は、「レコメンド（おすすめ）」を起点とするお客様です。全体の約30％を占めます。たとえば「プロテイン」と検索を行います。そして気になるプロテインの商品ページへ進むと、関連商品がおすすめ欄に表示されるのです。そこにはさまざまなフレーバーのプロテインが並びます。すると「こちらの味も気になる。ついでに買っちゃおう」というふうに購入に至るのです。

●商品ページのレコメンド例

▶ **楽天の購買比率は、検索 35%、広告 35%、アフィリエイト 20%**

一方で楽天市場は、アプローチがまったく異なります。構成比から申しますと、検索が35%、広告が35%、アフィリエイトが20%です。**検索比率はAmazonよりも下がるぶん、広告とアフィリエイトの比率が高く**なる構成です。

楽天市場で商品を購入した経験がある方はわかると思いますが、ある店舗で買い物をすると翌日（あるいは当日）から、登録したメールアドレスにメルマガが大量に届きはじめます。

つまり**販売店が広告をたくさん出し、購入歴のあるお客様に対してメルマガを配信することでリピーターにつなげていく戦略**です。

逆に、「Amazonってメルマガはできないのか？」という疑問が湧いてくると思いますが、お客様へのメルマガは禁止されています。その代わり、Amazon側がお客様に対して最適な商品をレコメンドするメールを自動送信する仕組みが整っています。

カスタマージャーニーでは、Amazonは「検索」重視。楽天市場は「広告」重視の違いがあります。

1-2-3
Amazonの収益モデルは、成果報酬型

次に、Amazonと楽天それぞれの収益モデルを知っておく必要があります。

なぜ出店側が、プラットフォームの収益モデルを把握しなければならないのか——。要は、**営業担当者に対して「なにをすれば喜ばれるのか」というツボを押さえるため**です。つまり「どうすれば彼らが儲かるのか」という視点で、Amazonと楽天のビジネスモデルを理解しておかなければなりません。

それをまとめたのが次ページ図です。

● 収益モデルの違い

	Amazon	楽天
収益モデル	成果報酬型 →売上に対するロイヤリティ（8〜15%）	複合的なフィーモデル ①広告料 ②月間出店料 ③ロイヤリティ（2〜7%）

Amazonは基本的に**成果報酬型（ロイヤリティ）**です。

おおよそ**8〜15%の手数料をAmazonに支払う仕組み**になっています。1万円の商品を売れば、800〜1,500円の手数料を支払うイメージです。

売上に対するロイヤリティは上記のままですが、広告収益も実際には大きいです。ただし、ほとんどの広告が成果報酬型広告、たとえば検索連動広告はクリックされたときにのみ広告収益が発生するといった意味で、総じて成果報酬ということです。

一方で、楽天市場の場合は広告に関してクリック連動の広告もありますが、バナーを営業担当が売るような形の固定報酬もあります。そのため表現は「固定収入に軸足がある」程度に留めておきます。

1-2-4
楽天の収益モデルは、固定収入型

楽天は複合的なフィーモデルとなっています。大きくは次に分類されます。

①**広告料**
②**月間の出店料**
③**ロイヤリティ**

ロイヤリティはAmazonと比較して少ないぶん、広告料や出店料などの固定費で売上を立てているモデルになります。実際に**楽天の営業担当者**が「**広告枠どうですか？**」「**セール用の広告枠どうですか？**」というセールスを行うことで収益

を獲得しています。

　次に、月間の出店料です。楽天市場には3つの出店プランが用意されています。「がんばれ！プラン」「スタンダードプラン」「メガショッププラン」で、プランによって出店料が変動します。一番安い「がんばれ！プラン」は2万5,000円で、一番高い「メガショッププラン」は13万円となります。プランによって、取扱える商品数、登録できる画像容量が変わります。
　このように**楽天市場に出店する店舗は、固定費がかかることに注意**しなければなりません。
　また、ロイヤリティもプランに応じて変動します。が、プランや売上額によって複雑な変動システムが組まれています。本書はあくまで『Amazonビジネス大全』ですので、楽天市場の詳しいロイヤリティは割愛しますが、おおよそ2〜7％のなかで変動します。簡単に言うと**固定費がかかるぶん、ロイヤリティはAmazonよりも安価で済みます**。

私も本業で楽天市場のアカウントをいくつか運営していますが、手数料のシミュレーションはAmazonと大きく異なります。

1-3 ビジネスモデルと社員像の違い

　ECで押さえるべきポイントは、サイトの構造だけにとどまりません。じつは、プラットフォーム側の社員とうまく付き合うことも大切な戦略となります。

　正直に言うと、**私がAmazonで働いていたときも優秀な担当者がつくかどうかで、店舗の生死が分かれることもありました**。だからこそ私も「この担当がついてよかった」と思ってもらえるよう、モノづくりに熱量のあるお客様に対しては必死で努力をしました。

　Amazonであれ楽天市場であれ、**ここでお話しするポイントを押さえておけば、プラットフォーム側の営業担当者と良好な関係を築ける**ようになります。

　そこでここからは、各プラットフォームの社員像、営業体制、営業担当のKPI（ノルマ）という観点で整理していきます。

● ビジネスモデルと社員像の違い

	Amazon	楽天市場
社員像	中途採用98% 他業界出身者多数 EC未経験者多数	新卒大量採用 知的体育会系 外国人の積極的採用
営業体制	セルフサービス型（サポートが必要な店舗のみ対応） →ビジネスドライ	アカウントマネジメント型（すべての店舗にECCが手厚くサポート） →人間関係重視
営業担当者のKPI	出品数（インプット） 売上（アウトプット） →店舗と営業担当者の目標が一致している	広告（アプトプット） 売上（ECCの見極めや、相性が重要）

1-3-1
Amazon は中途採用が9割。他業界から人が集まる世界

まず社員像（キャラクター）の違いについて紹介します。

Amazon で働く人の約98%は、中途採用です。私は新卒1期生で入社しました。当時は社員数が2,000人くらいいて、同期は11人しかいませんでした。つまり、**多様な業界から人材が集まっている**ということです。ちなみにネット通販業界出身者は比較的少数です。そもそも論として、国内のECはAmazonと楽天がツートップであるため、双方で行き来する人は当然少なくなります。

ソフトバンク、ドコモなどの通信会社からの転職、そのほかメーカーでバイヤー担当だった人など多岐にわたった業種から人材が集まります。ただし、その方々に総じて共通するのは「**EC未経験**」である場合が多いこと。変な話、私が新卒2年目でトップセールスを獲れたことからもわかるとおり、単にネット通販に関する知識に精通していればよいわけではないのです。**結果を出すために必要なのはむしろ、データ分析力やプラットフォーマーならではの立ち回り**を自覚するかどうかなのです。

1-3-2
楽天は知的体育会系型。積極的な外国人採用で店舗側の苦労も？

では、**楽天**の社員像はどうでしょうか。

こちらは、**新卒大量一括採用型**になります。**同期入社が150、200人ほどいるような世界**です。入社後は、優秀な営業担当者に育て上げるためのカリキュラムを徹底的に行い、**たたき上げのような育成**を行います。実際に耳にした話ですが、楽天市場に配属された方の2〜3割ほどは、1年目で辞めてしまうこともあるとか。つまり楽天の社員像は、知的体育会系の人が多いと言えます。肉体的、精神的にもタフじゃないとやっていけない厳しい世界です。

また、企業としても「人材のダイバーシティ」的な観点で売っているため、**外国人、とくにアジア圏を中心に採用を積極的に行っています。そのため、海外の大学を卒業した外国人新入社員が楽天市場の担当になる場合もあるのです。**当然、

日本の消費者像について不勉強な面も多く、**コミュニケーションで難儀する店舗もある**ようです。

1-3-3
Amazon の営業はビジネスドライ

　営業の体制も大きく異なります。

　Amazon は、基本的にセルフサービス型です。サポートが必要な店舗にのみ営業担当者がつきます。いわば**ビジネスドライ**です（笑）。

　たとえば1年目はサポートと二人三脚で行ったとします。すると2年目は、「**ここで担当は終わりますので、あとは自力で頑張ってください。なにか困ったことはテクニカルサポートやコールセンターとやり取りしてください**」という感じです。Amazon にある30万店舗のうち、サポートしてもらえる会社はおおよそ数千社ほどです。しかもいまお話ししたとおり、1年ごとに入れ替わるのです。

　また、サポートがつく店舗にも条件があります。たとえば、「あるサービスをまだ導入していないから、使っていただこう」といったような流れです。

● 営業体制の違い

	Amazon	**楽天市場**
営業体制	セルフサービス型（サポートが必要な店舗のみ対応） →ビジネスドライ	アカウントマネジメント型（すべての店舗にECCが手厚くサポート） →人間関係重視

1-3-4
楽天の営業は、人間関係を重視したサポート体制

　一方、楽天市場の営業体制はすべての店舗に営業担当者がつくアカウントマネジメント型です。担当者は、Eコマースコンサルタント（通称、ECC）と呼ばれ、**店舗の売上と利益の向上を目指すためのコミュニケーションを密に行います。**

人間関係を重視したサポート体制になっているため、極端な話、なにかわからないことがあればオフィスに出向く場合もあります。

この手厚いサポートもあり、**楽天市場で出品する人のなかには地方の蔵元さんや、工芸品の職人さん**などが多く含まれているのです。つまり、**パソコンやインターネットに時間がかけられない、あるいは十分に使いこなせない、自信がない**という方にも門戸を開いているのです。

たとえば「**楽天大学**」というコンテンツが用意されています。**ネットショップの出店・開業から、運営のノウハウを学べるウェブ講座**です。eラーニング形式の無料講座のほか、著名人や楽天大学講師による有料講座まで幅広いカリキュラムが用意されています。具体的には、商品ページの作成や集客方法、大型セール対策、写真撮影のコツ、デザインの基礎知識、顧客対応の方法など、**初心者でも安心して出店できる仕組み**になっているのです。

1-3-5
営業担当者が「喜ぶツボ」を押さえておくと有利

各プラットフォームの**営業担当者と仲よくしていくための秘訣**。それは、彼らのKPI（キー・パフォーマンス・インディケーター）を押さえることです。KPI、つまりノルマを指します。

結論から申しますと、Amazonは店舗と営業担当者との目標が一致しています。楽天市場は、お客様の目標とECCの目標が一致しづらいため、担当者の見極めや相性が大切です。この違いについて、「インプット」「アウトプット」という言葉を用いて説明します。

● 営業担当者のKPIの違い

	Amazon	**楽天市場**
営業担当者の KPI	出品数(インプット) 売上(アウトプット) →店舗と営業担当者の目標が一致している	広告(アウトプット) 売上(ECCの見極めや、相性が重要)

▶Amazon のノルマは、販売者の目標と一致している

私が Amazon の営業職だったころ、「インプットゴール」と「アウトプットゴール」という目標に向かっていくスタイルでした。Amazon は常に「世界で一番品揃えのあるプラットフォーム」を目指しています。それを実現するための**インプットゴールとして、「出品数」**という目標が存在します。もちろんビジネスとしてロイヤリティ（アウトプットゴール）も大事ですが、インプットゴールが達成できれば人事評価として及第点は取れるのです。つまり **Amazon の営業は比較的コントローラブルな数字を追いかけるスタイル**になります。

一方で楽天市場の **ECC は、広告と売上の両方を目標として追いかけています**。場合によっては、店舗から広告収益を獲得（アウトプットゴール）せんがため、押し売り営業の可能性も否めません。

ECC は、1 日に獲得しなければならない広告額が膨大であると言われています。たとえば、その数字目標を 1 日の営業時間（8 時間）で割り、午前 10 時、正午という区切りで上司へ状況報告します。仮に 18 時時点で達成できなければ、みんなで営業電話をかけてその穴埋めをする……。ECC は、このような厳しい環境に身を置いているのです。

残念ながら一部の店舗のなかには、ECC のごり押しで広告枠を買ったものの結果が振るわなかったという話も耳にします。

出店側として大切なのは売上と利益です。まずはそこをしっかり取れるように営業担当者と仲よくする必要はあります。しかし、すべてを信頼しすぎて何事も相手に言われるがままではいけません。それを見極めるきっかけとして、各プラットフォームにおけるビジネスモデルの違いを知っておくことが大切です。

COLUMN 1

Amazon.co.jp 20 年の歩み

　本章では、「Amazon とはなにか？」というテーマで、近年での動向について解説しました。そこでコラムでは、Amazon.co.jp（日本）の歴史をさらに振り返りながら成長過程を整理してお話しします。理解を深めるため、一部 Amazon.com（米国）の事業も織り交ぜます。

　1995 年の米 Amazon.com 創設から 5 年後、Amazon.co.jp は 2000 年に事業をスタートします。米国と同様にまずは「本屋さん」つまり書籍カテゴリーだけでサービスを開始しました。当時は直接商品を仕入れて販売する「直販モデル（ベンダー）」のみです。2007 年頃まで直販モデルが主体となりますが、その間、家電や PC 関連商品といった型番（製品番号）商品にも拡大させていきます。

　もちろん直販だけでなく 2002 年には「Amazon マーケットプレイス（現 Amazon 出品サービス）」もはじめています。このプラットフォームの登場で、出品者（セラー）も商品を販売できるようになり、ロングテール戦略を進めることになります。加えて戦略を後押ししたのは 2005 年に開始する「Amazon プライム」です。このサービスの目玉は「お急ぎ便」「お届け日時指定便」という、これまでにない早さで商品が配送されること。「ネット通販は、翌日配送が当たり前」という概念は、ここで誕生したと言っても過言ではありません。

　Amazon のシェアが拡大するなか、お客様の検索方法の変化も現れてきます。従来の型番検索だけでなく、「ビジネスバッグ」や「財布」などカテゴリー名で検索するようになるのです。そのため Amazon もオリジナル商品に注力する戦略を打ち出します。サードパーティによる自社製造、OEM などによる商品展開のほか、Amazon.com はプライベートブランド「Amazon ベーシック」も開始します。

　また、D2C（Direct to Consumer）ブランドが台頭しはじめたのもこの頃です。2014 年には広告サービス「Amazon スポンサープロダクト（現 Amazon スポンサー広告）」が登場し、出品者が自社商品を効率的に宣伝できる環境が整備され、競争がさらに激化しました。

　2014 年以降になると、中国の工場や生産業者が Amazon を利用して EC 市場

に参入しはじめます。その影響もあり2016年、Amazon.co.jpのセラー流通総額はベンダーを上回ります。そして現在、Amazon.co.jpの売上の約30%は海外勢によるものとされています。

やがてコロナ禍を契機に、国内の大手メーカーも流通経路を見直し、商社を介さずAmazonと直接取引を開始する動きが活発化しています。2021年以降、EC市場の成長とともに、Amazon以外の販路で拡大していたD2Cブランド（「BASE FOOD」「YOLU〈ヨル〉」など）が参入するケースが増えました。また、YouTubeやInstagramを活用するインフルエンサーが自身のD2Cブランドを展開するケースも増えています。たとえば、「REYS」や「ながら洗車」などがその代表例です。

そして2024年末にはAmazon.co.jpがふるさと納税に参入し、新たな市場拡大が期待されています。

Amazon.co.jpは、直販モデルからマーケットプレイス、ロングテール戦略、そして国際化へと進化しながら、今後もさらなる成長を続けることでしょう。

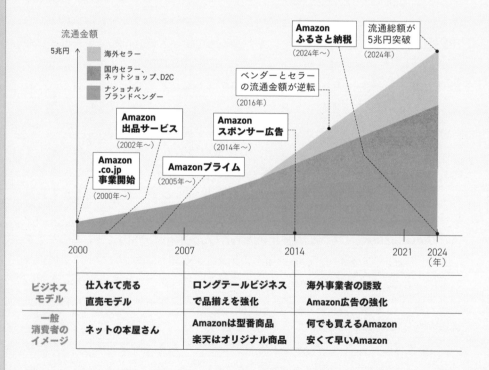

STEP

2

年商1億円の必須知識！
「利益構造」と「売上方程式」

2-1 Amazonセラーとベンダーの違い

　本章では、「Amazon で、モノを売るための基礎」として、販売形態、仕組み、売上方程式などを解説します。事業計画を立てるうえで不可欠な知識なので、初心者は必読です。

2-1-1
2種類の販売方法を理解する

　まずは販売形態についてです。
　Amazon では、大きく以下の2通りの形式があります。

① **セラー**：Amazon のプラットフォームを借りて、メーカーや個人が販売をする→個人や小規模事業者などスモールスタート向け
② **ベンダー**：メーカーが Amazon へ商品を卸して（卸売業者を介する場合もある）、販売を Amazon にお任せする→大規模の会社および、すでに会社として億単位で売上がある組織向け

▶セラーは「PBセラー」「型番セラー」に分けられる

　セラーについては、さらに2つに分けられます。1つは「**PBセラー**」と言い、**自社商品を自分で販売する**というパターン。
　もう1つは「**型番セラー**」です。**他社商品を仕入れて、小売店として販売する**というパターンです。主に家電量販店や小売店が該当します。

いわゆる"せどり""転売ヤー"も「型番セラー」に含まれます。

　ベンダーは、Amazon 上での販売には直接関与せず、Amazon に卸す（小売店

や卸売業者・専門商社の場合もある）ことで販売を任せるパターンです。主に大手メーカーが該当します。

● **Amazonの販売パターン**

1 **PBセラー** 自分の商品を自分で販売
BASE FOOD | Anker などのD2Cブランド

2 **型番セラー** 商品を仕入れて販売
ビックカメラ | GBFT など ＋ せどり・転売ヤー

3 **ベンダー** 自社の商品を小売店や卸売業者等の他社が販売
花王 | SHARP などの大手ナショナルブランド

※実際の取引形態を保証するものではなく、あくまでも一例として挙げています

2-1-2
誰が顧客なのか？

どの販売形態にするのかを検討するうえでは、**「顧客対象は誰か？」という視点で考えればわかりやすい**です。

セラーの場合は「Amazon ユーザー」が顧客です。
一方でベンダーの場合は卸先が Amazon（小売店、卸売業者・専門商社の場合もある）になるため、「Amazon」が顧客となります。
なおベンダーとして出品するには、Amazon 側からの招待が必須です。招待されるには販売実績、ネームバリュー、在庫管理能力などが求められ、初心者にはハードルが高い条件です。
ちなみに、セラーは約 30 万アカウント存在します。一方、ベンダーは正確な数字が算出しにくいです。というのも、メーカーが直接 Amazon に卸す場合もあれば、メーカーから卸売業者・専門商社に卸して、それが Amazon に販売している場合もあるためです。

● メーカーがAmazonに商品を卸すときの例

　ブランド数で言うと、おおよそ5万以上の取引数があります。実店舗をイメージするとわかりやすいのですが、ドラッグストアや家電量販店では有名メーカーの商品を取り揃えています（ソニー、パナソニック、森永乳業、花王など）。それと同様にAmazonでも商品を取扱っているということです。

▶ セラーとベンダーでは、Amazonとの関係性も変わる

　セラーとベンダーでの大きな違いは、いくつかあります。それをまとめたのが下の表になります。

● セラーとベンダーの違い

	セラー	ベンダー
Amazonとの関係	出品する	卸す
顧客は誰か	Amazonユーザー	Amazon
取り分	売れたときに8～15%をAmazonに支払う	卸した分の（定価の）55～70%をAmazonが支払う
価格決定権	セラー	Amazon
送料	セラー負担	Amazon負担

まず Amazon 側の「取り分」です。

セラー：**売上に対し 8〜15% の手数料を出品者が Amazon へ支払う**
ベンダー：**卸した分の定価に対し 55〜70% を Amazon が卸元へ支払う**

この違いから Amazon との関係性も見えてきます。**セラーは、Amazon マーケットプレイスという場所に"出させてもらう"という立ち位置**。つまり、売れたら追加報酬で Amazon にお支払いするという仕組みです。

　ベンダーの場合は、むしろ Amazon 側が取扱いたい商品です。つまり Amazon に"買ってもらう"という立ち位置になります。

私は副業時代にセラーで年商 3 億円を突破しました。そのときの販売手数料の合計は、驚きの 3,000 万円！

2-1-3
ベンダーは、自分に価格決定権がない！

　Amazon との関係性の違いは、「取り分」だけにとどまりません。「価格決定権」にも大きな違いがあります。

セラー：**出品者が価格を決定する**
ベンダー：**Amazon が価格を決定する**

　セラーの場合は、自分に主導権があるため問題はないでしょう。
　一方で**ベンダーは、希望小売価格は伝えられますが、あくまで希望です。その価格をもとに Amazon が価格を決定します**。また、値引きの判断も自動的に行われます。この点においては、Amazon で販売するうえでの"頭痛の種"として槍玉に挙げられがちです。
　たとえばある家電製品を、家電量販店（ヨドバシカメラ、ビックカメラなど）と Amazon の両方で販売しているとします。双方の価格を比較すると、

Amazonが割安であることもまま見受けられます。そのため家電量販店側が苦戦を強いられるという状況は、なきにしもあらずというわけなのです。

2-1-4
セラーとベンダーを分ける3つの基準

先ほど、セラーは個人や小規模企業で、ベンダーは大企業、億単位の売上を持つ企業という棲み分けを紹介しました。では、**自分がどちらを選択すべきかの判断基準**、あるいは**セラーからベンダーへ切り替える基準**を定量的な面で紹介します。目安は3つです。

①取引額がどれくらいになるか
②既存の商流があるかどうか
③自社組織を持っているか

▶①取引額がどれくらいになるか

基本的には、**「年間1億円以上売れるか・売れないか」をセラーとベンダーの分かれ道**にしてください。さらに言えば5〜10億円くらいまでは、ベンダーでやるよりもセラーのほうがメリットが大きいと言える場合もあります。要は、商売をするうえで**「自分に主導権がある」**というのがセラーのメリットです。

▶②既存の商流があるかどうか

これは、セラーとして続けることで実店舗を持つ量販店側から「面白くない」とつつかれてしまう恐れがあるときです。量販店などですでに商流を持っている一方で、セラーとしてAmazonで直接販売すると自分で価格決定（値下げ）ができてしまいます。つまり量販店側としても困ってしまうわけです。

量販店に対して"忖度する"という意味で、「じゃあ、ベンダーとしてAmazonで卸そうか」という判断をしていく流れもあります（ただし先に述べたとおり、ベンダーになるとAmazonに価格決定権が移るため、別の問題も浮上しますが……）。

▶③自社組織を持っているか

　ベンダーとしてAmazonに卸すときのメリットは、**人件費が抑えられる**点です。商品さえ卸してしまえば、あとはAmazonが自動的にマーケティングまで行ってくれます。そのため自社内で多くの担当者を抱える必要はありません。

　一方でセラーの場合は、「アクセス対策（P.76）」「転換率対策（P.77）」などを自分で管理する必要があります。しかも社内でノウハウを持っていなければなりません。

初めてAmazonで販売をする場合、よほど大企業でない限り必然的にセラーを選択することになるでしょう。

2-2 Amazonマーケットプレイス

2-2-1
画期的な発明「シングル・ディテール・ページ」

　出品するうえで、まず知っていただきたいのが「**Amazon マーケットプレイス**」という名称です。これはAmazonが所有・運営する、電子商取引プラットフォームを指します。Amazonの通常販売（直販）とともに、第三者の販売者（セラー）が新商品や中古品を固定価格で販売できます。

　そもそもAmazonは**セラーであろうとベンダーであろうと、同一の商品を販売する場合は同じ商品ページを共用する仕組み**を取っています。これがSTEP1でも紹介した**SDP**（シングル・ディテール・ページ）という、Amazon独自のUI設計になります。

　次ページの写真のように、Amazonは1商品に対して商品ページは1つしか存在しません。それではページの中身について、詳しく見ていきましょう。

　写真で示す①は「**カートボックス**」と呼びます。次に、少し下に目をやると②「**Amazonの他の出品者**」という項目があります。クリックすると③のような選択画面が現れます。

　この選択画面が、まさにAmazonの特徴的なUIです。

　出品者の一覧にはセラー、ベンダー問わず、さまざまな種類の販売者が共存しています。たとえばメーカー、家電量販店、個人のほか、いわゆる転売ヤーと言われる人まで含まれます。

　これらの人々と**1つの商品のページを共用し、みんなでつくりあげているイメージ**です。

STEP 2 年商1億円の必須知識！「利益構造」と「売上方程式」

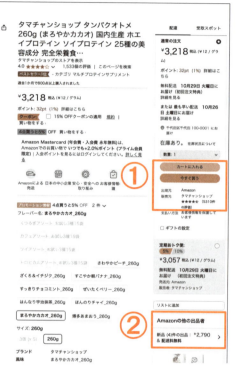

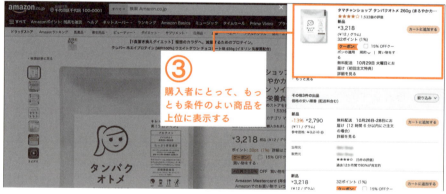

③ 購入者にとって、もっとも条件のよい商品を上位に表示する

Amazon直販とマーケットプレイス出品者の見分け方は、カートボックスの「販売者名」に「Amazon.co.jp」があるかどうか。それ以外の場合は"出品者名"が表示されます。

▶いろんな販売者が共存しても、お客様は混乱しない仕組み

このようにあらゆる販売者が混在していても、購入者が不便になることはありません。なぜなら、Amazonが販売者の一覧のなかから「この人から買うのが正解だよ」ということで、**もっとも条件（価格、到着日数など）のよいものを上位に示してくれる**からです。つまり「**"なにを買うか" が決まっていれば、もはや "誰から買うか" を考えなくていい**」ということ。

仮にAmazonの直販で在庫が切れていたら、次点として名を連ねる出品者が自動的にトップに繰り上がるのです。

ちなみにどういう条件によっておすすめの上位になるか、ざっくりとお話しすると「**もっとも安くて、もっとも早く届く**」ことを満たせば最上位に選ばれます。また、最上位を獲得することをAmazon内では俗に「カートを取る」「WBB（Win Buy Box）」と呼んでいます。

2-2-2
1つの商品ページを "みんなでつくる" UI設計

SDPは販売者側にもメリットがあります。

それが先ほど紹介した、「みんなでページをつくる」という思想です。

Amazonの商品ページというのは、Wikipediaに似ているところがあります。たとえば世の中に初めてお目見えする商品があるとします。そのときAmazon上で**商品ページを作成するのは、Amazonの社員ではありません**。つまり、その**商品を売り出そうとするセラーもしくはベンダーが登録を行う**のです。有名な企業の新商品ならば、Amazonに卸している担当者がページをしっかりつくり込みます。超マイナーな商品や販売者オリジナル商品を登録する場合は、自分自身でつくらなければなりません。当然、商品写真や説明文なども自前で準備します。

▶既存の商品ページで販売するときは、超簡単！

一方で、すでに世の中に存在する商品を販売するのは簡単です。商品ページが存在しているわけなので、価格と配送日数さえ設定すればすぐにでも販売できてしまいます。もちろん、写真や説明文も自分で用意する必要はありません。

● SDPの特徴まとめ

✓ 1商品につき、商品ページは1つしか存在しない

✓ 商品ページは、セラーやベンダーで共用（＝みんなでページ作成）

✓ 購入者にとって、もっとも条件のよい販売者を自動で推奨する

2-2-3 単なる物流代行だけじゃない「FBA」

SDPのほかにもう1つ、Amazonには特有の仕組みがあります。それが、**FBA**（フルフィルメント・バイ・アマゾン）です。

フルフィルメントは辞書的に「お客様の要望を満たす」という意味になります。Amazonとしてのフルフィルメントは、物流の用語として使用されていて、「通販でお客様が商品を注文してから手元に届くまでに必要な業務全般」を指します。具体的には、次のような業務を指します。

・商品の保管
・注文処理
・配送
・ギフトラッピング
・返品、返金対応
・カスタマーサービス

私も副業時代にFBAをフル活用していました。おかげで事業に集中できました。

つまり、**出品者に代わってAmazonがフルフィルメント業務を行ってくれる**というものです。

● **FBAの仕組み**

たとえば販売者が商品をAmazonで売り出し、実際に注文が入ったとしましょう。注文数が1個だけならば、自社で商品をダンボールに詰め、納品書を同梱して発送することも簡単です。

しかし10個、100個、1,000個と順調に注文が入るとどうなるでしょう。**梱包や発送のための人手が足りなくなりますし、在庫を持つための倉庫も必要です。つまり、たくさん販売するための人件費、固定費などがたいへん**になってきます。そんな方々の救世主としてFBAがあるというわけです。

商品の保管は、Amazonの巨大な物流センターを利用できます。24時間365日で大量の商品を配送し、しかも「最安レベルの送料で」「安全に」「約束の日時に届ける」という信頼度の高さも持ち合わせます。なにか**トラブル（返品対応など）があれば、コールセンター、カスタマーセンターもFBAのサービス料金内で使う**ことができます。

たとえば **80サイズ（縦・横・高さの3辺計が80cm以内、重さ5kgまで）であれば全国一律500円程度で送る**ことができます。他の運送会社の場合は800～1,000円ほどで、その差は歴然です。

▶FBAは、とても評判のよいサービスである

このFBAというサービスは、私がAmazonで営業を行っていたときも大好評でした。それを象徴するエピソードもあります。

以前、別のECプラットフォームで販売する会社に「Amazonでも出品しませんか？」と、誘致の営業を行いました。すると最初は「人手がないから無理だね」と言われるのですが、FBAの話をすると「じゃあうちでも販売できるね！」という色よい返事が返ってきたのです。

そのうえでSDPの説明も加えると、Amazonはとても便利だと理解していただき、「ぜひ利用します」と快諾をいただけるのです。

つまりSDPとFBAは、商品を販売するハードルを大きく下げてくれる画期的なサービスであると理解しておきましょう。

● **FBAの特徴まとめ**

- 出品者に代わって、商品の保管、注文処理、配送、カスタマーサービスなどの物流業務全般をAmazonが代行する
- 最安の送料、安全な配送、約束の日時に届ける
- 物流センターは24時間稼働する

EC事業、ネット通販を行う会社にとって、人員の問題は大きいと言えます。そこをクリアにするのがSDP、FBAの存在です。

お客様の動線を示す「カスタマージャーニー」

前項までは、Amazonの仕組みについて紹介しました。次は、販売施策の解説に入ります。

「施策」と聞くと、難しそうだと身構えてしまうかもしれません。**施策とはつまり、「どのようにして売上を生み出すか」**ということです。

2-3-1 お客様は、モノを買うときに「どう調べ」「どう買う」のか？

施策を打つべきポイントは、大きく2つあります。

①自社商品を検索してもらうにはどうするか？
②商品ページで自社商品を購入してもらうにはどうするか？

読者の方も一度はAmazonで購入したことはあると思います。まずはそのときのことを思い出してみてください。

なにかほしい商品があるとき、どのようにして調べ、購入するに至るでしょうか。たとえば、Amazonのトップページにアクセスして、検索窓に商品名、ブランド名、商品型番などを入力。その後、商品ページにアクセスし、購入ボタンを押す（＝決済）という流れ。

ほかには、SNS上で表示された広告をクリックすると、Amazon商品ページへ誘導されて、その後、購入ボタンを押す（＝決済）という流れ。

人によってさまざまなパターンが考えられますが、このように購入へ至る一連

の動線を「**カスタマージャーニー**」と呼びます。なお、Amazon内で考えられるカスタマージャーニーのパターンは3つあります。それが下図です。

● カスタマージャーニーのパターン

※「自然検索」「広告検索」はP.64で詳述

▶ Amazonの検索窓から調べるパターン

1つ目は、Amazonのトップページの検索窓で商品を調べ、自社商品ページにアクセスして購入するという動線です。この方法はカスタマージャーニー全体の約60%を占めます。つまり、お客様の多くは検索経由で商品ページを訪れているということです。

▶他の商品ページの「おすすめ」から流入するパターン

2つ目は、他の商品ページから自社商品ページにたどり着く動線です。全体の約30%を占めます。

たとえばAmazonで「プロテイン」と検索をし、気になる商品ページにアクセスします。結果的に購入には至らなかったけれど、商品ページの下部に「**この商品に関連する商品**」という項目に表示されている自社商品ページを見て購入する流れです。つまり他の商品ページを経由して、間接的に購入されるプロセスとなります。

▶その他のパターン

たとえばタイムセールページから商品ページへ訪れるパターンがあります。あるいはAmazon以外の外部サイトからの流入もあります。たとえばGoogle検索でブランド名を検索すると、「○○○を買うならAmazon」という検索結果が表示されるパターンです。

このように、カスタマージャーニーは主に3種類の動線によって成り立っています。これらから見えてくるのは、消費者は基本的に「検索」が大前提となっているということ。つまり**なにを買うにもまずは検索を出発点とし、自社商品ページや、他社の商品ページを行ったり来たりする**のです。

カスタマージャーニーの大半は「検索」経由である、ということをポイントとして押さえておきましょう。

2-4 「検索」を制する者はAmazonを制する

　消費者が「検索」を起点とするのであれば、**販売者はその「検索」をいかにコントロールするかが大切**になります。これは、前項で紹介した「①自社商品を検索してもらうにはどうするか？」の施策とつながります。これを Amazon では「**セッション数（アクセス数）を拡大する**」と呼びます。

2-4-1 検索には2パターンの流入経路がある

　セッション数とは具体的に下の図のように構成されます。

● セッション数の構成

　コントロールするという意味では、「広告」によって自社の商品ページへ流入させることも大事です。

しかしもっとも大事なのは、「自然検索（オーガニック検索）」による流入です。

▶自然検索とスポンサー広告の見分け方

たとえば Yahoo! や Google で、なにかキーワード検索を行います。すると検索結果に対して「スポンサー」と付くものと、そうでないものが表示されます。**スポンサーと付くものは広告検索**です。一方、**スポンサーが付いていないものを自然検索**と呼びます。

Amazon でも広告検索と自然検索が共存しています。次ページの図のように、**広告検索→自然検索→広告検索→自然検索……というように交互に表示**されています。当然お金を支払っているぶん、広告枠が検索結果の上位に表示されます。ただ出品者の本音としてはなるべくお金をかけずに、**自然検索によって上位に表示される方法**が知りたいところでしょう。つまり、どうすれば自然検索で上位に躍り出るのか、という突破口が必要です。そのためには、**Amazon の検索ロジックを理解することが大切**になります。

2-4-2
自然検索を上げるもっとも重要な指標

アルゴリズムは STEP6 で詳述しますが、ここでは 1 つだけ必ず覚えてほしいことがあります。それは、「**販売実績を上げれば上げるほど、検索順位が上がる**」ということです。**販売実績とはなにか**と言うと、原則として**販売個数**を指しています。

「過去にどのくらい売れたか」

原則 **販売実績に比例して**検索順位が上がる

∨

販売個数 が重要

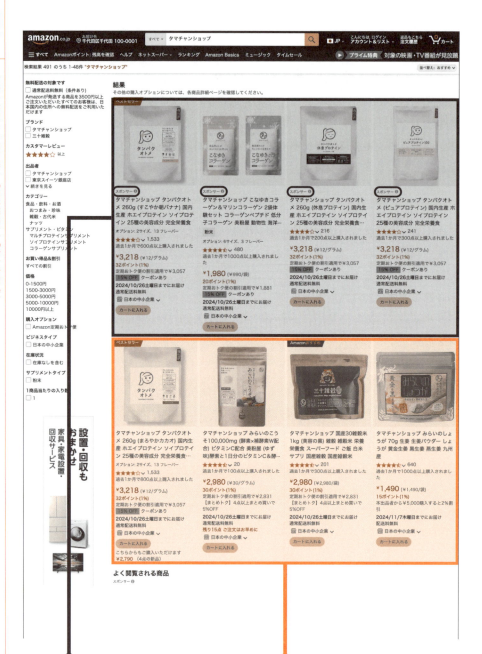

もちろん売上総額もアルゴリズムのなかで評価されていますが、個数のほうが優先的に評価されているのが実態です。そうなると当然、低単価商品のほうが検索結果では上位に浮上しやすいという傾向があります。

　本末転倒かもしれませんが、「自社の商品を目立たせるために、たくさん売る」という考え方は、Amazonで販売するうえではある意味で正解と言えるのです。

販売実績に比例して、検索順位が上がります。

▶検索結果の2ページ目へ進む人は、全体の30%しかいない

　なぜこれほどに、検索結果の上位に表示される必要があるかと言うと、ただ目立つためではありません。そこには販売実績に直結する歴然とした事実があるのです。まずは、消費者が検索結果ページに対して「**どこまで深く掘り下げて見ているか**」をデータから読み解きます。

　結論から言うと、**検索結果の2ページ目までいく人は全体の30%** ほどです。これはAmazonの公式資料でも示されています。

●商品検索結果の1ページ目に入ることが重要

検索結果の2ページ目まで見る人は全体の30%しかいない

　つまり、**自社商品が検索結果上の1ページ目に入ってくることがなにより重要**であるということです。ちなみに2ページ目以降も「30%の人が閲覧する」ということを必ずしも「少ない」と捉える必要はありません。Amazonのユーザー数は、月間約6,500万ユーザーと膨大です。**単純計算ですが約1,950万ユーザーは、2ページ目も閲覧してくれる可能性はある**ということです。

　では、自社商品が1ページ目に表示されたとしましょう。「やっとうちの商品も1ページ目に載った！」というように油断してはいけません。1ページ内でも熾烈な争いが待っているのです。

2-4-3
検索結果1位の商品だけが味わえるメリット

▶検索結果1位と2位のクリック率と購入率比較

Amazonの検索結果をパソコンで見ると、1ページ内に24商品表示されます（ウェブサイトのアップデートにより、1ページ内の表示数は変わる可能性があります）。表示順位が1位の商品と24位の商品で「クリック率（商品ページへ移行する率）」「購入率」を比較すると大きな差があるのです。

クリック率：**16倍**／購入率：**48倍**

つまりこの数字が物語るのは、**1ページ目のなかでさらに上位にあればあるほど購入されやすい**ということです（もちろん、1位の商品はそもそも商品がよいので見られている、買われているという理屈もあります）。

では、2位と24位で比較するとどうか。

クリック率：**8倍**／購入率：**19倍**

1位と2位で比較するとクリック率は2倍、購入率は2.5倍の差があります。**1位と2位はパソコンの検索結果上では隣り合わせに過ぎないのに、数字としては大きな開きがある**のです。

▶検索結果1位を最強たらしめる2つの理由

1位はなぜ強いのか——。この背景を知ることが、Amazonの販売において大切になります。理由は2つあります。1つ目は、**1位の商品は「ベストセラーバッジ」が付くケースが多い**ためです。

ベストセラー1位　ベストセラーバッジが付くことでお客様の信頼度が高まる →クリック率が上がる

ベストセラーバッジがあるだけで、消費者の信頼度が高まります。「**みんなも買っているのか。じゃあ商品ページを覗いてみようかな**」という心理が働き、クリック率が高くなるという流れです。

2つ目の理由として、**さまざまな所へおすすめされる**ようになります。

Amazonは毎日膨大な量のレコメンドメールを消費者に送っています。おすすめ商品の案内や、セールの案内などさまざまです。そのなかでベストセラー商品もメールでアナウンスされています。

そのほか、**Amazonはアフィリエイター向けに情報提供しているサイト**があります。アフィリエイターと言えば、YouTuberをはじめとする動画クリエイターやインフルエンサーを想像するでしょう。そのほか価格.comも法人としてのアフィリエイターです。そのような商品を紹介してくれる方々に、お礼として3〜8%の報酬をAmazonが支払うプログラムが用意されています。

ちなみにショッピファイ、BASE（ベイス）、ECフォースでは販売手数料はほとんどかからない一方で、Amazonでは8〜15%もかかるのは理由があります。本来、自社で行うべき集客をAmazonが代行してくれているからなのです。

また今後は、AIアシスタントの存在も見逃せません。Amazonのアプリでβ版として実装されている「Rufus（ルーファス）」におすすめの商品を尋ねてください。すると明確な推奨理由は語らないものの、何かしらの実績を持つ商品をおすすめとして返答してくれます。

私も実際にオリジナル商品を販売しているので、これらのデータには実感を持っています。たとえば前日まで**検索結果2位で1日30個売れていたものが、翌日になると突然100個ほど売れている**ことがありました。「何事だ！」と思い調べてみると、**検索結果が1位になっていた**ことが理由でした。

もし広告費として予算があるならば、1位を狙える可能性はさらに上がります。仮に自社商品が1ページ目の最下位にいたとします。そこから3位になるには広告費が10万円必要で、2位ならば20万円、1位ならば30万円だったとします。その場合は、ぜったいに30万円支払って1位を狙っていくのが正解です。

検索結果1位、ベストセラーバッジなど、上位に行けば行くほどメリットが多いのです。

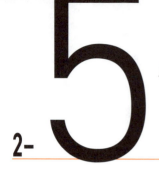

Amazonの売上方程式

Amazonで販売するうえでは、さまざまな専門用語を理解しなければなりません。そこで基本的な用語の理解を深めるために、「Amazonの売上方程式」を用いながら説明します。

2-5-1
売上を構成する3要素

Amazonで売上を立てたい――。

そう考えたときに最初に押さえておきたいのが「**Amazonの売上方程式**」というものです。

● **Amazonの売上方程式**

$$売上 = アクセス数 \times 転換率(CVR) \times 購入単価$$
$$= インプレッション \times CTR$$

「**アクセス数**」「**転換率**」「**購入単価**」。この3つの要素で売上が成り立ちます。つまり各要素の精度を上げることで、売上も上がるということです。

▶ ①アクセス数（インプレッション×CTR）

まず「アクセス数」についてです。これは**一般的に**「**訪問者数**」「**トラフィック**」などと言われますが、Amazonではセッション数とも呼んでいます。つまり、**商品ページを訪れる人という意味**です。

アクセス数はさらに2つの要素に分解されます。「インプレッション」と「クリック率（CTR）」です。ちなみに**インプレッション数とアクセス数の違い**はな

にかと言うと、たとえばお茶を販売している方がいるとします。そしてユーザーが Amazon で「お茶」と検索をします。そしてその**ユーザーのパソコンやスマホ上で、自社の商品が検索結果に表示されたら「インプレッション数 1」とカウント**します。つまりインプレッション数とは、自社の商品が検索結果ページ上に表示された回数と理解してください。

インプレッションの状態では、アクセス数は 0 です。ではどのようにしてアクセス数が 1 になるかと言うと、表示された**検索結果のページから自社商品がクリックされて、商品ページが開かれたときに「アクセス数 1」とカウント**されます。

インプレッション数：検索結果上で自社商品が表示された回数
アクセス数：商品ページが表示された回数

クリック率は、**CTR**（クイック・スルー・レート）とも呼ばれています。これは、インプレッションされた状態からクリックしてくれた率を表します。

▶転換率と購入単価

転換率は、**CVR**（コンバージョン・レート）とも呼びます。

分数で表すと、**分母は「商品ページを訪れたアクセス数（訪問者数）」で、分子は「買ってくれた人の数（注文数）」**となります。

なお**購入単価について、こと Amazon ではさほど考慮すべき要素ではありません**。その理由を説明するには楽天市場との比較がわかりやすいです。

楽天市場の場合は、1 つの店舗でさまざまな商品を買い合わせてもらうのが基本となります。たとえば、いち押し商品を打ち出しつつ、さらに派生商品も同時に購入してもらう流れをいかにつくりあげるか。そのためには、商品単価を下げていくことがカギを握っているというわけです。

一方で **Amazon は、買い合わせがほとんど起こりません**。理由は SDP の仕組みによるものです。先に述べたとおり Amazon は、**「どの店舗から買うか」ではなく「なにを買うか」**が購入時の動機となるためです。

たとえばデジカメとパソコンを買ったとします。デジカメは Amazon 直販から購入し、パソコンはビックカメラから購入するというように店舗が異なります。もちろん消費者側からすると買い合わせ点数は 2 ですが、

ビックカメラからすると購入数は1なのです。実際にAmazonユーザーの1回あたりの合わせ買い率は、**1.1個以下**という世界です。

このような背景もあり、売上方程式のなかでもとくに「アクセス数」「転換率」に注力していく必要があると言えます。

●インプレッション、アクセス数、転換率とは

専門用語を知ることは、Amazon初心者にとって最初の関門です。また巻末に、「AmazonD2C用語解説集」（P.348）を掲載していますのでぜひ参照してください。

2-5-2
売上を伸ばすための基本的な施策

では、アクセス数や転換率を上げるために、具体的にどのような施策をすればよいか。それをまとめたのが次ページの図になります。

本章では各施策についての詳細は割愛しますが、アクセス数や転換率を上げるためにはこれだけの打ち手があると理解しておいてください。

● Amazon売上方程式の構造

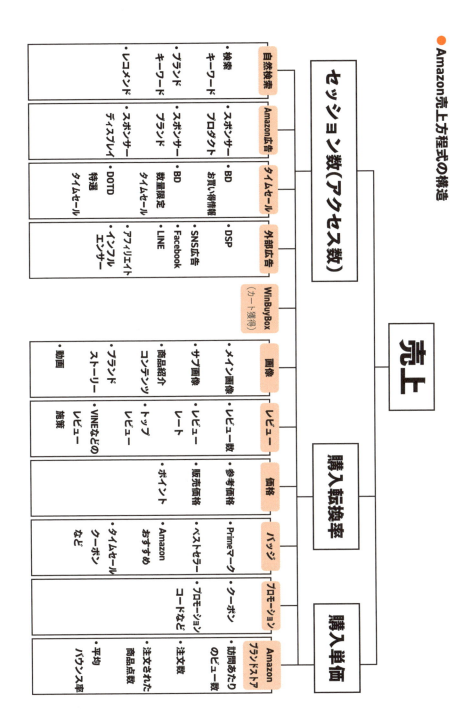

2-6
Amazonの検索アルゴリズム

先ほど、検索結果のなかでも「自然検索で1位を目指すべき」というお話をしました。それを実現するにあたり、インプレッション、アクセス数、転換率を用いて「Amazonの検索アルゴリズム」を解説をします。

2-6-1
売れば売るほど、検索順位が上がる仕組み

検索アルゴリズムとは、つまり検索システムのロジックのことです。**プラットフォームが、どのような順序で検索表示の並び替えを行っているか、というルール付け**を指します。

Amazonアルゴリズムの大原則は、「**販売実績を上げれば上げるほど、検索順位が上がる**」と先述しました。

その原則を知っていれば、販売者がやるべきことも自ずとシンプルになります。つまり、「**商品をたくさん売ること**」です。

原則 **販売実績に比例して検索順位が上がる**

そのうえで私たちは、「**Amazonで自社商品を目立たせて、売上につながっていく**」ということをストーリーに落とし込んで考えていきます。

まずは次ページ図をご覧ください。

2-6 Amazonの検索アルゴリズム

● Amazonの検索ロジック

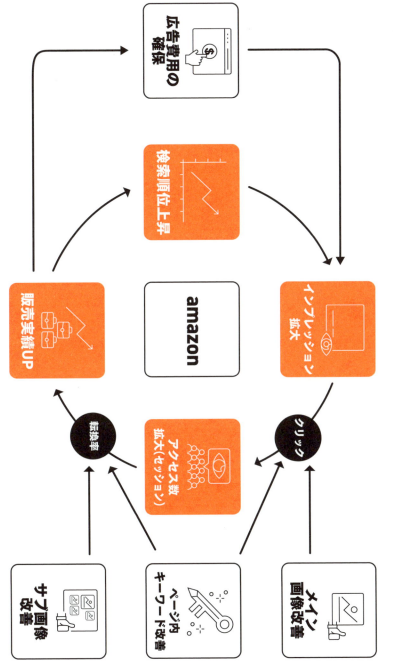

2-6-2 検索ロジックをストーリーで考える

▶インプレッション拡大

まずは Amazon で販売するために商品を登録します。当たり前ですが、消費者に検索されるためには、販売を開始しなければなりません。これによって、検索されるための可能性が開かれました。**検索結果上に表示されることを「インプレッション」「インプレッションされる」**などと呼びます。

▶アクセス数拡大

インプレッションが増えれば増えるほど、今度はお客様がクリックして商品ページを訪れる可能性が高まります。これを「**アクセス**」と呼び、**クリックされるほど「アクセス数が増える（拡大する）」**ということになります。

▶販売実績 UP、検索順位上昇

アクセス数が増えると、その分だけ買ってもらえる見込みが増えます。すると結果として販売数も上がっていく。

そして販売数が上がることで、自社商品の検索結果が上位にくる、という流れになります。

検索結果が上がるということはつまり、インプレッションされる回数が増えていく……。と、このように**自社商品を販売ストーリー上で円環させていく**のです。

検索ロジックを周回するごとに、すべてのセクションの練度が上がっていくイメージです。

2-6-3 クリック率を上げる

検索ロジックを回すには、「**インプレッション拡大**」→「**アクセス数拡大**」→「**販売実績 UP**」を結ぶための施策が大切です。

販売開始後、インプレッションが徐々に増えてきたら「**さらにクリックしてもらうにはどうするか（アクセス数の拡大）**」という施策が必要になります。その場合、**商品のメイン画像の準備や改善が重要**になります。

もし商品写真を自前のモバイルやデジカメで簡単に撮影しただけならば、改善の余地があります。

たとえばプロに依頼して撮り直す、あるいはソフトを使って写真をレタッチするなどです。これにより商品写真がいわゆる"映える"状態になるので、アクセス数の拡大に寄与します。

クリエイティブ色が強い仕事が苦手なら、プロに依頼するのは賢い選択です。

2-6-4 転換率を上げる

次に商品ページへ訪れてきてくれた方に対して、「**いかに購入してもらえるか（販売実績UP）**」という施策が必要になります。

商品ページのカギを握るのはサブ画像をはじめとする商品ページ内の各コンテンツです。転換率が上がる、つまり商品を購入する人が増えることで検索が上位に表示されるようになります。

副次的なコンテンツとしては、次の要素が含まれます。

①**サブ画像（6〜8枚）**
②**カスタマーレビュー**
③**割引**
④**Amazonポイント**
⑤**クーポン**
⑥**商品説明**

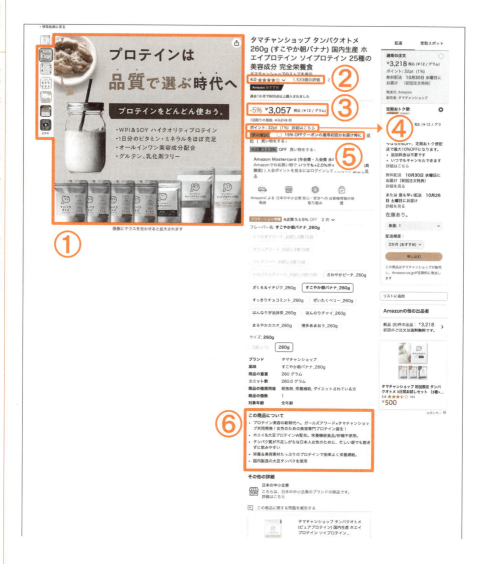

　Amazonの商品ページにはメイン画像のほかに、**サブ画像を6〜8枚掲載**できます。6〜8枚と幅を持たせているのには理由があります。本来はPCで8枚のサブ画像を登録できるのですが、モバイル画面やアプリ上では6枚までしか表示されないのです（メイン画像含めて合計7枚まで）。

　そのほか、「**カスタマーレビューの評判はどうか**」「**割引率はどれくらいか**」

「Amazon ポイントはどれくらい付与されるか」「クーポンが利用できるかどうか」「商品説明文はわかりやすいか」などが情報として提示されています。

消費者は、まず**これらの情報をもとに「買うか・買わないか」を判断する**のです。つまり販売者はこれら副次的なコンテンツをいかに充実させるか、わかりやすくするかを試行錯誤することで、魅力的なページに仕上げていきます。

▶ 大切なのは、改善し続けること

もちろん最初から魅力的な商品ページにつくる必要はありません。重要なのは、カスタマーレビューや競合商品を参考に「**改善し続ける**」という継続力です。

たとえば楽天市場など他のプラットフォーム上で 10 人に 1 人が購入している（＝転換率 10％）商品があるとします。一方で類似する自社商品は、値段や機能もさほど変わらないのに転換率が 6％ しか売れていない。その場合、Amazon 商品ページの充実度を疑ってみるのも 1 つの手です。

- サブ画像を 1 枚も掲載していなかった
- 商品説明で伝え忘れていた内容があった
- 割引率が他の EC と比べて低かった
- ポイントの還元率が低かった

など、まずは他社商品と自社商品の転換率を比較し、「上がっているか・下がっているか」を判断しながら改善を続けていくことが、大切になります。

2-6-5
アクセス数の拡大

そのほか、アクセス数を上げるための施策として広告があります。

広告に関する具体的な運用方法は STEP8 で解説しますが、ここでは Amazon で用いられる広告メニューと、検索結果上の掲載場所を覚えていただきます（P.80〜81 図参照）。

STEP 2 年商1億円の必須知識！【利益構造】と【売上方程式】

スポンサーブランド動画広告

その他の結果

スポンサープロダクト広告

スポンサーブランド(動画)広告

関連検索キーワード

検索内容に関連したブランド

スポンサーブランド広告

ヘルプが必要な場合

スポンサーディスプレイ広告

STEP 2　年商1億円の必須知識！「利益構造」と「売上方程式」

2-7 販売計画を立てる前の基礎知識

Amazonで年商1億円を目指すにあたり、まずは事業計画を立てていく必要があります。
——と、その前にそもそもAmazonのビジネスモデルを使って、Amazon D2C（ダイレクト・トゥ・コンシューマー）ブランド（P.87）で販売する方々がどのような事業構造、収益モデルを構築しているかを解説します。

2-7-1 黒字化までのシナリオ

Amazonの超基本となる、収益モデルは下図のようなプランです。

● **Amazon収益モデル**

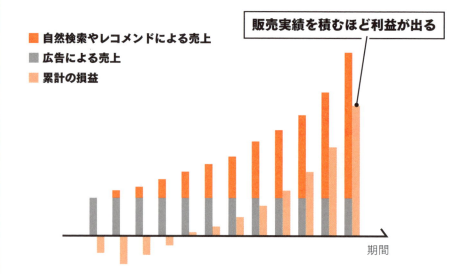

■ 自然検索やレコメンドによる売上
■ 広告による売上
■ 累計の損益

販売実績を積むほど利益が出る

期間

各色12本の棒グラフで示しているため、1か月×12＝1年と見立てることもできますし、1本分を2か月分と見立てて合計2年とするように見立てることも可能です。ご自身で決めたスパンやロードマップと重ねて検討してください。

本項では、わかりやすいように、1年を例に解説を進めます。

まず**灰色の部分は、広告を出したことによる売上**になります。**薄いオレンジ色の部分が収益・損益で、濃いオレンジ色は自然検索による売上**です。

2-7-2
1か月目は、広告投資と赤字を覚悟する

当然ですが商品を販売開始して、すぐさま大きく売れるようなことは稀です。**軌道に乗せるためには、広告によって実績を生み出していく**必要があります。グラフでは広告費を投入することで、**一時的には赤字**になることも想定しています。1か月目は自然検索による売上は立たないと想定し、収支は赤字です。

仮に**毎月の広告費を30万円**としましょう。**1か月目の売上は50万だったとし、人件費や原価などの支出（30万円）を差し引くと10万円の赤字**となります。

2-7-3
2か月目は、徐々に広告の効果が出るもまだ赤字

では2か月目を見てみましょう。

前月からの**広告によって、徐々に実績がついてきます**。実績がつくと、どうなるか――。Amazonのアルゴリズムによって、**検索結果のランクが徐々に上向きはじめる**のです。つまり広告をかけなくても、自然検索による転換率が高まり、加えて「おすすめ」の枠にも取り上げられやすくなります。これにより、**広告に頼らない純粋な売上が伸びはじめてくる**のです。

たとえば総売上**50万円のうち、自然検索分は5万円**になりました。しかし利益としてはまだ赤字です。とはいえ販売実績は確実についてきていますので**自然**

検索による転換率は高まっています。

2-7-4
苦しい時期を乗り越えて、5～6か月目で黒字化に！

P.74 でもお伝えしたように、「検索ロジック」を回し続けることで、やがて累積の損益が赤字から黒字に逆転します。P.82 の図ではおおよそ 5 か月目のところでトントンになっているのがわかりますが、ここでようやく事業として黒字化するフェーズに入るのです。

整理すると、**販売開始から 4～5 か月間（スタートダッシュ期）は、絶えず広告費を投入する「投資期間」という我慢の時期**と捉えてください。赤字を辛抱しながらも、検索ロジックをしっかり循環させていけば、やがて販売実績が上がりはじめます。そして自然検索で売れるようになり、収益も徐々に上がっていきます。そして、自然検索経由の売上が伸び続ければ、利益率も上がる（黒字化する）というビジネスモデルということです。

▶黒字化による資金の余剰で、二の矢を放つ

ちなみに P.82 の図は、**1 商品あたりに対するもの**です。実際には、**販売実績が上がり軌道に乗りはじめたのを見計らい、次の商品を投入する**場合もあります。

たとえば商品 A の黒字化の見通しが立てば、投資の余力が生まれます。すると「次は商品 B を販売しようか」となるのです。商品 B を発売し黒字化となれば、同様に「よし商品 C も発売しよう」――。このように、**事業で生まれた利益を新商品へ投資しビジネスを拡大するのが、Amazon D2C の基本的なビジネスモデル**になります。

つまり本書で掲げた「年商 1 億円」というのは、さまざまな実現の道があるということです。**1 つの商品だけで達成すれば御の字ですが、商品 A →商品 B →商品 C と、複数の商品を取扱うことで達成する**場合もあります。

あくまで、市場の規模や競合の強さに左右される部分ですので、状況に応じた適切な対応が求められてきます。

1つの商品で勝負を続けるか、派生させるか。いずれにしても最初の商品を黒字化することにまずは全力を注ぎましょう。

2-7-5
成長から衰退へ向かう4フェーズ

　Amazonの収益モデルでは、販売1か月目から12か月目のなかで理想的な推移を示しました。**自然検索で売上を立てられるようになれば、まるで永遠に利益が伸び続ける**ように見えるでしょう。もちろん理論上はたしかにそうです。ですが実際には、下の図で示す**「成長フェーズ」と重ねて見ることで、ようやくリアルな姿が見えてきます。**

● 成長フェーズ

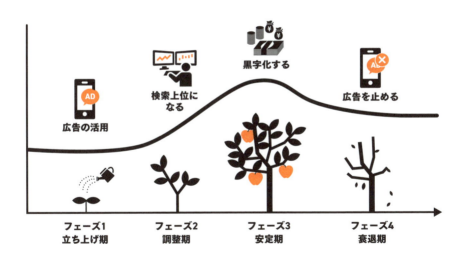

▶ フェーズ1：立ち上げ期

　まずは「**立ち上げ期**」です。この期間は利益よりも売上を重視します。販売開始後は**赤字覚悟で広告に投資し、少しずつ売上を立てましょう。**

▶フェーズ2：調整期

次に「**調整期**」です。**引き続き広告投資**を続け、販売実績（個数）を拡大し、自然検索上位を目指します。

▶フェーズ3：安定期

そして「**安定期**」です。**自然検索による売上が伸び、事業として黒字化できる段階**です。ただ先ほども述べましたが、事業の成長は鈍化も避けられません。図では"果物の木"で表現していますが、**獲れる果実（利益）は徐々に少なくなっていきます**。

▶フェーズ4：衰退期

その後の道はいくつかありますが、ロングセラー商品として"円熟"する場合もあれば、時代の流れによる「**衰退期**」を迎えることも少なくありません。

つまり**１商品における終着点を見据え、商品Ａを商品Ａ'へリニューアルしたり、商品Ｂとしてまったく新しいものを生み出すなどの試行錯誤がカギ**となります。

●**拡大の方針**

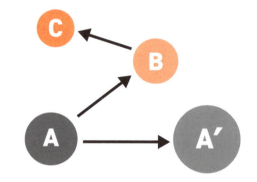

商品の改善を通じて、事業全体が成長するのが健全な在り方と言えます。

ここまで事業計画を考えるうえでのポイントを解説しました。そもそも事業計画をゼロから立てていくのは難しいものです。そこで、価格や原価を入力するだけで、誰でも事業計画書が作成できるExcelデータを用意しました。商品別の試算、融資用資料、社内稟議資料などで役立ててください。巻末（P.350）に、ダウンロード手順を掲載しています。

COLUMN 2

D2CやAmazonが
小売市場の構造を変革する

　Amazon.co.jpが20年をかけて変化してきたように、小売業界もさまざまな外部環境の変化に対応しながら変わり続けています。

　小売業界の構造を簡単にまとめると、メーカーには「モノの流れ」を担当する営業部門と、「情報の流れ」を担当するマーケティング部門が存在します。営業部門は卸を通じて小売店に商品を流し、消費者へ届けます。マーケティング部門は広告代理店を通じてメディアを介し、CMや広告として消費者へ届けます。

● 従来のメーカーのビジネスモデル

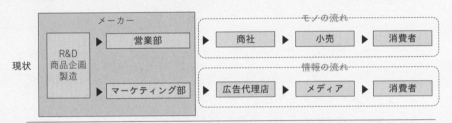

課題　消費者との距離が遠いことで、消費者目線の企画・販促ができていない
具体例
　（1）消費者に目を向ける習慣が少ない（商社や広告代理店に任せてしまう傾向にある）
　（2）消費者からの商品へのフィードバックが届きにくく、購買データが蓄積されていない
　（3）営業部とマーケティング部が分かれており、消費者へのコミュニケーションが一貫していない

　ところがAmazonの登場によって、その構造は大きく変わります。2014年の「Amazonスポンサープロダクト」という広告サービス開始を皮切りに、メディアとしての側面を強化しました。お客様の興味や関心を喚起するだけでなく比較検討を促す機能も備えたことで、認知から購入までの流れすべてをAmazon内で完結させる、シームレスな購買体験を可能にしたのです。

　また近年は「D2C（Direct to Consumer）」という、メーカーがオンラインを通じて直接お客様に販売する形が増えています。従来の商流における卸や専門商社、広告代理店が担ってきた領域を自社で完結させる手法です。完全栄養食品を

展開するBASE FOOD、ヘアケアやスキンケア用品を展開するI-neといった企業が成功を収めています。デジタル広告やSNS運用といった新しいマーケティング手法を通じて、消費者との距離を縮める戦略もとっています。

● **D2Cのビジネスモデル**

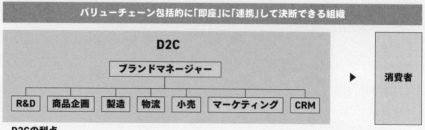

一方で、こうした新しい構造を苦手とするのが大企業のメーカーです。流通における中間業者との関係を改革するのは容易ではありません。また営業部門とマーケティング部門の縦割り構造が、柔軟なプロモーションを阻害します。

こうした背景のなか、取り組むべきポイントは以下の2つです。

①「中小企業や新規D2C事業」の展開

大企業が参入しにくい市場を見極め、プロダクト開発やマーケティング活動を徹底する。中間業者を排除し、高い利益率を確保しながら迅速なPDCAを回し（STEP8で詳述）、より良い商品をより安く提供する。

②「大企業」の改革

縦割り構造を受け入れつつ、D2C専用の子会社あるいは事業部を設立する。内部構造は機動的な意思決定、柔軟な対応ができる環境を整えることが大切。

このような新しい組織設計・構造改革により、既存のしがらみや流通構造の制約を乗り越え、革新的なビジネスモデルを構築する可能性が見いだせるでしょう。

STEP 3

狙うべき市場はここ！
激しい戦場でも勝てる
「3C分析」活用術

3-1 膨大なジャンルから、どれで勝負するか？

本章からいよいよ実践編に入ります。まずは「どんな商品をつくりたいか」、つまり商品企画からスタートします。当たり前ですが単に「自分がつくりたいもの」で走り出すのはNG。企画においての思考の出発点は、「どの市場で戦うか」ということです。

3-1-1 広大なカテゴリーから「3C分析」で絞り込む

Amazonには、さまざまな商品カテゴリーやジャンルが用意されています。たとえば「スポーツ&アウトドア」というカテゴリーを選んでみると次で示すような形で細分化されていきます（「スポーツ&アウトドア」→「アウトドア」→「バーベキュー・クッキング用品」→「シングルバーナー」の例）。

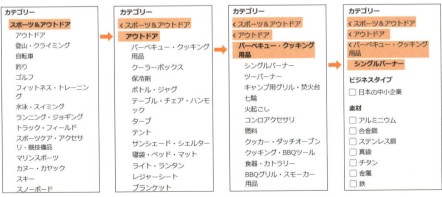

このように、カテゴリーからはじまり、最後は素材まで選択できるほど幅広く展開されます。

いま紹介したのは「スポーツ＆アウトドア」のわずか1ジャンルです。Amazonには、**本、パソコン・周辺機器、文房具・オフィス用品、ファッション、ドラッグストア、おもちゃなど豊富なカテゴリーがあり、しかもそれぞれがさらに細かく分類**されています。つまりこの膨大な品揃えのなかから、戦う市場をどう見極めればよいかを考えなければなりません。闇雲に探しても、失敗するのは火を見るよりも明らかです。

そこで役立つのが、「**3C分析**」という考え方です。これはマーケティング用語の1つで、3つのCによって成り立つので「3C」と呼ばれています。

① **Customer**（顧客）	② **Competitor**（競合）	③ **Company**（自社）
市場の大きさ	**競合相手の脅威性**	**自社の強み**
現段階の市場の大きさや将来的な市場成長率も調査する。	競合の有無はもちろん、どの程度の競争相手になりうるのかを調査する。	自社がどのような経営資源を有するか、またそれは競合優位性を持っているのかを知る。

3-1-2
①カスタマー：年間で1億円売上げられる市場が目安

1つ目は「カスタマー」です。これは、「**市場の大きさ**」と言い換えることもできます。

市場が十分に大きいのか、魅力的な市場なのかどうかという観点で見極めます。今現在で市場規模が大きいことは当然ですが、今後も大きくなるかという成長ポテンシャルも考慮しなければなりません。

ECに関して本当の初心者であれば、**1商品あたり年間で1,000万円売上げられる規模**からはじめるとよいでしょう。たとえば、年間売上は200万円が限界となる市場は魅力に欠けると言えます。もし**年間売上が1,000万円に届かない場合は、粒度を上げる**（カテゴリーを1段上げるなど）と適切な市場が見えてきます。

逆に「シャンプー」「プロテイン」など、年間で100億円以上も売上げるような市場の場合、規模として大きく捉えすぎている恐れがあります。その場合は、粒度を下げる（カテゴリーをもう1～2段落とすなど）と適切な市場が見えてきます。

仮に野菜市場に参入するとしましょう。「**野菜**」というカテゴリーではさすがに規模が大きすぎます。ですので、野菜のなかでも日持ちする「**乾物の野菜**」と絞ります。ただし乾物にもさまざまな種類がありますので、さらに「**干ししいたけ**」というふうにターゲットを決めていくのです。そのうえで、年間１億円ほど売上げる見込みがあるかどうかも精査します。

● **戦う市場の見極め方**

　なお本書の大テーマとして「１億円」を掲げていますが、**副業の場合など元手が少ない場合は市場規模を落としても問題ありません**。たとえば「月間30万円（＝年間400万円弱）くらいを狙いたい」という考えのなかから、さらに自分（自社）の目標に対して「魅力的かどうか」も併せて探っていきましょう。

 自分に合うカテゴリーの検討方法は、P.99「ブランドアナリティクス」の項で詳しく解説します。

3-1-3
②コンペティター：負け戦にならないために、相手の力量を探る

　２つ目は「コンペティター」です。「**競合相手の脅威性**」と言い換えることができます。

　競合がどれくらいの脅威なのか、はたまた**競合がそもそも存在する市場なのか**を検討します。仮に「競合がいる」場合、あまりに強すぎる相手は避けなければなりませんので、脅威度をしっかり分析していく必要があります。

　競合が脅威なのかどうかを調べる方法は２つあります。

❶競合の商品よりも「よいもの」がつくれるか
❷競合よりも「よいマーケティング活動」ができるか

このどちらかの戦い方で勝てる場合は、競合が「**よきライバル**」となり得ます。逆に、どちらでも太刀打ちできない場合は、強敵であるため狙う市場を見直す必要があります。

たとえば、かっこいいデザインの商品がつくれた。しかし新参企業ゆえ、マーケティング予算がまったくない状態だとします。一方で競合企業はそこそこのクオリティではあるものの、マーケティング予算を大量投下していることで存在感を発揮しています。その場合、「デザイン面」で圧倒できるならば、勝負に打って出る価値はあると言えます。

自社はモノづくりの面で日本一、世界一を誇れるクオリティを持っている。あるいは、破格でよいものがつくれる、圧倒的にかっこいいデザインであるなど、**強い個性によって先行者・競合に勝つ糸口**となり得るかで検討します。

自分たちの「武器」がなにかを決め、それで戦える相手を探すことがセオリーです。

3-1-4
③カンパニー：商品を生み出す資金は、自社にあるのか？

3つ目は「カンパニー」です。「**自社の強み**」と言い換えることができます。**企画したとおりの原価や品質でつくれるのか**という観点で、**自社の経営資源を分析し、競争優位性が狙えるのかどうか**を見極めます。

たとえば財布の販売を企画したとします。競合企業の財布は本革製品でデザインもよい。しかも 6,000 円と手ごろな価格で売られています。

対して、自社も本革で価格は 5,000 円まで下げられれば競合と戦えるのではないかと予測します。

そこで問題になるのは、本当に5,000円で利益が出る商品がつくれるかという点です。一般的には、**原価率は30%ほどに収める**のが標準とされます。つまり1,500円で実現できるのかどうか──。

自社がもともと革製品を扱っているならそれも可能でしょう。もしその元手がなければ、まずは革小物加工屋などに営業を行わなければなりません。

革から調達しなければならない、しかも原価は加工も含めて1,500円で抑えるとなると、発注するロット数も必然と増えるでしょう。すると過剰な在庫を抱えることとなり、売れ残りのリスクとなります。また、在庫がダブつくことで、商品のリニューアルや改良版をリリースすることも後回しになってしまい、事業の停滞・後退を余儀なくされます。

3-1-5
大切なのは3つのCをバランスよく考えていくこと

3C分析は、**①→②→③という順番で考えていくことが基本**です。ただし、いま説明したとおり、**一巡するだけでは分析としては十分ではありません**。実際には**①②③を何巡もしたり、行ったり来たりする**ことになります。

たとえば、市場規模が大きい場所を選ぶと、当然そこにはたくさんの競合がいます。広告予算がなければこちらに勝てる見込みはない、となります。

あるいは、市場も適切なサイズ感でしかも競合も少ない、この商品をつくれば勝てるとわかりました。しかし実際に開発に乗り出してみると、製品化が難しかった……。

このように企画を進めようとすると、3つのCが密接に関わり合うことになるのです。そのためまずは①②③の順序にもとづくのですが、最終的には複合的に判断しなければいけないということを押さえておいてください。

大きな市場であるほど、競合は大勢参入してきます。その競争環境で勝てるノウハウ、経営資源があるかどうか。その適切な場所を探り当てるツールが3C分析の役割です。

Customer: 狙う市場の規模を推測する

3-2

前項では、3C分析の総論について解説しました。本項からは、各Cについての各論として、具体的な手法を紹介します。

3-2-1
カテゴリー選択によって、市場をどこまで絞るか

なにはともあれまずは、市場規模の調査からスタートとなります。大事なのは、自分たちが掲げる事業目標に対し、販売したい商品のマーケットが適切なサイズ感になっているかどうかです。つまり「事業規模や戦略に合わせて、正しいマーケット（戦い方）を選びましょう」ということです。

本書では年商1億円を目指すことを掲げていますので、月商は約800万～900万円になればよいという計算になります。もし**初期の軍資金が潤沢でないなら、スタート時は1つの商品企画に絞り、利益が出たら次の商品を育てていく**という流れになるでしょう。だからこそ、**最初の1商品目で市場を見誤らないことが大切**になります。

たとえば「ファッションカテゴリーに参入したい」と考えたとします。ただファッションと言っても、メンズ、レディースというカテゴリーがあり、バッグ、ジュエリー、シューズ、時計……とジャンルは多岐にわたります。

ここでは、「メンズ」「バッグ」に絞って調査をしてみましょう。すると、バッグにはさらにビジネスバッグ、ショルダーバッグ、トートバッグなどのアイテムがありますので、「ビジネスバッグ」を選択します。そこからさらに就活生用、大人向けの革製、大容量で機能性重視など目的や用途でも分かれます。

このように、自分（自社）が狙っていきたい市場の規模感に合う形まで、カテゴリーをスケールダウンさせながら考えていきます。

とはいえ、**なにをもって市場規模の「大きい・小さい」を判断すればよいか**が

わからなければはじまりません。

具体的に市場規模を測るにあたって、アプローチは2つあります。

①検索ボリュームを確認する
②売れている商品の検索順位を確認して規模を逆算する

3-2-2
検索ボリュームから、市場規模を計測する

Amazon で出品するメリットの1つは「検索ボリュームが大きいこと」です。

検索ボリュームとは、特定のキーワードが検索された回数を指します。インターネット上のニーズがどれくらいあるのかを把握し、ブログやウェブサイトを検索上位に表示させ、またアクセスを増やすために意識すべき要素です。一般的にはGoogle や Yahoo! などの検索エンジン上での回数を指しますが、じつは Amazon 上でも検索ボリュームは大きいのです。

STEP1 でも述べましたが、2023年時点で小売り全体の市場規模は163兆340億円ほどあります。そのなかでEC市場は約9.0％（約14.7兆円）ほど占めます。一方で Amazon（4.5兆円）は、小売り全体に対して約2.8％を、また EC 市場内では約30.6％（4.5兆円）を占めています。

●**Amazonの市場規模シミュレーション**

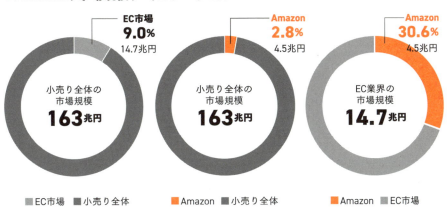

▶ プロテイン市場の約30％はAmazonで売れている

たとえば**あらゆるプロテインの購買のうち、約30％はAmazon**というデータもあるほどです。したがってAmazon内の検索でも「プロテイン」というキーワード検索が膨大に行われていると言えます。

● プロテインの市場規模

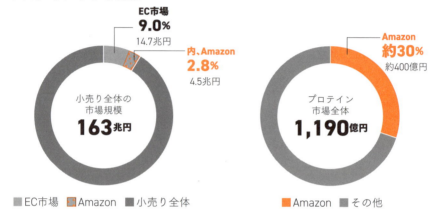

参考:「第24084号 プロテインなどのタンパク補給食品市場を調査」(富士経済グループ)

Amazon上での検索ボリュームを確認・検証するツールは4つあります。

① ブランドアナリティクス
② 通常検索欄の推奨キーワード
③ キーワードターゲティング
④ Googleキーワードプランナー

それぞれの活用法について順を追って解説します。

3-3 市場規模を計測するツール

3-3-1
「ブランドアナリティクス」で検索頻度ランクを調べる

▶ブランドアナリティクスとは？

　ブランドアナリティクスは、Amazonの出品アカウントを持っていて、かつ「Amazonブランド登録」をしているセラー、ベンダーが使えるツールです。Amazonブランド登録とは、登録商標を持っている出品者が登録できる、ブランド所有者向けのプログラムです。登録することによって出品者は「活用できるAmazon広告が増える」「ブランドオーナー特有のコンテンツが増える」「販促手段が増える」といった特典が受けられます。ブランドアナリティクスもその特典の1つです。

　ブランドアナリティクスは、販売データや商品の関連情報を見ることができ、ブランドの成長や競争の優位性を高めることに役立てられます。たとえば商品のキーワード、顧客の属性、競合他社の動向などのデータを参照・分析できます。

　そのなかで以下では、「上位検索キーワード」という機能を活用します。
　どのようなツールかというと、**特定の期間でどんなキーワードがどれくらい検索されていたかということが確認**できます。

　たとえば「ビジネスバッグ」と検索を行うと、次の画面のようにビジネスバッグと併せて検索されたキーワードが一覧で表示されます。

また「**検索頻度のランク**」という欄もあり、**Amazon**全体でどれくらいの頻度で検索されたかを**ランキングで知る**ことができます。

ブランドアナリティクスは、「ブランド登録」を行った人のみ使えるツールです。申請の手順は、P.340を参考にしてください。

▶ビッグキーワードで1〜30,000位の市場に目星をつける

ここからは、「シャンプー」を例に検索してみましょう。

「シャンプー」という単体ならば**全体で 77 位**。つまり**シャンプーだけでは、あまりに巨大なマーケット**ということです。

ターゲットとしては魅力的な市場ですが、このまま戦おうとするにはさすがに大きすぎる（ビッグキーワード）と言えます。

そこで、シャンプーに組み合わせる形でミドルキーワードの検討をします。「シャンプー　メンズ」は 2,692 位、「犬　シャンプー」というペット向けのシャンプーならば 3,284 位と確認できます。

ビッグキーワードで調べる場合、ランキングはざっくりと、1 〜 30,000 位までならば「市場規模が大きい（＝魅力がある）」という判断で差し支えありません。たとえばミドルキーワードとの組み合わせによって、市場をさらに探っていく可能性もあるでしょう。つまり**新参でも戦える余地のある、懐の深い市場**だということです。

● 検索頻度のランキングから市場規模を測る

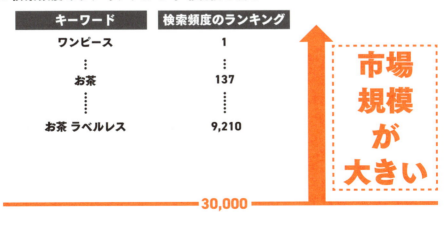

3-3-2
ミドルキーワードで戦う市場をロックオン

では次にブランドアナリティクスを使って、自社商品の適切なマーケット規模を見いだす方法を紹介します。

たとえば、お茶を販売したいとしましょう。

まずブランドアナリティクス上で、「**お茶**」と検索を行います。すると、「お茶」単体のキーワードでは全体で **137** 位です（ここで、「**かなり上位なんだな**」「**ミドルキーワードで探ってみる価値があるな**」という "感想〈=センス〉" を持つことが大切です）。

検索キーワード ⑦	検索頻度のランク ⑦ ↑	クリック数の多い上位ブランド ⑦
お茶	137	綾鷹, 颯, おーいお茶
お茶 500ml 24本	147	綾鷹, 爽健美茶, 颯
お茶 2リットル	216	CCL, 生茶, 綾鷹
お茶 500ml 24本 激安 特選タイムセール	1,010	颯, 綾鷹, 爽健美茶
お茶 ペットボトル	1,309	綾鷹, 颯, 爽健美茶
ペットボトル お茶	2,259	綾鷹, 颯, 十六茶
おーいお茶	2,358	おーいお茶, RROボックス, 綾鷹
おーいお茶 濃い茶	2,813	おーいお茶, ITO EN, RROボックス
お茶漬け	4,232	永谷園, 恵み茶屋, -
濃いお茶	4,752	おーいお茶, 綾鷹, 伊右衛門
お茶 2l	6,035	CCL, 爽健美茶, 綾鷹
お茶 24本	9,164	颯, 十六茶, 爽健美茶
お茶 ラベルレス	9,210	綾鷹, 爽健美茶, 十六茶
ラベルレス お茶	9,414	綾鷹, 爽健美茶, 十六茶
お茶パック	10,326	ITO EN, -, プレミアムティーバッグ
特保 お茶	11,573	特茶, 綾鷹, からだすこやか茶W
トクホ お茶	19,094	特茶, 綾鷹, からだすこやか茶W
永谷園 お茶漬け	21,367	永谷園, -, PrimeSellerJapan
おーいお茶 濃い茶 ストロング	23,574	おーいお茶, ITO EN, 綾鷹
おーいお茶 500ml 24本	23,713	おーいお茶, 綾鷹, -

▶ビッグキーワードが決まったら、ミドルキーワードで絞り込む

ビッグキーワードによって、お茶市場に狙いを定めることにしました。

次に行うのは、下の欄に続くミドルキーワードのなかから、自社が戦う市場を決めることです。

　「お茶　パック」～「トクホ　お茶」までは1万位台となっていますが、マーケットとしてはまだまだ大きすぎます。**この市場で戦うということは、すなわちビッグキーワードで戦うことを意味する**からです。

　つまりこのツールのポイントは、メインとなるキーワード（この場合は「お茶」）に対して、どのようなキーワードを組み合わせていけば適切な規模にまで落とし込めるかを推し量っていくことです。
　その際、単に**ランキングを眺めながら探すだけでなく、自分の頭のなかにある日常のなかから探っていくのも手**です。

3-3-3
穴場を見つけたら「通常検索欄の推奨キーワード」で冷静に判断！

　たとえば、「お茶」という言葉に対して、「**そういえば最近、コンビニに300mlの小さめのボトルが販売されていたな**」というような発想をします。

こうした発想力は、常に情報のアンテナを張る癖をつけることで身につくスキルです。日頃からさまざまなことに、興味の範囲を広げていきましょう。

　では、「**お茶　300ml**」でランキングを確認してみましょう。すると27万位台と表示されました。

検索キーワード	検索頻度のランク	クリック数の多い上位ブランド
お茶 300ml	274,424	綾鷹, おーいお茶, 爽健美茶
お茶 300ml ペットボトル	344,850	綾鷹, おーいお茶, Iris Ohyama

　「すごい！　これは穴場だ！」とお宝を掘り当てた気持ちになりますが、いったん

ここで冷静に考えてみましょう。

「コンビニにまでシェアを広げているのに、27万位台というのは規模として小さすぎないだろうか？」と疑ってみるのです。つまり、キーワードの調べ方に間違いがあるかもしれません。

では検索キーワードのアプローチを少し変えてみましょう。先ほどヒントがちらっと出ていますが、300mlというのは500mlに対して「小さなペットボトル」です。
「お茶　ペットボトル　小さい」で検索頻度ランクを調べてみると、5万位台であることがわかりました。

検索キーワード	検索頻度のランク	クリック数の多い上位ブランド
お茶 ペットボトル 小さい	50,423	おーいお茶, 綾鷹, 爽健美茶
ペットボトル お茶 小さいサイズ	85,202	綾鷹, おーいお茶, 十六茶
お茶 小さいペットボトル	165,049	綾鷹, 爽健美茶, おーいお茶
お茶 小さい	281,627	爽健美茶, おーいお茶, 十六茶
お茶 小さいサイズ	324,170	SANGARIA サンガリア, おーいお茶, …

先ほど1〜30,000位までは市場規模が大きいと申しました。今回の50,423位であれば、**Amazonの事業に初めてチャレンジするならば適切な規模感**であると言えます。

ここまでのプロセスを整理すると、下記のような流れになります。

【手順1】ビッグキーワードで勝負したい市場を決める（お茶）

【手順2】ミドルキーワードなどで適切な規模を探る（お茶　300ml）

【手順3】「小さなペットボトルのお茶」（50,423位）の市場規模ならば、戦えそうな市場であると見込む

3-3-4
スポンサープロダクト広告の「キーワードターゲティング」

ちなみに**キーワードの選定を見誤らない方法**は、ほかにもあります。1つは、「スポンサープロダクト」というAmazonの広告機能を応用するやり方です。

広告の設定をする際に「**キーワードターゲティング**」という画面が出てきます。これは、「**キーワードに対して広告をかけませんか?**」というような、推奨キーワードの一覧から広告をかけたいキーワードの設定を行う画面になります(右図参照)。

図では、別の商品(お香)のターゲティングになってしまいますが、その商品に対するキーワードが一覧で確認できます。

ブランドアナリティクスには載らなかったキーワードが見つかる場合もあります。

ブランドアナリティクスだけでなく、通常検索欄、キーワードターゲティングも活用して、キーワードの検証を万全にしましょう。

3-3-5
Googleの「キーワードプランナー」で、客観的な検証も忘れない

　P.104の【手順1】〜【手順3】で紹介した方法は、すべてAmazon上で行うものです。しかし見落としがちなのは、**まだAmazonでは検索頻度が低いけれども今後伸びる可能性のあるキーワード**の存在です。つまり、先取りするアンテナをいかに持っておくかという話も大切になります。

　それを知るためのツールとして、**Googleが提供する「キーワードプランナー」**というものがあります。キーワードプランナーとは、Googleが提供するウェブマーケティングツールです。キーワードの月間検索回数や、関連するキーワード、それらのクリック単価などが調査できます。

　なお、キーワードが過去数年で上昇傾向にあるのか、下降に向かっているかを把握することも大切になります。つまり、これから来るキーワードなのか、もうブームが終わってしまったのか、ということです。

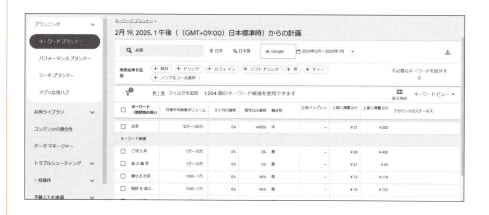

　外部のツールを活用するポイントは、Amazonとの乖離(かいり)がどれくらいかを知ること。そのうえで、互いのツールを比較検討しながらAmazonに足りない情報を補っていきます。

キーワードプランナーも使い、市場をより俯瞰(ふかん)で探ることも心がけましょう。

3-4 正しい目標の立て方

前項までは、まずファーストステップとして「自分がなにを、どの規模の市場で売りたいか」という大枠を決めるための手順をお話ししました。

次のステップは、その**商品を販売したとして Amazon 上で 1 位が獲れた場合、「どれくらい売れるのだろうか」というシミュレーション**をします。競合などの実績を参考にして売上の見通しを立てることができれば、自社の事業計画を立てるうえでもたいへん役立ちます。

3-4-1
検索結果上に、ヒントがある

たとえば「オーガニックシャンプー」で調べてみましょう。検索を行い、インプレッションのなかから自然検索による上位 1 位の商品を見てみます。

カスタマーレビューの星の下に、「過去 1 か月で 1,000 点以上購入されました」と記載があります。これで、直近 1 か月間に商品がどれだけ売れたのかがわかります。

つまり、価格が 4,200 円であることから、少なくとも 1 か月間で 420 万円売上げている計算となります。さらに分解すると、1 日に換算すると約 33 点以上購入されていることもわかります。

この数値を参照することによって、これから自社で販売しようとしている商品がカテゴリーで 1 位を獲るための目標がわかります。

カテゴリーランキングや販売実績のデータを参照することで、市場の活気度や競合の強さなどをより深く理解できます。販売戦略を立てるうえで非常に有益な指標が得られるため、商品開発や価格設定に役立ちます。ぜひ活用して、市場規模への解像度を高めていきましょう。

STEP 3 狙うべき市場はここ！激しい戦場でも勝てる「3C分析」活用術

広告枠は除外すること

自然検索1位の販売個数に注目する

商品ページからも確認することができる

3-5 Competitor: 競合がどのくらい強いかを把握する

3-5-1
商品力×マーケティング力＝競合の強さ

次に2つ目の「C」、コンペティターです。

競合が存在するのかはもちろん、相手が自社にとってどれほどの競争相手となるのかその脅威性を調査します。ポイントは2つです。

①**商品力**：競合より優れた商品がつくれているか
②**マーケティング力**：競合よりもよいマーケティング活動ができているか

「商品力」「マーケティング力」をさらに分解すると、それぞれ4つの要素で構成されます。

まず、「商品力」を検証するうえで「お金をかけず」「誰でも」参照できる優良な**データ**があります。

それが、「**カスタマーレビュー**」です。

3-5-2
競合の商品力は、カスタマーレビューでわかる

私が商品開発をするとき、あるいは商品ページをつくるときは**競合のカスタ**

マーレビューをとにかく読み込んでいます。Amazon のカスタマーレビューは**星5段階で評価**されますが、高評価、低評価どちらにもしっかり目を通します。

星4〜5は高評価に値するレビューです。**なぜその商品がよかったか、なぜ買おうと思ったかなど、主に「受け入れられた理由」についての傾向や要点を抽出**します。

一方、**星1〜2は低評価**に値するレビューです。**商品の不具合、期待どおりではなかった点など、「改善すべきポイント」**が見えてきます。

P.113 の表は、競合商品や同カテゴリーのカスタマーレビューから、どのような傾向があるのか一覧としてまとめたものです（商品は、炭酸シャンプーの例）。

評価のよいレビューを要点ごとに抽出し、グルーピングします。**1,000 件**ほど集めていくと次第に、同ジャンルの商品が買われるにはどんな機能が備わっていればよいかが導き出せます。

3-5-3
グルーピング、マッピングで、未開のポジションが見える

この炭酸シャンプーの場合、**「使用感」「効能」「製品仕様」「価格」**が優先事項に上がってきます。また、使用感のなかでも、「ベタつかない」「爽快感があって気持ちいい」ということも見えてきます。

こうして**定量化して分析**すると、商品コンセプトとして「必ず押さえるべきポイント」（＝他の競合も必ず押さえているポイント）のほか、競合と差別化できる余地などが見えてくるのです。

差別化をさらに深掘りする場合は、グルーピングのほかポジショニングマップを活用すると便利です。視覚的に「どこのポジションが空いているか」がわかります。

たとえば、縦軸を「使用感（ベタつかない⇔爽快感）」、横軸を「効能（髪質改善⇔発毛実感）」という表で構成し、各商品を振り分けます（次ページ図参照）。

すると、本来競合が多いと見込んでいたジャンルでも、意外な狙い目（＝差別化）が見えてくるのです。

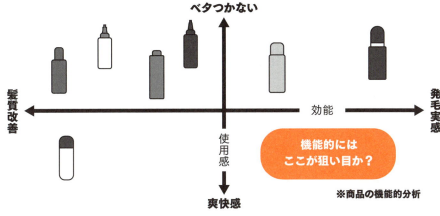

※商品の機能的分析

カスタマーレビュー分析は、「お金をかけず」「誰でも」できるうえ、競合との差別化も導き出せる優良なデータです。

3-5-4
競合のマーケティング力を知る「4P分析」

競合のマーケティング力を知る方法は「4P分析」が有効です。これはマーケティング施策の企画立案で用いられる、代表的なフレームワークです。

4P分析は以下の要素で成り立ちます。

① Product（商品・サービス）：なにを提供するのか
② Price（価格）：いくらで売るのか
③ Promotion（販促）：どんな広告をするのか
④ Place（販売・流通）：どこで売るのか

各要素について、本書では教科書的な解説というよりはAmazonのプラットフォーム上での考え方に言及します。

▶① Product（商品・サービス）

いわゆる「商品力」という意味になりますが、**商品そのものに対する評価とは**

区別します。Amazon プラットフォームの観点で言うと、**商品ページ内のクオリティに深く関係**します。

たとえば商品のメイン画像・サブ画像は美しく撮れているか、わかりやすく撮れているか、カスタマーレビューは評価が高いか、レビュー数はどれくらいか、商品紹介文はわかりやすい内容になっているか、などが当てはまります。

▶② Price（価格）

他社より安い価格にする、高い付加価値（サービス）で高価格にするなどで、ブランドの差別化を図る方法が求められます。つまり「**高価格に設定し、利益を獲得する**」か「**低価格に設定し、シェアを獲得する**」かという大きく2つの選択肢があるでしょう。検討するうえでは、「100gあたりの単価で計算すると、安いのか高いのか」「スペックを高くするか、低くするか」などです。

▶③ Promotion（販促）

Amazon 内外における**マーケティング予算の有無、ブランド認知度の有無**についてです。Amazon 内ではスポンサープロダクト広告、スポンサーブランド広告などが当てはまります。Amazon 外では Google キーワードプランナーによる、SEO 対策（検索エンジン最適化）などが挙げられるでしょう。

▶④ Place（販売・流通）

Amazon プラットフォーム上における、**検索順位**が当てはまります。検索結果の何ページ目に来るのか、また1ページ目に来た場合は何番目に表示されているか。また③に関連し、広告に投資したことによって得られる、検索結果やインプレッションシェア（広告表示機会の総数のうち、実際に広告が表示された回数の割合）があります。

4P分析は古典的な分析法の1つです。ですが、顧客視点を取り入れることができるため、より精度の高い戦略を立てることができます。

3-5

Competitor：競合がどのくらい強いかを把握する

●レビュー分析について

訴求ポイントを可視化

競合商品と自社商品における全力カスタマーレビューを
項目別集計することにより訴求点／改善点の見える化

項目	特定的な内容	B08MVDJL9 個数	比較	B07ZS3WYL5 個数	比較	B08D4WQZ1S 個数	比較	B075XGY8PD 個数	比較	B07SL46SLD 個数	比較	B07NKWWVC7 個数	比較	B08PXJX43C 個数	比較
使用感	ベタつかない	37	11%	23	9%	39	10%	83	13%	0	0%	4	14%	0	0%
	サッパリ・スッキリする	13	4%	6	2%	15	4%	37	13%	0	0%	0	0%	0	0%
	肌に優しい	10	3%	9	3%	15	4%	37	13%	0	0%	0	0%	0	0%
	刺激がない	8	2%	9	3%	10	3%	6	1%	0	0%	0	0%	0	0%
	爽快感があって気持ちいい	6	2%	9	3%	6	2%	22	4%	29	32%	0	0%	0	0%
	浸透力が高い	4	1%	6	2%	6	2%	0	0%	0	0%	0	0%	0	0%
	爽快感がない	3	1%	5	2%	5	1%	0	0%	0	0%	0	0%	0	0%
	乾燥に合う	2	1%	6	2%	9	2%	0	0%	0	0%	0	0%	0	0%
	突っ張らない	0	0%	0	0%	0	0%	0	0%	0	0%	0	0%	0	0%
	肌に優しい・刺激が強すぎない	2	1%	5	2%	5	1%	0	0%	0	0%	2	7%	0	0%
	敏感肌・浸透が良い	0	0%	0	0%	0	0%	0	0%	0	0%	0	0%	0	0%
効能	毛穴改善	34	10%	62	23%	25	6%	28	5%	1	9%	13	22%	0	0%
	保湿力がある	22	7%	28	11%	34	8%	11	2%	8	8%	10	17%	0	0%
	頭皮改善	11	3%	2	1%	7	2%	7	1%	2	2%	5	8%	0	0%
	フケ等が気にならなくなった	9	3%	4	2%	10	2%	11	2%	3	3%	5	8%	0	0%
	かゆみが軽減された	8	2%	4	2%	5	1%	13	2%	7	7%	0	0%	0	0%
	ボリュームが出てくる	3	1%	7	3%	7	2%	9	1%	6	7%	0	0%	0	0%
	血行が良くなる	2	1%	12	5%	38	9%	47	9%	0	0%	1	2%	0	0%
	髪・生え際に効果	5	2%	5	2%	2	0%	2	0%	5	5%	0	0%	0	0%
	保湿力があるしっとりする	0	0%	0	0%	4	1%	0	0%	3	3%	0	0%	0	0%
	白髪が無くなった	0	0%	0	0%	0	0%	0	0%	0	0%	0	0%	0	0%
	現状維持できている	0	0%	0	0%	0	0%	1	0%	8	9%	1	2%	0	0%
	発毛実感	0	0%	0	0%	0	0%	0	0%	4	4%	10	17%	0	0%
	効果実感	0	0%	0	0%	0	0%	1	0%	5	5%	1	2%	0	0%
	敏感肌でも使える	0	0%	0	0%	0	0%	0	0%	2	2%	0	0%	0	0%
	気分が良い	0	0%	0	0%	0	0%	0	0%	0	0%	0	0%	0	0%
成分	無添加	40	12%	17	6%	44	11%	89	14%	0	0%	0	0%	0	0%
	嫌なにおいがしない	37	11%	21	8%	36	9%	6	1%	0	0%	1	2%	0	0%
	容器が使いやすい	0	0%	5	2%	11	3%	6	1%	0	0%	0	0%	0	0%
	香りが好き	19	6%	6	2%	7	2%	0	0%	0	0%	0	0%	0	0%
	デザインが良い	0	0%	0	0%	0	0%	0	0%	0	0%	0	0%	0	0%
	液垂れしない	6	2%	2	1%	2	1%	5	1%	0	0%	1	2%	0	0%
製品仕様	持ち運びしやすい	0	0%	2	1%	8	2%	5	1%	0	0%	1	2%	0	0%
	毛髪診断士監修	0	0%	0	0%	2	0%	0	0%	0	0%	0	0%	0	0%
	回転式ノズルが便利	0	0%	0	0%	8	2%	12	2%	0	0%	0	0%	0	0%
	説明書が親切	0	0%	0	0%	0	0%	0	0%	0	0%	0	0%	0	0%
	コンパクトで持ち運びやすい・収納しやすい	0	0%	0	0%	0	0%	0	0%	0	0%	0	0%	0	0%
	簡単・短時間で使用できる	0	0%	0	0%	0	0%	6	1%	6	7%	0	0%	0	0%
	大容量で長持ちする	0	0%	0	0%	0	0%	2	0%	6	7%	0	0%	0	0%
	無香料	0	0%	0	0%	0	0%	0	0%	3	3%	1	2%	0	0%
	ジェット噴射が良い	0	0%	0	0%	0	0%	0	0%	0	0%	0	0%	0	0%
	小容量で旅行時携帯に最適	0	0%	0	0%	0	0%	0	0%	0	0%	0	0%	0	0%
メーカー	持ち運びやすい	0	0%	0	0%	0	0%	0	0%	0	0%	0	0%	0	0%
	会社の印象が良い	0	0%	0	0%	0	0%	0	0%	2	2%	2	3%	0	0%
	国産・日本製	0	0%	13	3%	13	3%	0	0%	0	0%	3	5%	3	11%
	コスパが良い	0	0%	0	0%	0	0%	0	0%	0	0%	0	0%	0	0%
価格		35	11%	39	15%	56	14%	76	13%	18	20%	0	0%	0	0%

112 / 113

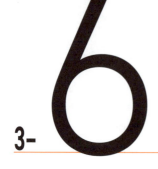

3-6 Company：自分の強みを見極める

　3C分析の3つ目の「C」は、カンパニーです。ここは、コンペティター（競合）分析と地続きのような関係性になります。

　前項で競合分析をするうえでのポイントは、①商品力と②マーケティング力であるとお伝えしました。これらを比較したうえで、本項では「どういうふうに戦えば、自社の優位性を出せるのか」について考えます。

3-6-1
「長期的に売れるには？」という時間軸を持つ

　まず、考えていくうえで大切な「軸」があります。

　それは、自社の**強みや経営資源などのリソースを「時間軸」で捉えていくこと**です。じつは多くの人が見落としがちな視点です。

　たとえば競合分析によって、まだ誰も手をつけていない市場や領域（＝差別化）があると判明しました。そしていますぐその商品を自社で企画・開発し販売しよう、と決定したとします。

　たしかに**誰も参入していない領域ですので、急ごしらえで販売開始すれば一時的に勝てる確率は高い**と言えるでしょう。しかしここには**落とし穴**も潜んでいます。それは、**競合他社に同じ商品をつくられる可能性がある**ことです。つまり再現性が容易であれば、他社は大量ロットで製造し超低価格で勝負を仕掛け、猛追するかもしれません。すると、あっという間に逆転されてしまいます。

短期的な結果欲しさに急ごしらえの商品を発売してしまえば、後にたいへんなしわ寄せが待っています。

参入障壁が低いと、短期的には売れても模倣されて長期的には売れなくなる。短期・長期の両方で勝つには、自社のバリューチェーンを振り返って、強みを積み立てていくことが重要。

ではどうすれば好調なスタートを切ったあとも、他の追随(ついずい)を許さず長期的に勝ち続けられるのでしょうか——。それがまさにカンパニー、つまり自社のバリューチェーンを徹底的に見直すことなのです。

3-6-2
自社商品の価値を構成する「バリューチェーン」

下図は、モノづくりにおける**バリューチェーン**の図です。

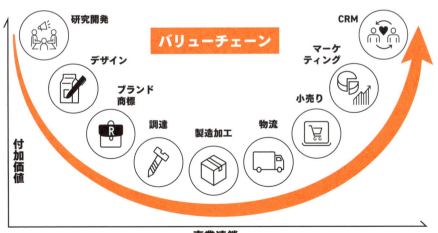

ちなみにバリューチェーンとは、**モノづくりにおける最初から最後までのプロセスを一連の流れとして捉える考え方**です。

研究開発、デザイン、ブランド商標、調達、製造加工、物流、小売り、マーケティング、CRM（P.119）などが挙げられます。

グラフでは**横軸を「事業連鎖」**とし、プロセスの流れを表します。そのなかで、研究開発〜ブランド商標といった企画にまつわる領域を「川上」、調達〜物流の領域を「川中」、小売り〜 CRM などの販売の領域を「川下」と位置づけます。

縦軸は「付加価値」です。付加価値とはすなわち、自社の経営資源をどのプロセスに投下すれば、結果的に儲かる商品となるかの指標です。つまり高い位置にあるプロセス（川上、川下）ほど、経営資源を投じるべき場所と言えます。

ちなみにグラフを見てわかるとおり、一連のプロセスがU字を描くため「**スマイルカーブ**」とも呼ばれています。

ではそれぞれのプロセスにおいて、どのように付加価値を高めれば競合を圧倒できるようになるか見ていきましょう。

▶研究開発

新しい成分の開発などが挙げられます。とくに美容関係においては、常に成分のトレンドが変わります。「従来の成分では "弱点" とされていた部分をカバーする、新成分○○が登場！」というアプローチはよく見られる手法です。

▶デザイン

デザインによって、商品に付加価値を与える方法は2つ紹介します。1つ目は機能面での話、2つ目は情緒面での話です。

機能面は、その商品に触れたり、使ったり、食べることで得られる価値です。たとえば大手文具メーカーのコクヨが発売した消しゴム「カドケシ」が好例です。使い続けても次々と角が現れる消しゴムで、消すときの「消しやすさ」「心地よさ」を追求したロングセラー商品です。

情緒面は、手に取る人の視覚的印象、商品の持つ世界観です。たとえばシャンプーボトルは「茶色のものが支持されやすい」傾向があります。これは、薬剤瓶を想起させることに起因します。「茶色の容器＝効きそう」という情緒に訴える

のです。そのほか冷凍食品のチャーハンのパッケージは、中華鍋で米を踊らせているイメージ写真が載せられています。これも「中華料理店のようなパラパラな食感が味わえるかも」という情緒に訴えています。

▶ブランド商標

ブランドとは、企業が提供する製品やサービスを通じてお客様に伝えられる「信頼」「独自のイメージ」を指します。ブランドには「自分がその製品を選ぶ理由」「その商品にまつわるストーリーや理念」が込められているため、お客様の共感や熱烈な支持を生み出す要素になるのです。たとえばスマホアクセサリーのブランドの筆頭格はAnkerです。検索窓では、「Anker　充電器」というように、**ブランド名で検索される**ほど支持を集めています。

またブランドや商標で言うと、**知的財産（IP）を自社で持っていればそのまま強みとして活かす**ことができます。あるいは有名なIP（極端な例ではディズニーやジブリ、芸能事務所とコラボすることで、キャラクターやタレントさんを起用）を利用して差別化を図れます。

▶調達

製品を構成する要素のうち、**大部分を占める成分（原料）**をいかに**安く、安定的に調達**できるかが強みと直結します。たとえば、プロテイン市場においては「ホエイ粉」をどれだけ安くかつ安定して調達できるか、といった考え方です。

▶製造加工

OEMの場合は加工にかかる人件費、完成物の品質を徹底管理することが大切です。

もし、自社で特殊な加工技術を持っているならば、大きな強みとなります。たとえば、金型はその好例です。外注すると数百万〜数千万円ほどかかる場合もあり、競合にとって参入障壁が高い部分です。そこを自社あるいは、格安で鋳造できる伝手があると他社を圧倒できる可能性があります。

▶物流

誰しもパッと思いつくのは、「競合と比較して、送料が安い」ということでしょ

う。ただしそれだけでは再現性が高く、他社にまくられる恐れがあります。

　別の考え方としてたとえば、**冷凍・冷蔵のような温度管理、医療機器や危険物など特殊な輸送が求められる分野に強み**を持っている。あるいは、**本業が（引越し業者のような）大型輸送を得意とするので、大きな家具の輸送・設置まで行える**など。このように、単に輸送費を**安くする**部分以外の付加価値を探っていくことが大切になります。

▶ 小売り

　まず**実店舗**で考えると、**接客をするスタッフのトーク力が高いといった属人的なスキル面**、そのほか**ポップアップなどオリジナルの什器を豊富に導入**しているなどです。

　またそもそもとして、**大型量販店や全国チェーンの小売店で、自社商品を展開するための"棚"を十分に確保できている**、などを強みとしていきます。

　一方、**オンライン（EC）**の場合は、**商品ページの制作や広告の運用が得意であるかどうか**が強みになります。

　なお、**「Amazon販売はまだ知識不足だけれど、楽天の実績は豊富にある」という方も、考え方によっては強み**です。

▶ マーケティング

　ここでは、ブランドマーケティングで大切な5つについて解説します。

　1つ目は、単純に**圧倒的に潤沢な広告予算を持っていれば、それだけでバリューチェーン上の強み**に直結すること。

　2つ目はAmazon上での実績がなくても、一般的なブランド認知度が高い場合はチャンスになり得ること。つまり、**Googleなどでブランド名が検索されることによって、Amazonへの流入が一定数ある**ということです。

　3つ目は、自社で見込み顧客に対してアプローチが可能な「**リスト**」があることも大切です。リストの一部には、ブランドの根強いファンもいることでしょう。その方へ**セールや新商品の案内を送るだけで購買につながる可能性**があります。

4つ目は、自社で発信が可能なメディア（YouTube、Instagram など）があるかどうかです。**原則無料であることが大きなメリット**で、かつ各メディアのガイドラインの範囲内で**自由度の高い情報発信**が可能です。

5つ目は、アフィリエイターやインフルエンサーといった、宣伝に対して影響力の強い人物とのコネクションがあるかどうかです。**新商品のレビュー、ブランドの認知を「他薦」によって広げる**ことが可能になります。

▶CRM

カスタマー・リレーションシップ・マネジメントの略で、**商品やサービスを提供する側が、お客様との間に信頼関係を築き上げるための経営手法**です。購入してくれた顧客をリピーターにする、またリピーターからファンとして育て上げるような活動によって、お客様と自社との相互利益を向上させていきます。ひと昔前のマーケティング用語で言う、カスタマーサービス、カスタマーサクセスのそれです。

たとえば **LINE で告知をすることも CRM の一環ですし、Instagram で定期的にイベントの告知を行う、あるいはライブ配信をする**なども CRM と言えます。とくにリピート購入を続けてくれる**ロイヤルカスタマーと、密接なコミュニケーションが可能な「場」「コミュニティ」を有している**ことは重要です。

そのほか、過去の顧客のリストをたくさん持っていることは有効です。Amazon で販売をはじめるにあたり、リストの顧客に対して割引クーポンを配布すれば、過去のお客様を Amazon の新規顧客として迎え入れられます。

▶3つの C を繰り返し検証しよう

ここまで、3C 分析の説明を行いました。

繰り返しになりますが、**3C 分析とは単に上から順に分析するだけでは十分とは言えません**。なぜなら、狙っている市場が大きいほどライバルは多く待ち構えていますし、後に続く形で新規参入も数多く現れるからです。

群雄割拠のなか、競合に勝てるノウハウや経営資源が十分備わっているか、ひいては参入を狙う市場は適切なサイズかどうか、それらの確証をつかむには **3C 分析を繰り返し行い、複合的に組み合わせながら全体のバランスを取ります**。

● 事業に対する付加価値の例

事業連鎖	付加価値の例
研究開発	・新しい技術や成分を開発する
デザイン	・顧客が同一ブランドで揃えたくなる ・機能性を追求する
ブランド商標	・商品からブランド名を想起させるほどの影響力がある ・知的財産(IP)がある
調達	・原料や成分を安く、安定的に調達できる
製造加工	・特殊な加工技術を持っている ・格安で製造・加工・鋳造などを請負うコネクションがある
物流	・冷凍・冷蔵、美術品、医療品など特別な輸送が得意 ・大型輸送が得意
小売り 	・実店舗:スタッフのトーク力、オリジナルの什器が豊富 ・実店舗:大型量販店などで自社商品の棚が十分に確保できている ・EC:商品ページ制作や広告の運用のノウハウがある ・EC:楽天での販売実績が豊富(Amazonに応用が利く)
マーケティング	・潤沢な広告予算がある ・外部の検索によってAmazonの流入が見込める ・顧客へ直接アプローチできる「リスト」を有している ・自社で発信が可能なSNSメディアがある ・アフィリエイター、インフルエンサーとの人脈がある
CRM	・Line、Instagramのライブ配信、交流イベント ・ロイヤルカスタマーと対話ができる「場」「コミュニティ」がある

COLUMN 3

「ブランド」を構成する3つの要素

ブランドとはなにか、と一言で言ってもその意味は非常に広義です。そこで本項では、「ECやメーカーにおけるブランドの役割」という部分にスポットを当てて解説をします。まず押さえるべきポイントは「商品」と「ブランド」の構造です。それは次のように導き出せます。

商品＝製品＋ブランド

製品とは「価格」「機能」「デザイン」などで構成されます。一方、ブランドとはそれらでは説明しきれない価値を指し、それらの集合体として「商品」となります。

つまり、ブランドは消費者が商品を選ぶ際に重要な要素となる「付加価値」の集合体ということです。その役割には、大きく以下の3つの機能があります。

①保証機能
②認知機能
③連想機能

①保証機能

これは「安心感」「信頼感」を指します。たとえば、Ankerのモバイルバッテリーならば「発火事故がない」「機能表示が正確」など、品質への信頼を消費者に与えることでブランドの価値を保証しています。これによりお客様は「同じブランドであれば、約束された品質の製品である」と考えるようになります。

②認知機能

これは大きく「純粋想起」「助成想起」に分けて考えます。

純粋想起とは、商品カテゴリーを提示されたとき、特定のブランドが想起されることを指します。たとえば、「スニーカーといえば？」という質問に対して、

「Nike」とイメージされる状態です。

助成想起とは、ブランドの名前やマークが、「すでに知っているもの」と認識されることを指します。たとえば、Nike のロゴ（スウッシュ）だけを見て、「Nike だ」とイメージするかどうかです。

③連想機能

ブランドを見たときに、商品カテゴリーや製品特性、感情などがイメージされることを指します。たとえば、「Nike といえば」という質問に対し、「都会的でかっこいい」。「スターバックスコーヒーといえば」という質問に対し、「おしゃれな人が集まりそうな場所」など。つまり消費者の感情やイメージに直接影響を与える点で、連想機能はブランドの重要な要素となります。

ブランドの機能	役割
保証機能	「安心感」「信頼感」を担う。とくに品質への信頼を消費者に与えることで、ブランドの価値を保証する。
認知機能	大きく「純粋想起」「助成想起」に分けられる。 純粋想起：商品カテゴリーを提示されたとき、特定のブランドが想起されることを指す。 助成想起：ブランドの名前やマークが、「すでに知っているもの」と認識されることを指す。
連想機能	ブランドを見たときに、商品カテゴリーや製品特性、感情などがイメージされることを指す。

ブランドとは、「製品を超えた価値」であり、消費者の選択を左右する要因として機能する存在です。この価値を最大化することが、ビジネスの成功における鍵となります。

STEP 4

こういうのがほしかった！
市場にウケまくる商品企画

良い商品なのに売れない最大の理由

4-1

STEP3 では 3C 分析の解説を通じて、「市場の規模を調査する」「競合の強さ、パターンを分析する」「自社の強みを見いだす」という 3 点を理解いただきました。

これらを踏まえて本章では、狙う市場に向けて「商品を企画する」という実践編へと入ります。

4-1-1
初心者が陥りやすい「プロダクトアウト」思想

……と、その前にまず企画立案における 2 つのアプローチについて、お話しします。

①プロダクトアウト
②マーケットイン

要は、「つくってから売り方を考える（プロダクトアウト）」か「売り方を考えてからつくる（マーケットイン）」かという違いです。

▶プロダクトアウトは、お客様のニーズを置き去りにしがち

プロダクトアウトは、**作り手側（自社）の技術や想い、販売計画にもとづいて製品やサービスを市場に出す**ことを指します。製品ありきの販売戦略というわけです。私もさまざまなクライアントさんの相談に乗ってきたなかで、**プロダクトアウト的な戦略によって行き詰まっているケース**を数多く見てきました。

よくある原因として、作り手や担当者の「強いこだわり」「思い込み」が挙げられます。

こんなに時間をかけてつくった、こんなにコストをかけてつくった、だからよいものに違いない、という**こだわりによって周りが見えなくなる**ケースです。

ほかにも、「**自分（自社）が面白いと思ったモノは、他の人もウケる**」と思い込んでいるケースです。単に内輪の議論で盛り上がったに過ぎないことが、あたかもお客様のニーズをつかんでいると誤解してしまい、知らぬ間に世間とのズレを生んでいるケースです。

つまりこれらに共通する問題点は、戦う市場のなかでいかに**差別化をしてお客様のニーズを捉えるかという視点が抜けている**のです。これではただの押し売りに過ぎないのです。

▶Amazon で求められるのはマーケットイン思想

それに対してマーケットインとは、**消費者のニーズや期待をつかんだうえで商品を企画・開発し、市場に出す**こと。つまり、顧客が先立つ販売戦略というわけです。Amazon で求められるアプローチもまさに、マーケットインとなります。

なぜマーケットインの視点が必要か――。それは、**Amazon のアルゴリズムがマーケットインに則した思想**だからです。

Amazon は基本的に、検索結果から商品を見つける→買う、という人がほとんどと言えます。つまり、その特定の検索キーワードが存在して初めてお客様にリーチできるのです。もし**自社商品が特定の検索キーワードと関連づけられていない状態（＝ SEO 対策が不十分）であれば、お客様がいくら検索を行ったとて結果に表示されない**のです。

最悪なのは、SEO 対策の不備に気づかずに「商品が売れないのは広告数が足りないからだ」と闇雲に予算をかけてしまうことです。

広告をかけ続ける負のループが、まさにプロダクトアウトの思想の典型例と言えます。

4-1-2
自社の強みを定義するためのフレームワーク「POX」

マーケットインたらしめる要素は「**差別化**」です。とくに商品企画の時点で、

この視点を意識することで自ずとマーケットインの商品を生み出せるようになります。差別化を考えるうえで、検討すべきテーマは2つです。

① Points of X（POX）
② カスタマーレビュー分析

Points of X は POX とも略され、**自社の強みを定義するためのフレームワーク**となります。「X」に対して、3つの単語が割り当てられます。

① **Point of Difference (POD)**
② **Point of Parity (POP)**
③ **Point of Failure (POF)**

● POXとは

「自社の強みを定義する枠組み」を指す

POD 自社に来る理由
POF 諦めポイント
POP 競合と同等なもの

Point of Difference（POD）は、自社商品を買う理由、選ぶ理由、つまり**競争優位につながる差別化要素**です。

Point of Parity（POP）は、競合と同等な要素を指します。同じ市場において、**商品が共通して持つ機能、性質、特徴**などが当てはまり、もしそれが備わっていなければ「買わない理由」「選ばない理由」となります。

Point of Failure（POF）は、**諦めポイント、他社と比べて劣っている要素**です。つまり、「他社商品が選ばれる理由」となります。

この3つのうちでとくにユニークなのは、POFです。自社商品に対して、「諦めポイント」を自覚するということは非常に大切です。「差別化だ、差別化だ」と躍起になるとアイデアを詰め込みすぎることになり、高価格帯にするしかソリューションがなくなってしまいます。すると Amazon のメイン客層である低価格〜中価格帯にまったくリーチしない代物になるのです。だからこそ、あえて諦めるポイントを見いだして、狙う市場に適した商品としてチューニングを行っていくのです。

人気商品"完全栄養パン"からPOXを学ぶ

4-2-1
POD：どの製パンよりも栄養満点！

POXについて、実際の商品を例に話を進めます。

現在、コンビニやドラッグストアなどでよく見かける人気商品「ベースブレッド」というパンがあります。**完全栄養食**と言われ、**健康を維持するために必要な栄養素を満たすバランス栄養食**です。

ここでは、この「ベースブレッド」を参考として、POXのフレームワークに当てはめて解説します。まずPODから見ていきます。**他社の製パンと比較して、どのポイントを理由に「自社商品が選ばれる」**のか──。

答えは明白でしょう。"完全栄養食"と言われるとおり、「**これだけ食べておけば必要な栄養素がすべて摂れる**」ことが他社の製パンと比べて圧倒的に優れている点です。ホームページにも書かれているとおり、全粒粉や大豆、チアシードなど10種以上の自然由来による原料を使用しながら、1日に必要な33種の栄養素を配合したスマートフードをウリにしていることからもPODと言えます。

4-2-2
POP："完全栄養パン"はおいしくない？

では、これを**実際に食べてみましょう**。ぜひ読者のみなさんもここでコンビニなどへ行って、ベースブレッドを買い、食べてみてください。

──いかがでしょうか。

ぶっちゃけて**味は……、いたって普通**です。なんと言うか、他の製パンと比べてとりわけ「おいしい！」という驚きや感動はありませんでした（あくまで個人の感想です。決しておいしくない、という意味ではありませんのであしからず）。

そして、これがまさに POP に当てはまります。**他の製パンと比べて遜色がない味**だったということは、つまり**同じ市場において共通する特徴**です。

もし他社と比較して「おいしくない」となれば、POF を満たすため、「選ばれない理由」につながるでしょう。

4-2-3
POF："完全栄養パン"は高い！

コンビニやドラッグストアで**購入するとき、少し驚いたことはありませんで**したか？　そう、価格です。ベースブレッドは **1 個 250 ～ 260 円ほどと、他の製パンと比べて高価**です。これがまさに POF に当てはまります。どのコンセプトに重点を置き、どのコンセプトを妥協するか、というバランスのなかでベースブレッドは**「価格」を諦めポイントに据**えたのです。

● **完全栄養パンの事例**

POD	これだけで栄養が全部とれる
POP	他のパンと遜色ない味
POF	価格が高い

4-2-4
高価すぎる家電「バルミューダ・ザ・トースター」の POX

読者のみなさんは、**バルミューダ**という会社をご存じでしょうか。日本の家電メーカーで、2015 年に発売した「**バルミューダ・ザ・トースター**」の大ヒットを皮切りに、電気ポット、電子レンジ、空気清浄機など数々のヒット作を連発し注目を集めています。

このバルミューダ・ザ・トースターからも POX を学ぶことができます。

▶ **POD：他のトースターよりもおいしく焼きあがる**

POD は、**釜から出したばっかりのような、焼きたての味を再現する**というコ

ンセプトです。とくに強く打ち出しているのは、パンの焼き加減です。「感動のトースター」と銘打つように、他社の製品よりもおいしく焼きあがるための機能（スチーム機能）が備わっているのです。

▶POP：機能面は、多すぎず少なすぎず

POPは、「温度調節機能」と「目的別機能」です。温度調節のつまみは170℃、200℃、230℃の3つ。目的別機能（トースト、チーズトースト、フランスパン、クロワッサン）も備わっています。つまり**他社製品と比べても、最低限の機能は持っているというレベル**にとどめています。

● トースターの事例

POD	釜から出てきたばかりのような焼きたての味を再現
POP	温度調整機能・目的別機能がついている
POF	価格が高い

▶POF：驚くほど高価なトースター

POFは、先ほどのベースブレッドと同じ「価格」です。公式ホームページで購入すると、**税込み33,000円**です（2025年2月時点）。

オーブントースターと言えば、安いもので数千円で買えてしまえるような代物です。そこをあえて**桁違いの価格で勝負**しています。

▶POFの道は「高価格」だけではない

PODで高機能や高付加価値を突き詰めると、どうしても**高価格帯がPOFとしてつきまとうものと考えがち**です。しかし道はそれだけではありません。たとえばプロテインを例にすると、次のようになります。

POD：**人工甘味料不使用**
POP：**おいしい**
POF：**溶けにくい**

大切なのは、さまざまなユーザーのニーズに合わせて、3つの要素をバランスよく組み立てることです。

4-3 初心者が間違えやすい「自己満POD」

　POD、POP、POFの3つのバランスを取るうえで、とくに気をつけなければならないのはPODです。顧客のニーズにフォーカスしたものか、あるいは自己満足に陥っているだけのものかは、商品価値にとって大きな分かれ道となります。

4-3-1 知らぬ間にプロダクトアウトに陥るパターン

▶ **とりあえず数で勝負してしまう**

　先ほどのバルミューダの事例でたとえてみましょう。
　本来のPODは「感動のトースター」でした。どのメーカーよりも、一番おいしいトーストが焼けるというコンセプトになります。
　では、「**全部で100種類のパンを焼き分けられる調節機能がついています**」という機能はPODとして適切でしょうか。たしかにそんな機能が本当に搭載できれば、唯一無二でしょう。
　しかしお客様がそれを目にしたところで、魅力には映らないでしょう。なぜなら**100種類ものパンを食べる人は、ほとんど存在しない**からです。これこそお客様をまったく想定していない、自己満足的な施策と言えます。

▶ **デザインやロゴにこだわりすぎる**

　では、ベースブレッドの事例でも考えてみましょう。
　パッケージデザインは商品名とイメージ写真だけでなく、**栄養素が見やすい位置にレイアウト**されています。また直感的に「**おしゃれだな**」と感じさせるデザインでとても好感が持てます。
　ベースブレッドにとどまらず、世の中には優れたデザインの商品があふれてい

ます。そして**モノづくりの初心者が陥りやすいのが"デザインの罠"**です。つまり、やたらとこだわりすぎるのは要注意ということです。

考えてみてください。PODを追求していくうえで、「**パッケージデザインを徹底的にこだわりました**」という打ち手ははたして、お客様のためか自己満足に過ぎないか、立ち止まって考える必要があります。

あるいは「**商品ロゴ制作に予算を大量投下しました**」というのも考えものです。ブランド認知がないにもかかわらずこだわり抜く必要性があるのか、**商品自体の魅力を差し置いてまでお客様に意識させる必要があるのか**……。そのように考えると、デザインに対する過剰なこだわりはナンセンスだとわかります。

初心者がデザインに走りがちなのは、**デザイナーに依頼すれば"それなりに"サマになってしまう**点です。見た目にも差別化できたような気がします。

● **プロダクトアウトの落とし穴**

　ⓐ **便利そうな機能が多すぎる**

　　その機能はお客様の購買意欲を刺激するものか？

　ⓑ **パッケージデザインにこだわりすぎる**

　　かっこいいパッケージを重視する人はどれくらいいるのか？

　ⓒ **ロゴデザインにこだわりすぎる**

　　ブランド認知がないのになぜこだわるのか？

パッケージやプロダクトが美しければ、PODの"甘さ"もなんとなく解決したような錯覚が起こりやすいのです。

4-3-2 圧倒的に強いPODがあれば、広告なしでも売れる！

自己満PODの事例は、**誰しも耳が痛いところ**でしょう。しかし、ここで目を背けることなく、「**これは本当にお客様に必要か**」を自問しながらPOXの精度を

高めていかなければなりません。なぜなら商品企画の良し悪しは、お客様に対するインパクトをもっとも司るセクションだからです。

究極的な話をしますと、誰が見ても「**そう！それがほしかったんだよ！**」（＝圧倒的なPODがある）という切り口を見つけて商品を販売できれば、**広告など打たなくても飛ぶように売れます**。口コミからはじまり、やがてテレビや雑誌などメディアから「**ぜひ取り上げさせてほしい**」と依頼が来て、**オートマチックに拡散**していくのです。……とはいえ、ゼロから商品をつくり、一発で完全無欠のPODを打ち出すなんてなかなか実現できません。どんな商品もトライ＆エラーを繰り返しながらポジションを高めていくのです。

▶迷ったときの合言葉は「マーケットイン」

ところが商品力が練られていない、つまり**PODが弱ければ弱いほど、競合の商品との"違い"を比較されてしまいます**。すると自社としても「目立つにはどうすればいいか」という突破口として、プロモーション（＝広告の大量投下）にウェイトが嵩みます。

●プロダクトアウトからマーケットインへ

プロダクトアウト
「自社製品をいかにAmazonで売るか」

マーケットイン
「Amazonのカスタマーに求められる商品を
いかに自社のサプライチェーンを活かして開発するか」

大事なのは、冒頭でもお話ししたプロダクトアウトから、マーケットインへのマインドセットです。上図の違いをしっかりと理解し、次の項目へ進んでください。

4-4 良い企画会議、悪い企画会議

ここからはカスタマーレビュー分析についてお話をしていきます。

と、その前に「良い商品企画会議とはなにか」について考えましょう。正しい商品企画会議を知っておけば、顧客ニーズを正確につかめるようになります。

4-4-1
企画会議で出すべきは「アイデア」ではない！

突然ですが、クイズです。下記に挙げる3つのパターンのうち、**商品企画会議のスタイルとして正解**なのはどれでしょうか。

① 社内で各々が企画を持ち寄り、アイデアを練っていく
② ユーザーに自由回答（「どんな製品がほしいか」などの広い質問）を求め、企画やアイデアを練る
③ 定量的なデータをもとに企画やアイデアを練る

いかがでしょうか。……勘のよい人はこの段階で気づくかもしれません。じつは、**いずれのスタイルも間違い**なのです。理由は、**すべてプロダクトアウト**になってしまっているからです。

▶ インサイトを浮き上がらせないと意味がない

ここまで読み進めてきた読者の方ならお気づきでしょう。企画者とはいえ、いち消費者に過ぎない人が「よいモノ」として掲げた企画が必ずしも「3C分析」の要素を攻略しているとは限りません。会議やブレストを否定するものではありませんが、内輪での盛り上がり程度の議論はむしろ危険であるということです。

では社内でなく、ユーザーに対して自由回答を求めればよいかと言うと、それ

ほど簡単な話ではありません。これも一見すると顧客のニーズを直接吸い上げているようで、見当外れの打ち手となります。実際のところ、消費者が持つ**深層心理（＝インサイト）にたどり着けない**からです。

「インサイト」というのは、辞書的には「（物事の）実態を見抜く力」「洞察力」と訳されます。それを転用し、マーケティング用語としては「消費者の購買行動の根拠や動機」「消費者の隠れた心理」など

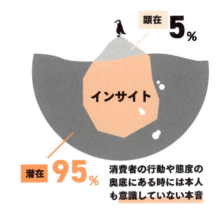

を指します。顧客インサイト、消費者インサイトとも呼ばれる場合もあります。つまり、**消費者自身でさえ気づいていない領域**であることがポイントです。

では、どうすればインサイトを見抜けるのでしょうか。先ほどお話ししたように、**お客様へ直接アイデアを尋ねても意味がありません**。上記の図で言うところの、「顕在（5%）」の領域でしか答えられないのです。

一方で消費者が持つ深層心理や本音とは普段、無意識のなかに沈んでしまっています。たとえば、「この商品をなぜ買ったのですか？」とヒアリングするとします。すると、**本人が認識している理由（＝顕在）と、無意識で購入した理由（＝潜在）はまったく異なる**わけです。具体的には下表のような違いがあります。

だからこそ、商品企画のアイデアを Twitter や Instagram のフォロワーに問いかけたとて、インサイトにはたどり着けないのです。

●「買った理由」は顕在と潜在でまったく異なる

	高級アイスクリーム	香水
顕在	おいしいから	良い匂いだから
潜在	プチ贅沢したいから	モテたいから

4-4-2
キーワード分析の使い方を間違えると、ニーズを見誤る

③の例として挙げた「**定量的なデータ**」というものも気をつけなければなりません。本書においてもっとも身近なのは、**Amazon のキーワード分析**です。

これまで幾度となく「キーワード分析の重要性」について説明してきましたが、突然 "落とし穴" のように紹介しているのは決して本書の主張が矛盾しているわけではありません。つまりキーワード分析も、**使い方を間違えることで見当違いの結果を生んでしまう**ということです。

たとえば分析を行ったうえで、とあるキーワードの検索ボリュームが非常に大きいことがわかったとします。そこですぐさま「この市場向けに商品開発しよう」と判断するのは、あまりに早計であると言えるのです。

▶ボディビルダーに「抹茶味のプロテイン」はウケるか?

ではこの落とし穴について、例を交えながら説明します。

とあるメーカー X 社は、主に**ボディビルダーをメインターゲット**としたサプリメントを展開しています。そして現在、**新しいプロテインを開発**しようと計画を立てているとしましょう。そこでまずは、**キーワード分析**を行うことにしました。

すると、プロテインのミドルキーワードのうち、「**プロテイン 抹茶味**」がもっとも上位にくることが判明したのです。そして X 社は、「**よし、これからわが社も筋トレ上級者に向けて『抹茶味』を開発しよう**」と決定しました。

——以上のように、キーワード分析から「抹茶味のプロテイン」を筋トレガチ勢向けに販売したとします。

はたして、本当に売れるでしょうか? これまでにお話しした理論にもとづけば、「**売れる根拠がまだ揃っていない**」となります。理由も先ほど述べたとおり、「**インサイトをつかめていないから**」というわけです。

4-4-3
「仮説」と「検証」でインサイトを浮かび上がらせる

大切なのは「プロテイン 抹茶味」という**キーワード**が浮かび上がったとき、

それを自身で「どう受け止めるか」「どう解釈するか」という**ワンクッションが大切**になります。具体的な対応としては、2つです。

①キーワードが成り立つ背景を「仮説」として組み立てる
②お客様の潜在意識に問いかける形で仮説の「検証」を行う

「プロテイン　抹茶味」というキーワードを見たとき、私ならば「**本格トレーニーにはウケないのでは？**」という否定的なイメージを持ちます。

と同時に、抹茶味を好んで飲むのはむしろ、「**非筋トレ勢あるいは中高年層ではないか？**」と仮説を立てます。

これを想像した理由について非常に個人的な背景で恐縮ですが、じつは、**私の母親が「プロテイン抹茶味」を飲んでいた**からです。まるで青汁を飲むような感覚で日常的に飲んでいました。

それ以外のニーズで言えば、間食にお菓子は太るから嫌だけれど口元が寂しいときにプロテインを飲む、日常では摂りきれないタンパク質の補完食としてプロテインを飲んでいることを仮説として立てます。

▶仮説が具体的であればあるほど、検証の精度は上がる

こうして仮説を立てたことで、その後の検証が生きてきます。

たとえば50代以上の女性を対象に絞り、「どんな味のプロテインがお好みですか？」「抹茶味のプロテインは飲んだことありますか？」「実際にその味を飲むのはどのようなシーンですか？」というように、**具体的なターゲットに対し具体的な質問を行える**ようになります。

すると消費者自身も「**そういえば私って、お茶菓子と一緒に飲んでいるわね**」という**無意識の領域にある"声（＝ニーズ）"を浮かび上がらせる**のです。そうしてサンプル数を複数集めていくことで、ようやく消費者のインサイトとして決定づけられます。

ポイントはお客様が無意識にとっている行動に対して、ピンポイントな問いを投げ掛けることです。そのためにも、まずは「仮説」が大切になるというわけです。

5 お客様の声を集めると、市場のスキマが見える

4-

STEP 4

こういうのがほしかった！市場にウケまくる商品企画

本項では P.109 で触れた、差別化するための武器「カスタマーレビュー分析」について解説します。この手法は、とくに Amazon の商品開発に活用でき、かつ無料でできる調査方法なのでぜひ覚えてください。

4-5-1
カスタマーレビュー分析実践編

カスタマーレビュー分析は STEP3 でも概要を紹介しました。**重複する部分はありますが非常に重要な取り組み**ですから、ここではより**「実践的」な面を強調しながら解説**を進めます。

カスタマーレビュー分析は簡単に言うと、自分の商品や競合の商品のカスタマーレビューを徹底的に読み込んで、「なぜお客様はこの商品を買ったのか」「買ったあとの感想は良いか悪いか」「感想の具体的な理由はなにか」などを定量化していく作業です。

Amazon のカスタマーレビューをご覧ください。まず高評価（星 4 〜 5）のレビューに注目し、「**なぜその商品が買われているか**」という点に留意しながら傾向を探っていきます。

一方、低評価（星 1 〜 2）にも必ず注目します。低評価は一見するとクレームのような耳の痛い話が書かれていますが、見方を変えれば改善に向かうためのソリューションになりうるのです。「**その商品の改善ポイントはどこか**」という点に留意しながら傾向を探っていきましょう。

▶ サクラレビューには要注意

レビューのなかには、いわゆる"**サクラ**"が紛れていることもあります。やらせレビューや、アンチによる嫌がらせレビューなどのそれです。とくに星5と星1によく紛れています。その見分け方については読者の経験値に依るところが大きいため、まずはたくさんのレビューを読み込むところからはじめていきましょう。

● レビューを活用する1
PODは他社のカスタマーレビューを参考にする

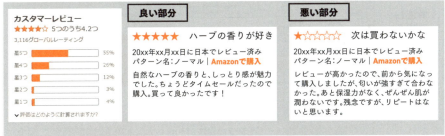

★★★★★　5〜4 ▶ カスタマーの評価ポイント
★★☆☆☆　2〜1 ▶ カスタマーの改善ポイント

▶ 1,000件のレビューを読めば、市場のスキマが見えてくる

ある冷凍弁当の市場でレビュー分析を例にお話をします。

競合のブランドがA、B、Cの3社としましょう。それぞれのレビューをしっかり読み込み、おおよそ1,000件ほど目を通し終えます。ちなみに、「1,000件も見るの!?」とおののくかもしれませんが、それだけの時間と労力をかける価値がある作業なので惜しまず取り組みましょう。

では、各社のレビューの傾向から「おいしいかどうか」「量が十分にあるか」「解凍しやすいか」そして「価格」がもっとも重要であることがわかりました。そのうえで、この3社を表にまとめてみます。

● レビューを活用する2
評価/改善ポイントを分析し、開発に反映させる

「冷凍弁当」の例

	競合A	競合B	競合C
味	20%	**33%**	24%
量	**28%**	22%	19%
解凍しやすさ	0%	2%	1%
価格	65%	57%	**86%**

▶ ユーザーは「味・価格・量・解凍しやすさ」を評価している。

▶ すでに味・価格・量をPODにしている競合がいる。

▶ 解凍しやすさをPODにして参入すれば、勝てるかもしれない

解凍しやすさにPODを置いた商品を投下する

このように表に落とし込むと、各社の特徴がつかめるためわかりやすくなります。

競合A：レビューのなかでもとくに「量」（28%）を評価していた
競合B：レビューのなかでもとくに「味」（33%）を評価していた
競合C：レビューのなかでもとくに「価格」（86%）を評価していた

と同時に、**いずれの競合とも評価されていない共通項**があることにも気づくでしょう。「解凍しやすさ」です。まさにここが、**競合との差別化**として目の付け所になります。
「わが社は、業界最速で解凍ができる冷凍弁当をつくるのはどうだろう？」と仮説を立てることで、ようやくスタートラインに立つことができます。

注意しなければならないのは、現時点ではあくまで初期仮説です。解凍速度がユーザーにとってベネフィットとなるかは、さらに検証が必要になります。

4-5-2
企画から開発へ移る前にすべきこと

検証するための場としてふさわしいのが、**社内の商品企画会議**です。

ちなみに P.134 内で、「商品企画会議のスタイルとして正解は？」というクイズを出しましたが、そのなかの選択肢として「①社内で各々が企画を持ち寄り、アイデアを練っていく」を誤りであるとお伝えしました。

つまり先ほどそのようにお伝えした理由が、ここで回収されていく形になります。

会議で各々が闇雲に商品企画を持ち寄ったところで、売れるかどうかの確証はありません。そうならないために**事前の分析から仮説を導き出し、インサイトを把握したうえで会議で検証をする**のが、**本来あるべき姿**といえます。

たとえばレビュー分析の結果、「**他社が解凍時間に 3 分要するなら、当社は 30 秒まで短縮してはどうか？**」などのコンセプトの種（仮説）をあぶり出し、実際に冷凍弁当を食べる**ユーザーさんにヒアリング**をするのもよいでしょう。

そうして生の声を集めることでインサイトも浮き上がってきます。そしてそれらの情報をベースに商品企画会議で煮詰めていき、商品開発へと着手するのです。

● **インサイトを明らかにして商品企画会議に臨む**

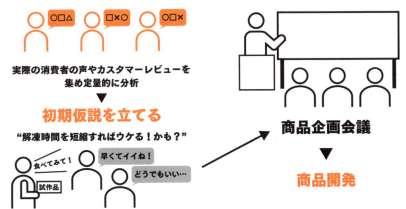

▶炭酸シャンプーのグルーピングでおさらい

　STEP3（P.110〜113）でも紹介した、炭酸シャンプーの事例をおさらいしましょう。

　レビューを読んでいった結果、傾向（項目欄）として次のようになることがわかりました。

- ・使用感
- ・効能
- ・成分
- ・製品仕様
- ・メーカー
- ・価格

　そして項目欄をさらに「肯定的な内容」として細かく分類すると、たとえば次のような内訳です。

- ・ベタつかない
- ・サッパリ・スッキリする
- ・爽快感があって気持ちいい
- ・肌に優しい
- ・刺激が強すぎない
- ・馴染みがよい
- ・浸透力が高い

　なお分類するうえで、気をつけるべきことがあります。**お客様の感想は千差万別なので、細分化しすぎるとキリがない**という状況にも陥りやすいです。しかもすべてを横並びの状態で評価しようとすると混乱するだけです。

　レビューの仕分け方法として、「4象限のマトリクス」がおすすめです。4象限のマトリクスとは、レビューの評価軸を2つの異なる側面で設定し、それぞれの

側面の高低によって4つの象限に分けてレビューを分類する方法です。出品者目線でよく使われる2つの軸は以下のとおりです。

評価軸1：レビューの評価（肯定的 vs 否定的）
→5段階評価や星の数など、顧客が商品に対して与えた評価にもとづきます。

評価軸2：レビューの有用性（具体的か vs 抽象的か）
→レビューが具体的なフィードバック（製品の機能や問題点についての詳細なコメント）を含んでいるか、あるいは単なる感情的なコメントかどうかを判断します。ここでレビューは、

- **肯定的で具体的なレビュー**
- **否定的で具体的なレビュー**
- **肯定的で抽象的なレビュー**
- **否定的で抽象的なレビュー**

の4パターンに分かれますが、そのなかで抽象的なレビューは除外します。つまり、具体的なレビューを読み込み、分類していきます。

なにに言及されたものが多いのか、どこに使いづらさを感じているか——。たとえば炭酸シャンプーの場合で言うと、全体の傾向としてまず「使用前のスペック」「使用中の感覚」「使用後の実感」という大きな括り方ができます。

そのうえで、大項目に該当する各レビューを振り分けていく流れです。

各社商品のレビューを振り分けたら、「『使用前』で評価が高い商品」「『使用中』で評価が高い商品」「『使用後』で評価が高い商品」というように、業界全体を俯瞰できます。

あるいは業界全体として、「もっとこうすればいいのに」という課題も見えてきます。そこからPODに落とし込めれば、独自のポジションを獲得できるという確証まで持っていくことが大切になります。

4-5-3
「5ちゃんねる」の意見をバカにしてはいけない

　私自身も Amazon の商品企画を行っていますが、原則としてレビュー分析は Amazon の情報を頼りにしています。

　ただし、それだけでは不十分だなと感じることも時にはあるでしょう。その際は一度 Amazon から離れ、楽天市場のレビューを参考にするのも手です。定性的な情報を入手したい場合は、Yahoo! 知恵袋を確認するのも有効です。

▶匿名性だからこそ「本音」が言える

　さらに俗っぽい場所で言うと、私は5ちゃんねるやX（旧 Twitter）も参考にします。匿名性の掲示板というのは、正確な情報を知るうえでは忌避すべきとするのが一般的です。ですが、**5ちゃんねるとカスタマーレビューとの相性がよい点は「匿名性」**です。つまり**自分の立場、地位などを考慮しない**スタンスであれば、より**本音に迫る**ことができるのです。

　ただし最優先は Amazon のカスタマーレビュー分析であることを忘れてはいけません。Amazon で定量的な情報を獲得したうえで、補強や予備知識を求める先として、先ほど挙げた外部サイトへアクセスしましょう。

5ちゃんねるや Yahoo! 知恵袋は、本音に迫る意味では有効です（分析作業に余力があるなら）。ただし定量的な評価においては、カスタマーレビュー分析が重要です。

COLUMN 4

Amazon で戦うための
実践的マーケットイン思考法

　プロダクトアウト、マーケットインについてさらに深く理解していただくために実例を交えながら解説をします。

　まずおさらいですが、プロダクトアウトとは「自社の技術やアイデアをもとに、商品企画・開発・販売に取り組むこと」です。

　一方、マーケットインとは「市場調査などによって、顧客がいま抱えているニーズをあぶり出し、商品企画・開発・販売に取り組むこと」です。

　Amazon でビジネスを行うにあたり、マーケットインが重要であることはすでに述べました。ただし、真の意味でマーケットインを実現するには、顧客のニーズを正確に捉えることが求められます。

　そこで、真の意味でのマーケットインとは何か、顧客のニーズを捉えるとはどういうことかについて、違った視点から考える必要もあります。

　あるブランドが、マットレス製品を企画・開発をするために市場調査を行いました。すると当時の市場で売れていたのは、厚みがない、素材の品質が悪いなどによって、価格を極限まで抑えた製品が主流であることがわかりました。そこで、「お客様は、マットレスに対して高いお金は払いたくない」というニーズを導き出したのです。

　では自社はこの市場に対して、どういうコンセプトを打ち出すべきか。マーケットインに則って検討したところ、「高品質な素材を採用しつつも、できるだけ安価なものを提供する」でした。原価率を抑えたことで、競合商品にも肉薄する安さを実現し、「これは売れる」と自信を持って販売しました。

　……が、結果は惨敗で最終的に撤退を余儀なくされたのです。

　「高品質で、比較的に安い」。文句のつけようがないのに、なぜ売れないのか――。ここに、真にマーケットインを捉えていくことの大切さが含まれています。

　お客様が重視していたのはあくまでも「安さ」でした。原価率を極限まで抑え

えたものの、実際には競合に対して500〜800円ほど価格が上がってしまいました。加えて、本来のニーズではない「寝心地のよさ」「高品質」という付加価値（＝プロダクトアウト）を紛れ込ませたことで、結果的にこの商品はマーケットインになり得なかったのです。

この経験から、マットレス市場においては「高品質な商品をつくれば売れる」という単純な考え方は通用しないことがわかります。とくにAmazonでは、顧客が商品を評価する際の要素（価格、レビュー、ベストセラー表示など）がプロダクト自体の品質以上に重要視される場合があります。

● 「高品質なら売れる」という誤算

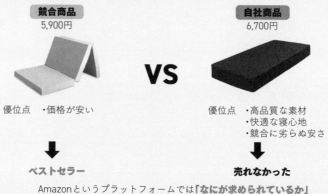

また、一般的な市場ではあまり起こりませんが、Amazonという極端に比較される環境の販売チャネルでは、「レビュー数」「ベストセラーバッジ」「価格の安さ」がニーズの中心になる場合もあります。

「品質よりも安さ」という現実は、モノづくりを生業（なりわい）とする企業や作り手にとって、プライドが傷つく話かもしれません。とはいえ、ことAmazonにおいては先に述べたような要素が必須なのは事実です。Amazonで勝負をしたいと考えるならば、その戦場での戦い方が求められることも当然であると言えます。

この現実を踏まえ、今後のマーケティング戦略をさらに洗練させましょう。

STEP 5

競合商品の
パッケージ裏に答えが！
最良の製造パートナーを
最速で見つける

5-1 AmazonD2C 原価構造の黄金比

　ここからは商品開発の解説に入ります。主に3つの軸にもとづいて展開します。1つ目は「原価構造」について。2つ目は「パートナー選定」の仕方について。そして3つ目は「ずっとβ版」という考え方についてです。

5-1-1
原価率に Amazon 販売コストを加える

　STEP4 までの市場調査や分析によって、「**これなら勝負ができそうだ**」という商品が見つかりました。これでとてもやる気に満ち溢れる方もいるかもしれません。……しかし、とある"現実問題"をお忘れではないでしょうか。
　そう、**お金の課題**です。

　そもそも商品化において、原価計算は必須です。**手元にある資金から「現実的に可能なのか」を考慮**しなければなりません。
　商品を生み出すうえで、原価はどれくらいかかるのか。まず、**理想の原価構造**についてお話しします。

　厳密には商品によって差はありますが、まず**売上高に対して3分の1を製造原価の目安**にしてください。

製造原価に加えて、Amazon で売る際のコスト（①販売手数料、②送料、③広告費）がかかることも忘れないようにしましょう。

　原価構造を図に示すと、次ページのとおりです。

● Amazon D2Cの原価構造

▶ ①販売手数料

　Amazonは、販売するカテゴリーによって手数料が異なります。具体的には**8%〜15%**です。

▶ ②送料

　FBA（P.58）の送料は、**商品の大きさと重さで変動**します。そのなかでAmazonが定める「標準」というサイズ区分では、318〜603円という価格帯で送れます（商品単価が1,000円を超える場合）。なお、FBAの送料や販売手数料は不定期で変わるため都度確認をしましょう。

　送料については、1商品あたりで費用が発生します。ですので原価率を考慮しなければなりません。仮に送料が400円となる商品の場合、価格が10,000円の場合と1,000円の場合では原価率は下図のようになります。

● 送料400円の原価率

10,000円の商品
4%

1,000円の商品
40%

原価率を5〜15%に抑えることが基本

単価が 10,000 円の場合、4% です。単価が 1,000 円であれば 40% です。送料は 5 〜 15% 程度に収まるのが妥当と言えます。なお、販売手数料、送料の詳細については Amazon の公式ホームページを参照してください。

▶③広告費

広告費はいくらかければよいのか？ そもそも自社の手持ちに広告費はあるのか？ という疑問があるでしょう。基本的な考え方として、粗利益の部分を広告費としてあてがう "**余力幅**" で検討しましょう。仮に広告費を一切かけず（自然検索のみ）で売れた場合は、丸ごと利益となります。

▶原価構造の黄金比は「30：15：15：40」

①〜③を踏まえ、Amazon における原価構造の王道は次のとおりです。

製造原価：**30%**
販売手数料：**15%**
送料：**5 〜 15%**
粗利益：**40%**

● **Amazon D2Cの原価構造**

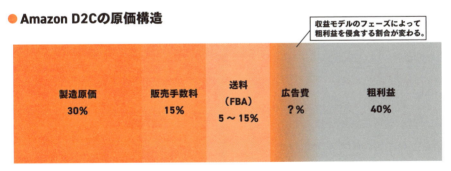

先ほどもお伝えしたとおり、広告費は粗利益から捻出します。収益モデルのフェーズによって、広告費がどの程度まで侵食するかが変わっていくイメージです。上図で広告費をグラデーションとしているのは、それが理由です。

5-2 よき ビジネスパートナーを 見つける

良い商品をつくりたい、しかもできるだけ原価を抑えて――。先ほど、製造原価は30%が目安になるとお伝えしましたが、安くて品質のよいモノがつくれるに越したことはありません。そんな理想をかなえてくれる、最良の仕事相手を見つける方法を紹介します。

5-2-1
自社製造ができなくても諦める必要はない

そもそも商品開発において、アプローチは大きく2通りあります。

①自社で商品を開発・製造できる場合
②製造業者をイチから探して商品をつくる場合

①は自社で商品をつくれる方ですので、ここでお話しする内容はさほど重要ではないかもしれません。

一方②の場合は、自前でさまざまなことに対応しなければなりません。たとえば、普段は美容室を経営していて、常連のお客様向けにシャンプーを販売しようとしています。加えてAmazonでも販売したいと考えているとしましょう。モノづくりについてイチからはじめなければならないとき、「**誰に製造を依頼すればよいか**」、つまりパートナー選びが重要になります。

本書の読者の多くは、自ずと②を選択することになります。

まず、基本的なアプローチは3つあります。

①ネットでパートナーを調べる
②競合の製造元を調べる
③構成要素を分解して考える

5-2-2
ネットでパートナーを調べる

　シャンプーをつくりたいのであれば、ネット上で「シャンプー　OEM」と検索すれば、たくさんの業者が出てきます。

　ちなみにOEM（オリジナル・イクイップメント・マニュファクチュアラー）とは、メーカーが他企業の依頼を受けて、製品の製造を代行することです。とくにこれから**初めてネット通販で商売**をする人にとって、最初から自社工場を持つなんていう話は無理筋です。ですので、**OEMによって製造を請け負ってくれるメーカーを探すことが現実的な線**となります。

▶ **原価さえ許されるなら、一番手っ取り早く実現できる**

　ただしOEMにも注意すべきポイントがあります。シャンプーメーカーに製造の依頼をしたとして、**１つの会社内で製造工程を一手にカバーしているというわけではない**のです。

　シャンプーの製造工程を大まかに分解すると以下のとおりです。

原液

ボトル

ポンプ

ラベル

この場合、シャンプーの原液は大元のメーカー、一方でボトル、ポンプ、ラベルをつくっているのは委託先の別会社というような**分業体制になっているケースがほとんど**です。

少々余談になりますが、とくに**ポンプ**は、**日本マーケットでは特殊な立ち位置**にいます。

海外旅行に行ったことがある方は、なんとなく記憶があるのではないでしょうか。**海外のボトルはキャップ式が主流**です。

一方で**日本は、ポンプ式が主流**です。これは、日本人がお風呂の椅子に座って髪を洗うことが背景にあります。座ったままシャンプーをポンプで押し出す文化があるので、ポンプ式のニーズが高いのです。

そのためポンプのメーカーは、じつは日本に存在する場合が多いのです。

——こうした**日本市場の背景や文化について、販売の初心者にはまったく未知の領域**でしょう。

しかし、**OEM先の会社はノウハウだけでなく、さまざまな背景や事情にも精通**しています。つまり、そうした**「情報」もきちんと押さえたうえで、適切な委託先をアサイン**します。そのため**依頼者は、情報代にも対価を支払うつもりで発注する**ことになるのです。

もちろん、適切な委託先の選定や管理などを押さえているため、その金額に見合ったサービスを提供してくれるのは間違いありません。

原価さえ許されるならば、一番手っ取り早く製造が実現できる手法と言えるでしょう。

▶製造のプロセスが細かくなるなら、すべて外部に任せてもいい

ちなみにシャンプーの例で言うと、「**プロセスをどこまで分解して発注すべきか**」という問題もあります。初めて開発に取り組むうえでは、本当に難しい判断になります。

つまり**分解すればするほど、関わる製造元が増えますし、それぞれのセクションで最低ロットを担保**しなければなりません。

各社と連携しながら進めなければなりませんし、各部品を最終的に統合するセ

クションはどこなのか、など細かくすればするほどプロジェクトは複雑になります。

もし各部品の製造元を自分で管理するとなると、それらのマネジメントだけで手一杯となる恐れがあります。そうならないためにも、OEMというものが存在するのだと考えるとよいでしょう。

販売に向けて進めるなかで大切なのは、「良い商品をつくる」ことです。在庫管理に時間を取られすぎるのは、本末転倒にほかなりません。

これは事業を行ううえでの「柔軟性」に関わりますが、**手持ちの金額を支払うことで"よいもの"が生み出せるのならば、出し惜しみする必要はない**ということです。それはプロダクトへの投資にとどまらず、効率的なプロジェクトマネジメントという面でも言えることです。

▶低価格を追求しすぎることで、失うものもある

とりわけ**低価格志向が強すぎる個人や企業**ほど、企画の良し悪しよりも1個あたりの**配送料や原材料費をいかに抑えるかに腐心する傾向**があります。

「安かろう悪かろう」という言葉があるように、買いたたくなどして**無理に導き出した原価はどこかで破綻**を招きます。

製造の依頼先も国内はおろか、中国でさえ難しくなります。するとクオリティは二の次のような工場にあたりをつけていくことにもなるでしょう。

価格にだけソリューションを求めると、当然、長期的に勝ち続けることは難しくもなります。そもそも**「価格で勝つ」というコンセプトで商品企画を立ち上げることもナンセンス**です。

いわんや、初心者が"価格破壊"に打って出ること自体おかしな話です。

3C分析でもお伝えしたとおり、いままでなかった切り口、空いているポジションなどを探し、今後伸びていく市場を見つけることが大切です。そのうえで商品

企画を練っていくことが王道の勝ち筋となります。

だからこそ**プロジェクトを前に進めるためにも、原価については多少の思い切りは必要**です。

繰り返しになりますが、Amazon で D2C をやっていく人にとって**大切なマインドは「柔軟性」**です。製造元がとても親身に対応してくれる、あるいは向こうからも新鮮なアイデアを提供してくれるなど、**お互いの良い部分を伸ばし合えるパートナーを求め、それに見合うならば支払いも厭わない**という思い切りのよさを持ち合わせていきましょう。

また、あえて**未来の話**を先にしておきますが、ブランド事業がうまくいくにつれ、「**原価は、あとでも交渉できる**」ということも自ずとわかってきます。販売実績が上がれば**ボリュームディスカウント（大量仕入れによる値引き）が実現できる**ため、交渉のテーブルにつけるのです。また、その**ボーダーラインとなるのが**「**年商1億円**」であるとも言えるでしょう。

5-2-3
競合の製造元を調べる

▶商品パッケージの裏面を見よ

地道な作業になりますが、競合の製造元を調べる、同じ業界の人に相談をする、という方法もあります。

3C 分析を行うなかで、当然ですが他社製品をテスト購入することになるでしょう。

そのとき、パッケージの裏面を見てみてください。商品表示欄を見ると、販売者として競合メーカーの名前が書かれていますが、もし製造元に別の会社名が表示されている場合は、委託先が製造を行っているということです。そこに記載されている会社名をネットで調べてみて、コンタクトを取ってみるのもよいでしょう。また、**別の製造元も検索にヒットするので比較検討することが可能**です。

5-2-4
構成要素を分解して考える

原材料、素材といった、その商品の構成要素のなかでもっとも大きいものから、製造元のあたりをつけていくという手法です。

▶ 専門特化したOEM先を探す

たとえば、「**プロテインバーをつくりたい**」という場合で考えてみます。

ネットで「プロテインバー　OEM」で調べると、お菓子メーカーをはじめ、たんぱく原料をつくっているメーカー、シリアルバーを製造するメーカーなどあらゆる製造元が表示されます。仮に**チョコレート味のウエハースタイプ**をつくりたいとします。

ここで注意するべきこととして、**お菓子全般のメーカーに依頼をすると結果的に原価が割高**になります。これは先ほどもお話ししましたが、幅広い製造を請け負うメーカーは、結局のところ**実際に製造できる下請けに投げてマージンを抜く構造**をつくってしまうためです（稀に、専門の会社を紹介してもらえる場合もあります）。

ですので、もしウエハースタイプで勝負をしたいと決めたのであれば、**ウエハースの製造に特化した業者へ直接依頼をする**ことが正攻法となるのです。

このように原材料や素材など、その商品の主な構成要素から紐解いていき、OEMを探しにいくことも大切です。

5-2-5
ケーススタディ：原材料から紐解いた成功例

ここで、私の知り合いが実際に**OEM先を自分で選定し、商品開発を実現したエピソード**を紹介します。その方は、「**燃やすと金木犀の香りがする写真集**」という企画を立ち上げました。切なさを感じる写真を燃やしながら、お香の香りを愉しむというコンセプトです。

企画としてはよいものができたので、次のステップとして製造業者の選定に入りました。

この商品を構成する要素は「紙」と「お香」です。そこでまずは、「**お香　OEM**」と検索をしてみました。しかし、**写真集としての要件を満たしてくれる業者はありません**でした。

　しかしさらに調べていくなかでお香というのは、多くが淡路島をはじめとする兵庫県でつくられていることがわかりました。

　兵庫県に絞ってさらに調べを進めると、**紙をベースにしたお香を製造するメーカーさんを発見**したのです。そしてそのメーカーに相談を持ちかけたところ、実現できたのです。

　このように、**つくりたい商品の構成要素から紐解いていく**と最適なOEM先が見つかることもあります。今回のエピソードのように、「淡路島　お香」と地理的に当たりをつけることで解像度が上がります。なにより、専門に特化したメーカーと直接取引できるため、製造原価を低く抑えられるのも大きなメリットです。

5-3 相見積もりでわかる、優良企業の見分け方

　前項では3つのアプローチで、OEM先の選定方法を紹介しました。では、数ある製造元のなかからめぼしい企業を複数社見つけたとして、最終的にどこへ依頼するかという観点でお話をします。

5-3-1
相見積もりは、とにかくたくさん取れ

最適なパートナーを見つけるための視点は2つです。

①**相見積もりは、数が多いほどよい**
②**取引先と「良好な人間関係」は築けそうか**

　1つ目の相見積もりについては、**あたりをつけた企業に対して片っ端から行ってよい**です。
「お断りするのは心苦しいな」「値引き交渉たいへんだな」といった感情があるのもわかりますが、相見積もりに時間と労力をかけて損することはありません。

　なぜなら、実際に相見積もりを取ってみると実感するのですが、**新しい企画商品であるほど各社まったく異なる金額を出してくる**のです。

　あるいは相談していくなかで、製造元会社側からも良いアイデアをもらえる可能性もあります。だからこそ、相見積もりのサンプル数は多ければ多いほど、よいのです。

5-3-2 「良い取引先か」を見極める3つの視点

また相見積もりを行ううえでも、大切な視点が3つあります。

①**最小の発注量はどれくらいか**
②**支払い・契約条件は見合うか**
③**要望に対するレスポンスは速いか**

1つ目の、最小の発注量とは、最小ロット数のことです。MOQ（ミニマム・オーダー・クオンティティ）とも呼ばれます。つまり、**発注量がもっとも少なく済むメーカーはどれか**という視点です。

2つ目が、**支払い条件**です。これはお金の支払い方の話が大部分を占めます。「支払いはいつまで待ってもらえるのか」「月末締めの翌月末払いでいいのか」といった、**こちらのお財布事情**に見合った条件であるかどうかを検討します。

また、**商品に対する条件**も確認しましょう。「**返品を受付けてくれるのか**」「**商品に不具合があったときに、メーカーがどの程度負担をしてくれるのか**」なども欠かせません。それらの条件面を契約条項として盛り込みます。

3つ目が、**柔軟性**です。これこそがAmazonD2Cにおいて重要かつ醍醐味です。「柔軟性」とはつまり、**自社の要望に対して迅速かつできる限り実現**してくれるかどうかです。

「見積書はすぐに出してくれるか」「小さい発注量でも快く引き受けてくれるか」「自社のブランドのアイデアに共感してくれるか」「商品デザインの細かな修正も厭わないか」など、実際に**取引をスタートしたあとも親身になってくれそうか**どうかは大切です。

相見積もりはお金だけでなく、「良好な人間関係が築けるか」という相性も見なければなりません。

5-3-3
良い製造元を選ぶためのチェックリスト

パートナーを選定するうえで、価格面以外での「良し悪し」を判断するためのチェックポイントも紹介します。

大きくは3つのポイントに分けますが、より細かく見極められるよう、チェックリストも併せて参考にしてください。

▶サンプル品はリクエストどおりにつくってくれたか？

サンプル品をつくってもらう際は、その企業の誠実さも推し量ることができます。

たとえばサンプル品を依頼する際に、10ほどの要件をリクエストしたとします。そして実際に上がってきたとき、どれだけリクエストに応えているかはその企業の対応力とも直結してきます。私の経験では、10のリクエストに対してたった2つしか満たしてくれない、という経験も残念ながらよくありました。

▶迅速に対応してくれるか？

製造元に対応してもらううえでは、スピード感も大切になります。

「見積もりをお願いします」「サンプル品をつくってください」と依頼をしたにもかかわらず、いつまで経っても返信がない、あるいは他の製造元と比較して明らかに進みが遅い所は、その会社の"本気度"がうかがえます。

▶積極的にアイデアを提案してくれるか

企画した側の要望どおりに応えてくれることも大切ではありますが、それだけでは十分でない場合があります。つまり、製造のプロとしてのアドバイスやアイデアも必要になります。

思いがけない発見や知見などを授けてくれる場合もあるため、双方で建設的な会話ができる関係かどうかも大切です。

● 良い製造元を選ぶためのチェックリスト

複数の製造元から相見積もりを取るうえで、各設問に対して応えることのできた企業名を記入してください。もっとも多く応えた企業が、最良のパートナーの可能性が高いと言えます。

Q1)見積書の回答がもっとも早かった企業は？

企業名：

Q2)見積書のなかでもっとも価格が安かった企業は？

企業名：

Q3)サンプル品の製造がもっとも早かった企業は？

企業名：

Q4)サンプル品のクオリティがもっとも高かった企業は？

企業名：

Q5)製造面でのアイデアをもっとも積極的に提案した企業は？

企業名：

Q6)担当者ともっとも会話が弾んだ企業は？

企業名：

5-4 土壇場でモノを言うのは「良好な人間関係」である

よい製造パートナーを見つけるための指標として、「良好な人間関係」を築けるかどうかも大切です。これは、私自身の販売経験からも言えることがあります。

5-4-1
OEM先とは、良好な人間関係を築け

私が、初めてAmazonで販売した商品は財布でした。

当時は開発・製造をするにあたり、**中国の業者に発注をかけることが主流**で、まず行ったのは、「Alibaba.com(アリババ)」という中国のBtoBサイトで製造元を探すことでした。

ちなみにAlibabaは、"中国版Amazon"とも言われ、企業や個人がメーカーやサプライヤーから製品を大量に購入できる卸売市場です。

出典：Alibaba.com

5-4-2
泥臭い交渉を重ねた先に得られるもの

　数あるメーカーのなかから検討を重ね、とある1つのメーカーとお付き合いしていくことが決定しました。結果的に私の**企画は大ヒット**したくさん売れたのですが、**当然、エラー品も増えてきた**のです。

　具体的には、ファスナーがうまく噛み合わなくなり壊れてしまうという事象です。そこで、ファスナーに対する**改善要望をメーカー側に提出**しました。ただし、私は中国語を話せなかったため、仲介業者に**中国語でのやり取りを代行**してもらっていました。しかし人を介することの障壁もあり、**ファスナーの改善が思ったように進まなかった**のです。

　「これを打破するには自分が直接出向くしかない」と決心し、**中国まで出張してメーカーの担当者とお酒を酌み交わしながら親睦を深める**こととしました。そしてその目論見は当たりました。なんと**次の発注分から、大幅に改善された商品が納品**されるようになったのです。

● **財布の不具合を「人間関係」で解決した話**

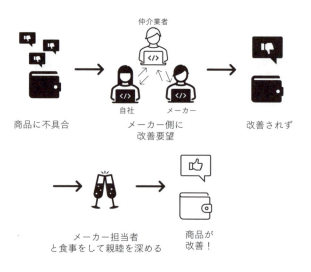

――いかがでしょうか。

これだけインターネットが普及した世の中であるにもかかわらず、**モノづくりの現場というのはとても泥臭い**のです。

結局のところ、最後は「人間関係が物事を大きく動かす」ということを押さえておくとよいでしょう。

5-4-3
「見積もりが安いから」だけの判断は、とても危ない

では話題を、相見積もりに戻します。

つまり私のエピソードから言えるのは、各社見積もりを比べていくなかで「**金額が安いから**」という部分だけを見て決定することは、じつは**危うい判断**であるということです。

１つあたりの原価が安くてもエラー品（「Ｂ品」と呼ぶ）率が高ければ、結果的には販売可能な製品の平均原価が高くなることもあります。

担当者との相性、柔軟性、先方から斬新な提案をもらえるか、細かな要望も快く引き受けてくれるか、という**「人間味」の部分も十分に考慮**する必要があるのです。

STEP 5 スピーディーに商品改善できる仕組みづくり

5-

Amazonで初めて販売をする個人や会社が商品開発するとき、基本的にはOEMでの外注が必須となるでしょう。一方で、自社で製造部門を持っている企業はOEMは必要ないかというと、そうではありません。ここからは開発部門を持つ企業が商品開発するうえで大切な考え方をお伝えします。なお、個人の方にも大切な話になりますので、読み飛ばさずに目を通してください。

5-5-1 開発部門を持つ企業の「あるある失敗」事例

▶個人も企業も、最初は「スモールスタート」が吉

開発部門を持つ企業が気をつけなければならないこと。それは、「**自社でやろうとしすぎない**」という考え方です。

自社でやろうと思えばできるという状況のなかでも、まずは**スモールスタート**の観点から「**他社にまず任せてみる**」という打ち手はぜひ検討すべきです。

これは私がさまざまなメーカーや、クライアントと商品企画の話をしてきたなかで目の当たりにした、ミスしやすい典型的な事例からも強くおすすめします。

とくに大企業であればあるほど、最初から大量に製造しようとするきらいがあるので注意が必要です。

▶オフラインで売れた実績や知見を、安易にネットへ転用してはいけない

大企業が大企業たる所以と言えば、**オフラインでたくさん商品を販売した実績や知見**です。つまり**スケールメリット**（大量生産をしてコストを抑える）という、大企業ならではの剛腕によって他を圧倒してきた背景があるのです。

もしイチから商品企画を行い、**Amazon に向けて通販でやっていこう**とする場合は、従来の**オフラインの消費者とは異なるニーズ**を押さえなければなりません。

5-5-2
商品は、「売って終わり」ではない

実際に Amazon で販売してみると、**痛感すること**が1つあります。

どんな商品であれ、**初めて販売する商品というのは必ずどこかに「欠点」**が潜んでいます。企画、開発、製造段階でどれだけ「**完璧だ**」と思っても、いざ世の中に放ってみると**思いもよらぬ落とし穴**が待ち受けているものです。

それはやがて**カスタマーレビューなどの形**で表れてきます。するとユーザーの期待に応えるためにも、**改善や修正はぜったいに避けられない**のです。

であるにもかかわらず、リリース前の段階からあらゆるリスクを想定し、検証や修正に多大なコストをかけすぎると、徐々に自社内で「これで完璧だ」という誤った認識が醸成されていきます。すると生産数も強気になってしまい、最終的に痛い目を見ることとなります。

「売った直後」の予期せぬ事態へ柔軟に対応できるよう、小回りの利く商品製造が大切です。

▶商品の改善・修正を視野に入れた生産数を考える

たとえば**初回生産数は 1,000 個で十分なところを、強気に 10 万個つくった**とします。販売から1か月経過したところでカスタマーレビューを集計すると、**さまざまなクレーム**が浮き彫りになりました。

そんなとき、**社内ではどのような議論**がなされるでしょうか――。

「次の生産では商品を改善しないといけないが、余った大量在庫をどうするか？」
「この在庫を売らなければならないが、結局クレームが増え続けるしブランドイメージにもダメージがあるのでは？」

というように**プロジェクトの考え方がどんどん後ろ向き**になってしまい、残っ

た在庫をどういうふうに処理しないといけないのか、つまり「在庫処分」という残念な方向に対してリソース（時間、アイデア、お金）を割くことになります。

● 製造部門を持つ企業の落とし穴

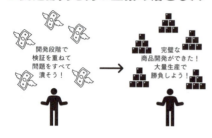

5-5-3
小ロット生産は、商品改善との相性が抜群によい

D2Cでスタートアップするうえでは、次のような商品企画・開発プロセスが基本的な考え方となります。

①初回は、最小限のロットで商品を生産する（商品A）
②カスタマーレビューなどで商品Aの要望や改善点を吸い上げる
③改善点を盛り込みながら、2回目の生産を行う（商品A'）
④商品A'に対する要望や改善点を3回目の生産に適用する

● スタートアップの考え方

最小限のロット発注をしてお客様の要望を聞きながら次回の発注で改善を加える

このようなプロセスを仮に毎月繰り返していけば、12回におよぶ改善・改良が実施できます。そうしてようやく競合

の商品と肩を並べる、あるいは抜きん出る商品として仕上がっていくのです。これがまさに、Amazonで商売を行っていくうえで大切な「柔軟性」というわけです。

　大きい会社であればあるほど、自分たちのサプライチェーン、バリューチェーンを武器としすぎて、最初からヘビーな商品開発を実行しがちです。そのような強気な打ち手については、商品の売れ行きが軌道に乗り拡大路線へ舵を切るタイミングでも遅くはありません。

最初はあえて中堅企業にOEMを依頼し、コストよりも企画の柔軟性を手に入れることに価値を見いだすことに目を向けてみましょう。

5-5-4
「ずっとβ版」という初心を忘れない

　商品を繰り返し改善していく考え方を、私は「ずっとβ版」と呼んでいます。商品改善を繰り返すことのメリットは、商品のクオリティだけにとどまりません。付き合う企業そのものにも、その成果は現れてきます。

　先ほど紹介した、私がAmazonで販売した財布の話に戻しましょう。
　私はAlibabaを通じて、中国のメーカーで製造し、日本の市場向けに販売しました。じつは中国の国内ではキャッシュレスの文化が大きく進んでいて、小銭を使う場面が年々減ってきています。そのため革製の財布の場合、小銭の部分はマチが狭く、しかも固い仕上がりのものが多いのです。
　私自身もそんな中国の事情を把握しておらず、「新品の革は固いものだ」という認識でそのまま日本で販売したのです。
　するとカスタマーレビューで「小銭入れが固くて使いづらい」というクレームが入ってきました。そんな意見を紐解く形で調べを進めたところ、初めて中国の財布デザインのトレンドを知ることとなったのです。

　そしてここから「ずっとβ版」が活きてきます。
　次の生産を行うにあたり、「マチを広めにしてください」「革は少し柔らかくし

たい」といったユーザーの要望をフィードバックしたり、ファスナーの不具合を修正したりと、**毎ロットごとに修正**を重ねていきます。

ときには、メーカーの担当者とお酒を酌み交わして親睦を深めつつ、商品も人間関係もアップデートしていきます。

5-5-5
取引先をアップデートするタイミング

商品のアップデートをしていくなかで、やがて**取引先自体も限界を迎える**こともあります。つまり**高い要望に応えることが難しくなる**のです。

私が販売した財布もアップデートを重ねるなかで、最初に依頼をしたメーカーとは取引を終了し、**私の希望に応えられるメーカーへ乗り換えた経緯**があります。そのようにして1年、2年という年月をかけて、生産ごとにアップデートを繰り返していくのです。

すると**自身の知見**として、「**良い企画とはなにか**」「**良いパートナーとはなにか**」などの視座が得られていきます。これこそが、D2Cのビジネスモデルの醍醐味なのです。つまり、従来のビジネスモデル（とくに大手メーカー）であれば、企画に1年以上費やし、その間、品質チェックや研究開発を何度も行い、最終的に生産数も広告費も大規模に投下していました。資本を持っているプレイヤーならではのやり方で、誰もができる芸当ではありません。

しかし、AmazonなどD2Cとして初めてスタートし、ここから1億円をつくっていこうと考えている人は、スモールスタートで改善をたくさん重ねていける体制を前提にして取り組むことがなにより大切です。

繰り返しですが、それが私の掲げる「ずっとβ版」の本質となります。

最初から100点満点を目指さなくていいのです。お客様の要望を聞いては改善、お客様の要望を聞いては改善、という繰り返しを念頭に置き、パートナーとなる取引先もそれに快くついてきてくれるところを選定していきましょう。

STEP

6

アルゴリズムは怖くない！
「理念」と「原則」を理解し、
検索上位を獲る

6-1 ジェフ・ベゾスの想い＝Amazonアルゴリズム

本章では Amazon の検索アルゴリズムの重要性と、仕組みを解説します。とくにアルゴリズムの根本思想とする、「お客様にとって最良な検索結果を出し続ける」というポイントを押さえておけば、理解が深まりやすくなるでしょう。

6-1-1 検索アルゴリズムは、お客様ファーストで構築される

Amazon のアルゴリズムを知っていただくうえで、ある人物の言葉を紹介しないわけにはいきません。

その人物の名は、Amazon の創設者である**ジェフ・ベゾス**氏です。

Amazon創設者
ジェフ・ベゾス

地球上でもっともお客様を大切にする企業になること。
地球上でもっとも豊富な品揃え。

Amazonの
アルゴリズム

お客様にとって最良の検索結果を出し続ける

彼が設立当初からずっと掲げていたのは、**Amazon は地球上でもっともお客様**

を大切にする企業であることと、**地球上でもっとも品揃えが豊富なショッピングサイト**であることです。

そしてこの2つの理念は、**検索アルゴリズムにもそのまま反映されている**と言っても過言ではありません。つまりAmazonの自社収益を最大化するためだけのアルゴリズムではない、ということです。私自身Amazonで約5年勤め、AmazonD2Cコンサル業に約10年携わった経験からも真に実感しています。

6-1-2
利益至上主義でないのがAmazonの魅力

仮にAmazonが利益至上の会社で、アルゴリズムにもその野心が反映されていたとしましょう。すると極端な話、高単価な商品を多売すればいい、販売手数料収入が大きいほうを上位に表示しよう、広告枠をたくさん設けようといった発想になっていくことは必至です。

しかし実際は、訪れたお客様のうち何人が満足した購入をしているか、離脱率がどうか、という購買行動を見ています。要はAmazon内でのお買い物体験において、「**素敵な体験となっているか**」「**安心して、信頼して利用できるか**」というアルゴリズムであるべしということを信条としているのです。

この考えを販売者側が知っていれば、複雑そうで敬遠されがちなアルゴリズムを理解する手助けとなります。

考えるうえで、「Amazonのアルゴリズムの立場になると、こうだよね」という予測や考察が容易になるということです。

▶ **アルゴリズムと上手に付き合う方法**

私なりにアルゴリズムのコンセプトを2つに分解するとしたら、次のようなものが挙げられます。

①**フェアであること**

②常にアップデートしていること

▶誰もが等しく戦える場所である

「①フェアであること」という言葉には、さまざまな意味が込められています。

たとえば、**新着商品に対して検索上位に表示されやすい**チャンスの付与。検索結果上に、幅広い価格の商品が表示されるための微調整。いわゆる「やらせレビュー」に対し、厳しい監視によって排除する仕組み。

こうした細やかな配慮が整っていることで、どんな人でもフェアに戦える場所が実現しているのです。

▶アルゴリズムはとにかく更新し続けている

「②常にアップデートしていること」とは、文字どおり**アルゴリズムを日々よりよい形へと更新している**ということです。変な話ですが、いま私がここでアルゴリズムの最新情報を詳細に解説できたとしても、明日にはそれが古い情報となっている可能性もあります。

というのも、Amazonは常にアルゴリズムを **AB テスト**（異なる複数のものを比較して、成果が出ているほうを採用する手法）しています。どのような検索アルゴリズムを設定すれば、お客様にとって最善なのかを検証しています。**お客様の動き**（カスタマージャーニーなど）、**売上**、**クリック率**、**滞在時間**などのさまざまな変数を用いて、最適解を出し続けているのです。

6-1-3
真っ当な販売をしていれば、アルゴリズムの激動は怖くない

そうなると当然、販売者は**最新のアルゴリズムについて常に意識**しなければなりません。そのなかで、「これまでの常識がひっくり返ったらどうしよう」というような、ある種おびえて過ごさなければならない不安は、なきにしもあらずです（笑）。

ですが過剰に恐れる必要はありません。日々アップデートがなされているとしても、基本思想である「**カスタマーにとって最良を導き出す**」という前提で成り立っていることは忘れないでください。つまり販売者自身もAmazonと同様に「**お**

客様のために、最良なアプローチでマーケティングをする」という思想があれば、日々の更新をキャッチアップすることは難しくありません。

▶卑怯なマーケティング手法は、アルゴリズムによって淘汰される

実際に、**正しくビジネスを行っている店舗**（商品の質がよく、マーケティング活動も真っ当）のなかで、**培ってきたSEO施策が水泡に帰したなんていう話は私自身も聞いたことがありません。**

一方で、真っ当でない店舗（商品の質がさほどよくなく、やらせレビューなど小手先のマーケティング活動で食いつなぐ）に限って、アルゴリズムが変化していくなかで自然と淘汰されていく羽目になります。

▶小手先のマーケティングの典型例

・**商品タイトルや検索キーワードの項目に、キーワードを大量追加**
・**ずっと値引き状態の二重価格表記**
・**バリエーションの統合や解体による検索結果順位のコントロール**
・**ブラウズノード変更によるカテゴリー変更**
・**自社商品を過度に評価するサクラレビュー**
・**ライバルを貶めるやらせレビュー**

だからこそ、自信をもって質の高いモノづくりをして、正当なマーケティング活動を実施していくことが大切です。

Amazonは、ECとして最強のプラットフォームでありながら、じつは「商売の本質」を知る場所としても最高の学び舎だと日々感じます。

6-2 商品ページに大切なキーワードを忍ばせる

Amazonのアルゴリズムを学ぶにあたり、まずは概念的、思想的な面を理解していただきました。次は、検索結果を表示させるアルゴリズムのなかでも、自然検索に特化させて紹介します。販売者側でもコントロールできるものもあるので、ぜひとも押さえてください。

6-2-1 アルゴリズムの原則は「洗い出し」と「並び替え」

Amazonの検索結果は、基本的に**2つの条件**を経て表示されています。

1番目は、「**洗い出し**」です。とあるお客様が、あるキーワード（X）を検索したときに「関連する商品は何なのか」ということをAmazonが膨大な商品数（現在、数億点以上と言われている）から洗い出します。これを「**インデックス**」と呼びます。

2番目は、「**並び替え**」です。
販売者の誰しも自分の商品が一番上に来てほしい、と考えています。では、どういう順番でAmazonが並べているかというと、3つあります。

①**販売実績**
②**時間軸**
③**配送条件**

これら「洗い出し」「並び替え（販売実績、時間軸、配送条件）」の4要素を図に表すと次のような流れを取ります。

● Amazon検索結果の流れ

①ユーザーがキーワード(X)検索をする

↓

-------- **②キーワードをもとにインデックスされた商品を抽出** --------

- 商品ページに"X"が含まれる商品
- "X"が過去履歴などで関連がある商品
- "X"がアンチキーワードでない商品

洗い出し

-------- **③Amazonが検索結果順位を決定する** --------

販売実績	時間軸	配送条件
金額よりも個数(出荷数)を重視 ※どのようなキーワードで購入されたかも重要	直近でどれだけ買われたか ※1週間経つごとに評価(スコア)が半減していく	1. Amazon配送 2. 出品者配送

販売実績 × 時間軸 ＋ 配送条件

並び替え

-------- **④検索結果に対し、ユーザーが商品をクリック** --------

6-2-2
インデックスさせるための方法

 1番目の洗い出しについて、「インデックス」という言葉を用いて解説をします。インデックスとは、**どんなデータがどこにあるかを示す**、**検索速度を上げるためにデータ本体とは別につくる索引データ**を意味します。索引データに含まれて、検索されるようになることを「**キーワードがインデックスされる**」と表現します。

 たとえば、自社商品として弁当箱(曲げわっぱ)を販売しているとします。

 検索窓にキーワードを打つ際、「弁当箱」ではヒットするけれども、もし「ランチボックス」というキーワードでもヒットさせたい場合は、商品ページ上に同じキーワードを登録しなければなりません。

● 曲げわっぱを売りたい

　つまり販売者は、**ユーザーが検索するであろうキーワードを予測し、設定をしなければ "インデックスされない"** ということです。
「この商品は、どういうキーワードだったらお客様に検索されるのだろう？」と考えていくため、自分の言葉の引き出しも試されてきます。
　Amazonは、その商品ページに設定されたキーワードをベースにインデックスするか否か、つまり検索対象にするか否かを計っています。
　たとえば、弁当箱以外にも「天然杉」「洗える」「被せ蓋」「日本製」など、商品ジャンルにとどまらず縦横な視点からキーワードをあてがっていくことがコツとなります。

6-2-3
キーワードを入れるべき項目

　先ほど、キーワードは商品ページで設定するとお伝えしましたが、Amazonが商品ページ内で参照する場所がいくつかあります。次の図を参照してください。

STEP 6 アルゴリズムは怖くない！「理念」と「原則」を理解し、検索上位を獲る

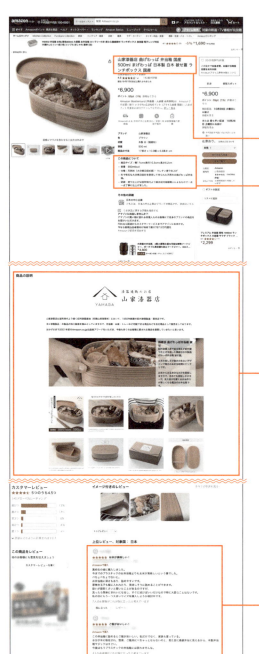

検索キーワード

タイトル

箇条書き説明
商品説明

商品紹介コンテンツ
（A＋）

カスタマーレビュー

商品ページ上の**最重要項目**は、「**タイトル**」と「**検索キーワード**」です。インデックス対象として、もっとも重要な項目です。

理由は、Amazon の検索アルゴリズムだけの話ではないからです。**タイトルはGoogle や Yahoo! などの外部のサーチエンジンに対しても SEO が効いている**のです。

たとえば、Google で「山家漆器店」と検索します。すると下記の順番で結果が表示されました (2025 年 2 月時点)。

1番目：**山家漆器店の公式ホームページ**
2番目：**山家漆器店の楽天市場**
3番目：**山家漆器店の公式ホームページ (オンラインストア)**
4番目：**山家漆器店の Amazon 検索結果ページ**

ちなみに Google が Amazon の商品ページに対して「**どの項目を追いかけているのか (クローリング)**」というと、**タイトル**であると言われています。もちろん Google 側のアップデートによって、商品説明やカスタマーレビューなどさらに深くなっていく可能性もありますが、なにはともあれタイトルがもっとも重要なキーワードであると意識してください。

そのほか、**ブラウズノードもチェック**してください。**カテゴリーの紐づけが正しくないと、設定したキーワードとの食い違いが生まれるため、AI によってキーワードが却下されてしまう**ことがあります。

6-2-4
検索キーワードは十分か

タイトルの次に重要なのは、商品登録時に行う「**検索キーワード**」という設定です。商品ページ上には現れないのですが、これは購入者が Amazon で商品を見つけられるよう、購入者がキーワードとして使用する可能性がある言葉を設定できます。Amazon では、検索キーワードの長さは 500 バイト未満に制限されています (ファッションカテゴリーでは 250 バイト未満)。

　検索キーワードPDCAで求められるスキルとしては、より多くの"**言葉の引き出し**"が求められます。

　たとえば競合のブランド名を入れることもあります。材質、香り、フレーバー、使用感などもお客様にとってありがたい情報です。

　たとえば、フレーバーの場合「**ベリー味**」であるとしても、「**ストロベリー味**」にも似ているならキーワードに加えてもよいでしょう。あるいは「**酸味**」「**甘酸っぱい**」「**フルーティ**」など味のニュアンスがあれば、**レモンが好きな人にもベリー味がリーチできる**かもしれません。このようにお客様の目線に立ちながら、気の利いた言葉を導き出していきましょう。

　次に「**箇条書き説明**」「**商品説明**」「**商品紹介コンテンツ（A+）**」です。

　また、画像のなかに含まれている単語や文章も、インデックス対象となる可能性が高いと言われています。**OCR**という技術で**画像上からテキストを読み取り、キーワードとして認識**しているのです。

　そのほか、ページ内にキーワードが含まれる項目として「カスタマーレビュー」「ブランドストーリー」がありますが、いずれも優先度は低い傾向にあります。

　なおOCRによるインデックスと似たケースとして、「**動画**」も見過ごせません。**YouTubeでは動画内で話すセリフをテキスト化し、それを検索アルゴリズムに利用していることが明らかとなっています。**これを踏まえ、**将来的にはAmazon上の動画広告でも同様にインデックス対象となる可能性**があるのです。

> 結論、タイトルとサブ画像に重要なキーワードを入れる。そのほかの要素に対し、ミドルキーワードを入れておけば完璧です。

6-2-5 3つのアルゴリズムを意識する

商品ページにお客様を呼び込むうえで、**自然検索対策**（自然検索アルゴリズム対策）が重要であることはすでにお伝えしました。じつは関連するアルゴリズムが、さらに2つあります。

1つは、**Amazon内の広告検索アルゴリズム対策**です。Amazon内のアルゴリズムは、**自然検索による検索結果**と、**広告検索では異なるアルゴリズム**が働いています。詳細は非公表となっていますが、個人見解として、自然検索のほうは箇条書き説明のキーワードを参照する一方で、広告検索としては参照していないという棲み分けが見られます。とはいえ闇雲に深掘りしても、答えは常に変動するためいまお話ししたことは、頭の片隅に留めておく程度で問題ありません。

ただし、2つ目のアルゴリズムは無視できない重要なものです。それは、Googleの自然検索対策です。

6-2-6 Googleの自然検索対策で盤石な体制を築く

Amazonの商品ページにお客様を呼び込むうえで、Amazon内で検索対策をすることは当たり前です。

ですが、それだけでは十分な対策ができたとは言えません。忘れてはいけないのが、**外部検索からお客様が流入するケース**です。

たとえば、曲げわっぱを買うとき、いきなりAmazonで検索をするケースよりも、まずはGoogleで「曲げわっぱ 天然杉」のような形で調べようとします。

すると次ページ画像のように、「曲げわっぱの魅力」のような**コンテンツマーケティング系の記事**のほかに、1ページ目には**Amazonへ誘導する検索結果**も上位に表示されます。

▶Google 対策は、商品タイトルを最重要視せよ

　それを見たお客様は「Amazon もちょっと覗いてみようか」となり、Amazon の検索結果のページへ流入するのです。

　Google 側は主に Amazon の商品ページのタイトルを重視していると考えられています。そのほか、箇条書き説明、商品説明、商品紹介、商品紹介コンテンツ（A+）、ブランドストーリー、カスタマーレビューなどは、キーワード抽出（クローリング）していると考えられます。さすがの Google でも、Amazon の裏側までは参照できないのでしょう。

　ただし、タイトル内に「ごちそう」というようなキーワードを入れると、字面として格好がつきません。タイトルにそぐわないキーワードは、それ以外の項目の文章に含ませておくなどの工夫が必要です。

　スポンサープロダクト広告については、通常の自然検索と同じ評価にしています。ただし STEP2 でも触れたとおり、Amazon の広告には複数の種類があります。

　一時期「スポンサーブランド広告」はタイトルしか参照していませんでした。「じゃあ、現在はどうなの？」と聞かれると、スポンサー広告と同様である、というのが私の推察です。

　アルゴリズムが常にアップデートされているため、"今日""いま"といったリ

==アルタイム==での情報がお伝えできないのです。大切なのは==キーワードが読み取られている項目に対してアンテナを張り、検証を続ける==ことです。

6-2-7
顧客志向で商品ページをつくった者が勝つ

いずれにしても自然検索とAmazon広告によって、どこの項目を見ているか、あるいは広告のメニューによってどこの項目をインデックス対象にしているかは異なってくるというのを覚えておきましょう。

冒頭でもお話ししたとおり、Amazonの検索エンジンやアルゴリズムは、「いかにお客様にとって最良な検索結果を表示させるか」にフォーカスしています。

販売者としてアルゴリズムの解明に執着するより、商品ページに対して仮説・検証を繰り返す姿勢が正解です。

6-3 【ラッキー編】 勝手にインデックスされる

前項はインデックスについて、基本的な解説となります。ここからはインデックスにおいて、イレギュラーなケースを紹介します。販売者のコントロール外、つまり AI の機械学習でインデックスされる場合です。

6-3-1 顧客の行動履歴を参照して、インデックスされる

イレギュラーなケースについて、典型的な例を 2 つ紹介します。

1 つ目は、「**勝手にインデックスされる**」です。

過去のお客様の購入履歴、閲覧した際の行動履歴をもとに、キーワードが自然とインデックスされます。

具体的な例として、私が Amazon に所属していたころによく使っていた説明があります。DVD 版『**もののけ姫**』商品ページの例です。

『もののけ姫』の DVD を販売するメーカーの方が、Amazon で商品登録をしたときに「ジブリ」という言葉を Amazon ページに**キーワードとして入力し忘れていた**とします。

たしかに『もののけ姫』はジブリ映画としてあまりに有名な作品ではありますが、設定をしていない限りは「ジブリ」で検索しても、インデックスの理論上はヒットすることはありません。

ではここからどのような流れを経て、"**勝手に**" インデックスされるのか──。

ジブリには『もののけ姫』以外にもたくさんの作品があります。たとえば、『となりのトトロ』DVD（キーワード検索に「ジブリ」という設定をしている）の商

品ページを開くと、ページ中段以降に「**この商品をチェックした人はこんな商品もチェックしています**」「**この商品を買った人はこんな商品も追加しています**」といった、関連商品のおすすめが表示されます。その**ラインナップ上に『もののけ姫』があり、それをお客様がクリックし、購入するという流れ**ができたとします。

　加えて、別のお客様も同様の行動パターンが繰り返されることにより、AIは「**『もののけ姫』は「ジブリ」である**」という判定がなされてインデックスされるのです。

●キーワードを設定し忘れると検索でヒットしない

検索キーワードに「ジブリ」を設定し忘れていると、お客様が「ジブリ」と検索しても『もののけ姫』はヒットしない。

●キーワード設定を忘れていても、勝手にインデックスされるケース

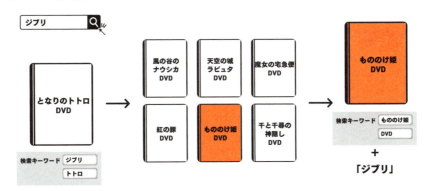

検索キーワードに「ジブリ」を設定し忘れていても、別作品からの流入・購入履歴によってAIが学習し「ジブリ」としてインデックスされる。

6-3-2
お客様によって付加価値を与えてもらえる場合がある

こうした AI による学習を経て、商品に付加価値が与えられるラッキーな場合もあります。たとえば、**カードケース**として販売した商品を例にしましょう。

カードケースとして商品開発したモノですので、当然、**自社としては競合商品もカードケース**になるはずです。

ところが、いざ販売してみると**「財布」としてインデックス**されることがあります。

どのような経緯かというと、お客様の閲覧履歴や購入履歴として**財布を探しているお客様が商品ページへ訪れ、購入するという販売実績が積まれた**ためです。

自社としては財布という用途ではないので、キーワードすら設定するはずもないのですが、AI により「財布」としてインデックスされるのです。

こうして、カードケースをほしがっているお客様以外にもリーチできる可能性が広がるのです。

6-4 【アンラッキー編】インデックスされたいのにされない

「勝手にインデックスされる」ケースは、販売者にとってメリットが多いですが、じつは「インデックスされたいのにされない」ケースもあります。これは販売者にとって困ってしまう場面であるため、仕組みについて解説します。

6-4-1 原因は、「アンチキーワード設定」

インデックスされたいのにされない原因として、「**アンチキーワード設定**」というものがあります。これはブラウズノードの設定を行う際、その**カテゴリーと関連のないキーワードを検索結果として表示しないよう、自動的な処理が起こることによって発生**します。

ブラウズノードとは、商品登録時に出品する商品をカテゴリー別に仕分ける際に設定する項目です。

ファッションであれば、最上位の階層として「服・シューズ・バッグ・腕時計」があり、次の階層で「レディース」「メンズ」「キッズ＆ベビー」などの使用対象に振り分けられ、さらに「レディース服」「バッグ・財布」「シューズ」などのアイテムのジャンルがあり、最終的に「シャツ・ブラウス」「帽子」「スニーカー」「ショルダーバッグ」などのアイテムまで絞り込んで決めることができます。

▶アンチキーワードによって、健全なキーワード設定が保たれている

たとえばメンズシャツの商品登録時、ブラウズノードで「メンズ」＋「トップス」のカテゴリー設定を加えたとします。そのうえでキーワード設定時に、「**メンズだけれども、女性が着られないこともないかな**」ということで、「**レディース**」というキーワードも登録しておくことにします。

しかし、ブラウズノードでは「メンズ」で設定したにもかかわらず、キーワー

ド設定では「レディース」と記入したことで**矛盾が生じる**ことになります。

メンズシャツにもかかわらず、レディース用として検索結果として表示すると、**お客様が混乱してしまう、システムを不便に感じてしまう**というような事態になります。そこでAIとしては、「シャツ　レディース」というキーワードでは検索結果として表示しないという判断をするのです。

● 関連性の弱いキーワードをインデックスから除外

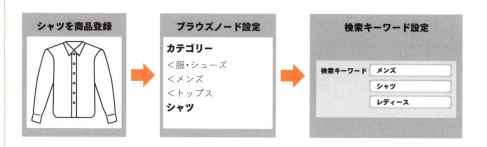

もし、商品と関連キーワードとの矛盾がまかり通ってしまうと、販売者が節度なくめちゃくちゃなキーワードを入れて、とにかくアクセス数を稼ごうとするケースが増えてしまうからです。

▶服飾の「マフラー」と、自動車部品の「マフラー」は、どう区別する？

そのほかにも、同音異義語による混乱を避ける目的もあります。

たとえば自動車やバイク部品の「マフラー」を買いたいのに、検索をすると服飾の「マフラー」が表示されてしまう。あるいは、マンガの『ワンピース』がほしいのに、洋服の「ワンピース」が表示されるなど、同音異義語によって不要な商品が表示されないようにAmazon側で上手に処理してくれているのです。

つまりアンチキーワードとは、お客様がほしいと思っているものが検索結果として正しく表示されるための機能です。

6-5 きちんとインデックスされているか

アンチキーワード設定は、販売者がコントロールできる領域ではありません。そのため、「自分の商品って、そもそもどんなキーワードでインデックスされているのだろうか」と気になるでしょう。**自分の商品はどのようなインデックスがされているか**、把握しておくことは非常に大切なので、その**確認方法**を紹介します。

6-5-1 「ASIN＋キーワード」で確認

特定のキーワードがインデックス対象となっているかどうかは、「ASIN」を使って確認します。ASIN（アマゾン・スタンダード・アイデンティフィケーション・ナンバー）は、書籍以外の商品に対し、Amazonが独自に付与する識別用に設けた番号です。10桁の数字とアルファベットで表されます。

先ほど事例として紹介した、『もののけ姫』を用いて引き続き解説します。

まずASINは、商品ページ中段にある「登録情報」に記載があります。

登録情報

- アスペクト比 ： 1.78:1
- メーカーにより製造中止になりました ： いいえ
- 言語 ： 日本語, 英語
- 製品サイズ ： 25 x 2.2 x 18 cm; 110 g
- EAN ： 4959241753045
- 商品モデル番号 ： 4959241753045
- 監督 ： 宮崎駿
- メディア形式 ： 色, ドルビー, ワイドスクリーン, 字幕付き, 吹き替え
- 時間 ： 2 時間 13 分
- 発売日 ： 2014/7/16
- 字幕： ： 日本語, 英語
- 言語 ： 日本語 (Dolby Digital 2.0 Stereo), 日本語 (Dolby Digital 5.1), 英語 (Dolby Digital 5.1)
- 販売元 ： ウォルト・ディズニー・ジャパン株式会社
- **ASIN ： B00K731JQ4**
- 原産国 ： 日本
- ディスク枚数 ： 2

そのほか、URL上にも記載があります。

> https://www.amazon.co.jp/もののけ姫-DVD-宮崎駿/dp/ B00K731JQ4 /ref=sr_... 🔍 ☆

URL 上にある「**dp/**」のあとに続く **10 文字も ASIN** です。

Amazon の検索窓で、この「ASIN ＋インデックスされているかを調べたいキーワード」を入力すると、調べることができます。

6-5-2
インデックスの検証方法

Amazon の検索窓に、ASIN ＋キーワードを打った際の結果は下記のとおりです（本書執筆時点での結果として参考のこと）。なお一例として、でたらめなキーワードをあえて含みましたのであしからず。

・「**ジブリ**」でインデックスされているか？

すべて ▾	B00K731JQ4　ジブリ	🔍

検索結果：**表示されなかった（＝インデックスされていない）**

・「**宮崎駿**」でインデックスされているか？

すべて ▾	B00K731JQ4 宮崎駿	🔍

検索結果：**表示された（＝インデックスされている）**

・「**たなけん**」（本書著者のニックネーム）でインデックスされているか？

すべて ▾	B00K731JQ4 たなけん	🔍

検索結果：**表示されない（＝インデックスされていない）**

今回の例で「**宮崎駿**」は、インデックスされているとわかりました。では、**商**

品ページ内のどこを見てインデックスされたのか検証してみましょう。

商品ページで文字列検索を行ってみますと、タイトル下にある監督者名を参照していると思われます。

もののけ姫 [DVD]
宮崎駿 (監督) ｜ 形式: DVD
4.7 ★★★★½ ∨ 1,610個の評価
過去1か月で200点以上購入されました

▶販売者の責任は、重要なキーワードの見落としを防ぐこと！

意外なのは、「ジブリ」というキーワードで検索がヒットしなかったことです。

商品ページ内で文字列検索を行うと、**ページ内に「ジブリ」は10箇所含まれている**ことがわかりました。にもかかわらず検索結果として表示されないということからも、**商品登録時のキーワード設定は非常に重要**であることがわかります。

ただ**『もののけ姫』が特別**なのは、世界的に有名な監督がつくったアニメーション映画である点です。そのため、**キーワード設定に多少の粗があったとしても、他のジブリ作品との補完**によって致命的な事態を回避している背景はあります。

しかし、**初めて商品を販売しようとする方**には、大事なキーワードが漏れていることで**致命的な機会損失**につながりかねません。

今回紹介した方法は、大事なキーワードをうっかり設定し忘れているかどうかの確認手段として非常に有効です。

6-5-3
なにかの拍子で設定が外れるため、定期的なチェックが大切

キーワードに対するチェック（PDCA）が大切な理由として、**いままで検索として表示されていたキーワードが突然出てこなくなる**場合があるためです。

先週まで○位だったのに、突然売れなくなった。インデックスのチェックをした結果、なぜかキーワード設定が外れているのです。

原因として考えられるのは、**Amazon側のルール変更であったり**、残念ながら**競合の妨害や攻撃**などによってキーワードが外れてしまうことも少なからずあります（まれにシステムエラーもあります）。商品登録時に綿密にセッティングしたからと安心せず、定期的にチェックすることはとても大事です。

販売実績：売上より個数に注力せよ

6-6

　検索結果のアルゴリズムを学ぶにあたり、インデックスの仕組みを理解する必要があることを知っていただきました。検索結果に表示される際、「どういう順番で商品が並ぶか」よりさらに前段条件があり、「そもそも検索結果の対象として認識されているか」が大事であるということです。

　そのインデックスされた商品が、特定のキーワード（X）に対して膨大な候補があったとします。本項はそれを「どういう順番で結果として並べるか」という表示決定のアルゴリズムを解説します。

6-6-1
販売実績とは、「金額」ではなく「個数」である

　本章P.177でも触れましたが、Amazonの検索結果は「洗い出し」と「並び替え」によります。「洗い出し」は前項までに解説した、検索キーワード（X）に対してインデックスを参照するプロセスに相当します。

　そして「並び替え」を経ることで検索結果として表示されますが、3つの条件にもとづいて商品の表示順位が決定されます。

● **Amazonが検索結果順位を決定する**

販売実績		時間軸		配送条件
販売額より"出荷数"を重視 ※どのようなキーワードで購入されたかも重要		直近でどれだけ買われたか ①7Daysハーフの法則 ②180日の法則 ③フレッシュネス（P.225）		①Amazon配送 ②出品者配送

※その他複数の条件から複合的に判断する

販売実績の基準は大きく2つあります。

①商品がどれだけ売れているか
②キーワード（X）に対して、どれだけ売れているか

①「**商品がどれだけ売れているか**」については、STEP2でも軽く触れたため繰り返しになりますが、「個数」「金額」のうち、**「個数」をより重視**しています。これは基礎的なことなのですが、じつは意外と知られていない事実です。

もちろん売上金額がロジックに組み込まれている可能性はありますが、その重み付けは相対的に弱いのです。

次に②「**キーワード（X）に対して、どれだけ売れているか**」についてです。ビジネスバッグの例で解説します。

ビジネスバッグを探すうえで、**目的の商品にたどり着くアプローチ**はさまざまありますが、そのなかでもよくあるパターンは3つです。

❶「ビジネスバッグ」という直接キーワードでたどり着く
❷間接キーワードでたどり着く（「就活　バッグ」など）
❸外部サイトなどからたどり着く（直接参照）

この3つのアプローチのなかで、**Amazonがもっとも重要視しているのは①**です。つまり、販売者が狙ったキーワードで売れた場合と、②③のように間接的に売れた場合とで重み付けが異なります。

6-6-2
他社の販売実績に勝つには

❶❷❸の販売実績はそれぞれ「**スコア**」として目安を推し量ることが可能です。ここでは**自社、競合A、競合Bの3社を例に解説**をします。

自社商品は**全部で** 100 個売れました。そのうち、**直接キーワードは 80 個**、そのほか（間接キーワードと直接参照の合計）**は 20 個**です。

競合 A は**全部で** 150 個売れました。そのうち、**間接キーワードは 100 個、直接参照は 50 個**です。

競合 B は 60 個売れました。**すべて直接キーワード**です。

これらの販売実績のうえで、「ビジネスバッグ」と検索したとき、次のような順位づけで表示されることになります。

● **実績計測の一例**

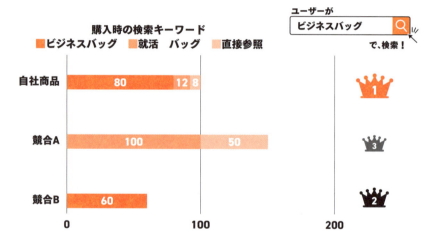

この結果を見たとき、**まず不思議に思うのは一番多く売った競合 A が最下位**になっていることでしょう。つまりアルゴリズムは、❶の**直接キーワードによる販売個数を最重要視**しているということです。

より具体的なシチュエーションで言うと、競合 A のケースは Amazon 内で「就活　バッグ」と検索されて 100 個売れ、さらに Facebook で広告を大量投下し、Amazon へ流入させたことで 50 個売れたパターン。

競合 B は、Amazon で「ビジネスバッグ」というキーワードによる自然検索で 60 個売れているということです。

> 狙ったキーワードで売れているほうが高く評価されます。

6-6-3
直接キーワードは、間接キーワードよりも約3倍評価が高い

　直接キーワードで売れたか、間接キーワードで売れたか、直接参照で売れたか、の指標については「**スコア**」として表すこともできます。あくまで私の感覚値として見ていただく程度になりますが、**直接キーワードで購入されていた場合は、そのほかと比べて3倍ほど評価が高い**のです。

● **実績計測の一例**

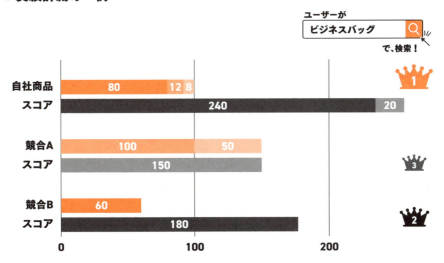

> 個数さえ稼げればいいというわけでなく、狙ったキーワードできちんと買われている実績をつくっていきましょう。

6-6-4
価格帯で検索結果の枠数が決まっている

さらに「**プライシングダイバーシティ**」という、アルゴリズムも紹介します。

検索結果の表示順位は原則、販売実績、時間軸、配送条件によって決まると説明してきました。実はそれに加えて、**「商品の価格帯」によって順位が変動するアルゴリズム**も存在します。

自然検索結果の件数は、1ページあたり24枠です。その**24枠を「低価格帯」「中価格帯」「高価格帯」の3種類に割り当てられる**というイメージです（下図参照）。

● 価格帯ごとの枠数、販売個数、検索結果位置の関係図

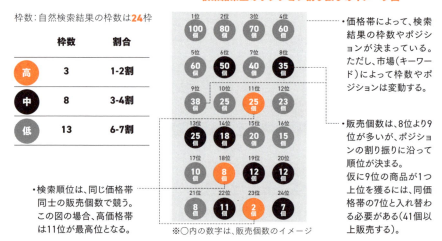

まず**商品の価格に対し高価格・中価格・低価格という属性が付与**されます（ただし、販売者側からはわからない）。そしてそれぞれの**グループごとに枠内の上位を競い合う**（並び替えが行われる）構造になります。すなわち、自社商品がどの価格帯に属するかによっても、順位が上がったり下がったりするわけです。

考え方によっては、高価格だからといって検索上位に行けないと悲観することはない、ということです。

6-7 時間軸：「7Daysハーフの法則」「180日の法則」

検索結果の順位が決まる3要素の2つ目「時間軸」について解説をします。前項で、個数による評価軸についてお話をしましたが、個数は「何週前の実績なのか？」「過去180日間でどれだけ売れたか」という2つの時間軸でも考慮されています。

6-7-1 販売スコアは、1週間経るごとに半減してしまう

これは私が独自で考案した法則なのですが、「7Days ハーフの法則」というものがあります。あくまで私の肌感覚によって導き出した概念的なものです。

前項で、売上個数に対するスコアを算出しましたが、その数字は絶対値ではなく、1週間経つごとに半減していくイメージであると捉えています。

それを図示したのが次ページのグラフです。

6-7-2 ひと月で400個売るのと、1週間で400個売るのはどちらがよい？

パターン1は、1か月のうち毎週100個ずつ売れて、計400個売れた場合を想定します。

パターン2は、1週間で400個一気に売れた場合を想定します。

この2つのパターンにおいて、Amazon上での検索結果が優位となるのはパターン2になります。

パターン1の場合、どのようにしてスコアが半減していくかというと、過去4週間のうち直前1週間の実績は100%評価されるので100点となります。そこから週を遡（さかのぼ）るごとに半減するため、2週間前は50%の評価で50点。3週間より

前はさらに半分の **25 点**。さらに **4 週間前は 12.5 点**となります（厳密には、1～7 日目、7～13 日目、13～19 日目、19～25 日目……という区切り方になる）。つまり、ひと月に 400 個売れているものの、スコアとしては合計 187.5 点にしかならないという結果になりました。

● **7Daysハーフの法則**

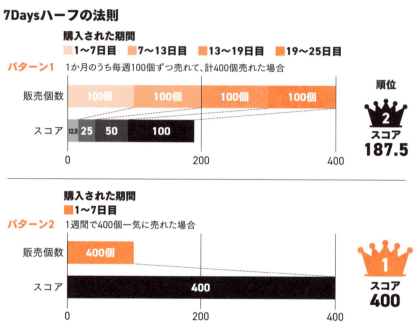

7Days ハーフの法則に従えば、パターン 2 のように **1 週間で 400 個（= 400 点）**売ったほうが評価は圧倒的に高いということです。

6-7-3 最初の 1 週間で、広告予算を使い切る覚悟を！

たとえば新商品キャンペーンといった施策を打つ際によくやるのは、**販売開始から 1 週間以内で広告費を集中投下**する手法です。一気に SEO を駆け上がり、検索結果を攻略できます。

広告予算が 100 万円あるとします。それを 1 週間で 25 万円ずつ消費するのは

中途半端で悪手です。であれば、思い切って1週間で100万円使い切るほうが、じつは2週間目以降も成果が出やすいことがわかっています。

　より厳密な話をすると、スコアが日を追うごとに減少カーブを描くイメージです。1日前は100点、2日前は95点というように徐々に減少していくと押さえてください。ただ、あまりに細かすぎると管理が複雑になるため、1週間区切りで評価する7Daysハーフを法則として打ち出したということです。

●「7Daysハーフの法則」のスコアのイメージ図

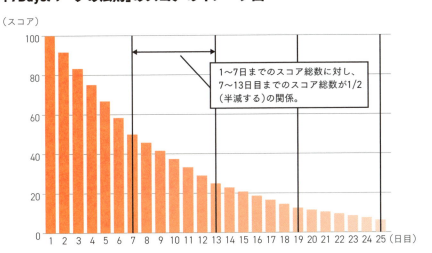

6-7-4
中長期的な評価軸「180日の法則」

　直近の販売実績に加え、過去180日間の実績も考慮されていると考えられます。Amazonのアルゴリズムが顧客主義の思想にもとづくのならば、フェアなビジネスプラットフォームであることが重要です。それは、販売者にとってもフェアな場所であると言えます。つまり新参の商品ばかり評価（7Daysハーフの法則）するのでなく、180日間という中期的な過去実績も考慮すべきとしているのです。これを本書では「180日の法則」とします。

　新参も古参もフェアであることが担保されますし、立ち位置の違う販売者同士が切磋琢磨する土壌になっていると言えるでしょう。

6-8 配送条件：FBAを利用しているか、していないか

　検索結果の順位が決まる3要素の3つ目「配送条件」について解説をします。これは非常にシンプルですので、まったく難しい話ではありません。

6-8-1 販売実績がまったく同じならば、FBA 利用者が有利

　シンプルに言うと、**FBA（P.58参照）を利用しているかどうか**です。基本的にAmazonの倉庫から発送される商品は、プライムバッジがつきますので検索結果上も優位になります。これも、Amazonの検索コンセプト、最良な検査結果を出すということを考えれば、自然とイメージがつく話です。

　一方で販売者自身の倉庫から発送される商品に関しては、プライムバッジは付きません。また**FBAを利用している商品と比較して、販売実績がまったく一緒であっても、配送条件が異なることによって順位は下がります。**

　また、単純にプライムバッジが付いていれば、検索結果が優位になるという話ではありません。検索をしたユーザーの現在地（アカウントに設定している初期設定の住所）と検索結果に表示される商品が物理的にAmazonのどの倉庫にあるか（配送時間がどれくらいかかるか）によって検索結果が変わっているということも考えられます。

6-8-2 アルゴリズムのまとめ

　以上がAmazonの検索結果を表示するうえでの、アルゴリズムについての解説でした。一度**全体をおさらい**しましょう。

まず、お客様が検索したキーワードに対し、「**インデックスされているか否か**」という条件が発生します。
　そのうえで、検索結果として表示する順番を確定します。そのロジックとして過去の**販売実績**（売れた個数）、**時間軸**、**配送条件**の要素によって成り立っているということです。
　繰り返しになりますが、本章で紹介したロジックはあくまでも私が販売者としての経験則から導き出したものです。そのため極端な話、明日には変わっている可能性もあるのです。

　ただし、これからも変わらない事実もあります。それはAmazonの根幹となる思想です。つまり「**お客様にとって最良の検索結果を表示する**」考えをもとにアルゴリズムが更新され続けているということ。それさえ押さえていれば、アルゴリズムのアップデートがあったとしても、販売者の足元はぐらついたりしません。
　危ういのは、小ずるい手口で販売を続けている販売者です。
　たとえば、「ほしいものリスト」に加えられることで、アルゴリズムとして評価が優位になるというロジックも存在します。その条件を知ったとき、ダミーのアカウントを10万個作成し、自分の商品をほしいものリストに入れていくような者も現れます。
　そうした**ハッカーのような手口を施したところで、Amazonもすぐに対策を講じてきます**から、その手口が制限されるとそれまでの努力が一気に吹き飛びます。

販売者としての心得として、Amazonが大切にしている思想をきちんと理解し、ともに育んでいくモチベーションがあれば、アルゴリズムはなにも怖くはないということです。

COLUMN 5

検索キーワードを
徹底的に洗い出す方法

　本章で紹介したインデックスさせるための方法について、さらに詳しく解説します。先ほど、コツは「商品ページ内にさまざまなキーワードを含ませることが重要」であるとお伝えしました。その際、「自分の言葉の引き出し」も併せて求められます。つまり「豊富な語彙力」と言い換えることもできるでしょう。

　たとえば作家業、コピーライティング業を行う方ならば難なく取り組めるかもしれません。しかし多くの場合、簡単なメールやビジネス文書しか馴染みのない方がほとんどです。そこへいきなり、豊富な語彙力を求められても面食らってしまいます。

　そこで本項では、検索キーワード考案に役立つマップを用意しました。マップは、「軸」と「円」で構成します。

「軸（＝象限）」は、商品の切り口で分割します。

　たとえば、「ターゲット」「効果」「使用時期」「製品特徴」「成分／味／形状」などです。図では５つの切り口で分けていますが、商品によって４つ、６つなど多少増減してかまいません。

●検索キーワード「軸」のマップ

成分／味／形状
・ホエイ
・チョコレート
・紙パック

ターゲット
・女性
・高齢者
・シニア
・ジュニア
・子ども

製品特徴
・人工甘味料
　不使用
・高たんぱく質
・低糖質
・無添加

マッスルドリンク

効果
・腸活
・高吸収率
・疲労回復
・免疫力

使用時期
・朝食
・間食
・置き換え

キーワードを書き出すポイント

・象限は「切り口」で 分割する
・象限の分割数は4〜6つが
　おすすめ
・象限ごとに思いつくかぎり
　言葉を羅列していく

「円」は、商品自体の抽象度を表すためのものです。

　円の中心には商品名（ここではプロテイン飲料「マッスルドリンク」としましょう）が入ります（抽象度：低）。中心に据えた商品名に対し、円の外側へ向かうにつれて検索キーワードの裾野を広げて考えていきます（抽象度：高）。階層の数は3～4層がおすすめです。なぜなら層が増えすぎると、「悩み」「不安」といった曖昧なキーワードになりがちで、汎用性が損なわれる可能性があります。

●検索キーワード「円」のマップ

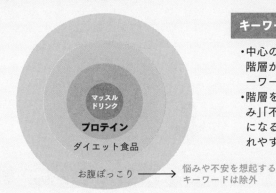

キーワードを書き出すポイント
- 中心の商品名（第1層）に対し、階層が外に向かうにつれてキーワードの抽象度を上げる
- 階層を増やしすぎると、「悩み」「不安」などの曖昧な内容になるため、汎用性が損なわれやすい

　2つの図が完成したら、最後に合体させます（次ページ図参照）。

　そして、各象限ごとに出したキーワードに対し、円で出したキーワードを組み合わせれば、さまざまな派生キーワードが導き出せるのです。

　マップによってキーワードを導き出したら、ブランドアナリティクスやスポンサープロダクト広告の推奨キーワードも参照するとよいです。書き出した検索キーワードがほんとうに検索されているのかどうか、他にも抜け漏れがないかなど照らし合わせながら、マップを完成させましょう。

●検索キーワード「軸+円」のマップ

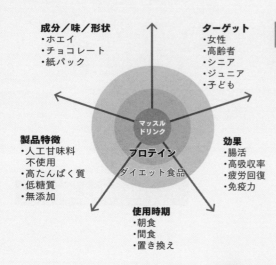

キーワードを書き出すポイント

- 軸のキーワードと円のキーワードを組み合わせる
- キーワードを導き出したら、ブランドアナリティクスやスポンサープロダクト広告の推奨キーワードも参照する

軸+円のキーワードを導き出す

ターゲット
女性　プロテイン
高齢者　プロテイン
シニア　プロテイン
ジュニア　プロテイン
子ども　プロテイン
女性　ダイエット食品
高齢者　ダイエット食品
シニア　ダイエット食品
ジュニア　ダイエット食品
子ども　ダイエット食品

効果
腸活　プロテイン
高吸収率　プロテイン
疲労回復　プロテイン
免疫力　プロテイン
腸活　ダイエット食品
高吸収率　ダイエット食品
疲労回復　ダイエット食品
免疫力　ダイエット食品

使用時期
朝食　プロテイン
間食　プロテイン
置き換え　プロテイン
朝食　ダイエット食品
間食　ダイエット食品
置き換え　ダイエット食品

製品特徴
人工甘味料不使用　プロテイン
高たんぱく質　プロテイン
低糖質　プロテイン
無添加　プロテイン
人工甘味料不使用　ダイエット食品
高たんぱく質ダイエット食品
低糖質　ダイエット食品
無添加　ダイエット食品

成分／味／形状
ホエイ　プロテイン
チョコレート　プロテイン
紙パック　プロテイン
ホエイ　ダイエット食品
チョコレート　ダイエット食品
紙パック　ダイエット食品

STEP
7

スタートダッシュが命！
「7Days ハーフの法則」
×「フレッシュネス」で
ライバルを瞬時に蹴散らせ

販売1か月目の基本戦略

7-1

STEP6ではAmazonの検索アルゴリズムについて解説をしました。検索結果の順位づけをする際、販売実績(個数)をベースに算出するということです。

このロジックを理解したうえで本章では、販売をはじめたばかりの人が実績をつくるための方法を紹介します。なお解説の便宜上、販売開始から12か月目までのスパンをもとに、売上・利益の立て方について展開します。

7-1-1 収益モデルのおさらい

結論から先に述べますと、**はじめの一歩は「広告を打つこと」**です。広告によって強制的にお客様の目にとまるようにし、訪問者数を増やして商品が売れる状態をつくらなければなりません。

まずはSTEP2でも紹介した収益モデルを使っておさらいしましょう。

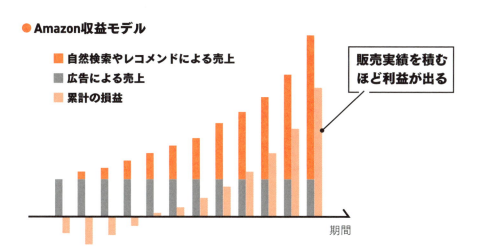

●Amazon収益モデル

Amazonで事業的に利益が出る状態とは、**自然検索経由で売れている割合が多ければ多い**ほど、利益率が高くなっていることです。

しかし、図で示した収益モデルのように、はじめは自然検索での利益がほぼありません。そのぶん、まずは広告からの売上実績をつくっていくことになります。グラフでいうと灰色の部分に相当します。

▶スタートダッシュ期は、販売実績をとにかく積みまくる

1か月目は極端な話、赤字でもかまいません。まずは**なにがなんでも販売実績をつくるという覚悟で広告を出す**ことが重要です。年商1億円を目指す気概であれば、なおさらです。それによって検索結果の上位に駆け上がることを目指します。

では最初の1か月を乗り越え、2か月目に入ります。

前月に行った広告によって、**自然検索やレコメンド経由の売上**が出はじめてきます。図で言うと濃いオレンジ色の部分に該当します。そしてこの売上が、もっとも大切です。

7-1-2
「直接効果」から「間接効果」への素早い転換を目指す

これを、**広告による「間接効果」**と言います。

間接効果とは**広告経由による販売実績によって、アルゴリズム上で評価されて自然検索結果の上位に表示されるようになり、それを見たお客様が購入した分の売上**です。

次ページのグラフのように、広告費にかける費用や広告による売上が一定額だとしても、累積的に自然検索による売上が付いてくるというイメージです。

なお、広告を打ち、その広告を見た人が買った場合は「直接効果」による売上です。

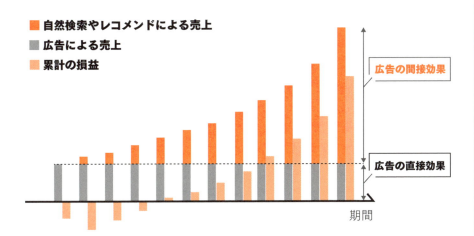

その後、順調に推移すれば5か月目にやっと黒字に転換します。そしてそのまま自然検索も上がっていけば上がっていくほど、利益も上がっていくような構造になります。

読者のみなさんも、ぜひこの流れを目指していただきたいです。

そのうえでまずはスタートダッシュ期、とくに最初の1か月でどんな打ち手を行えばよいか具体的な解説をしたいと思います。

▶年商1億円を達成するスピードは市場によりけり

先ほど、最初の1か月は赤字でかまわないので販売実績をつくることが大切であるとしました。

では具体的にどんなことをするのか、あるいはどれくらいの赤字を覚悟してお

けばいいのかという、数字を用いて説明します。

▶急ぎ足で1億円を狙ってはいけない場合もある

ちなみに本書のコンセプトは、「年商1億円を目指す」ということを目標として掲げ、そのためになにをすればいいかを伝授するものです。

ただし、これを読んだからといって**すべての人が初年度からいきなり1億円を達成するかどうかは場合によります。じっくり3年かけて1億円を目指すなど、どれくらいの時間で達成できるかは、自分たちだけではコントロールできない要素**も含まれるためです。

コントロールできない要素として考え得るのは、**市場規模**です。勝負しようとする市場そのものがあまり大きくない場合は、成長が緩やかです。

また大きいけれども競合が強すぎるゆえ、慌てずに少しずつ成長させる必要があるなど、**内的・外的要因をしっかりと考慮しながら各々のスタイルで1億円を目指す**ことになります。

また本書の読者全員がもれなく「1億円を目指したい」と考えているわけでもないと思います。

そこで本章では少しハードルを下げ、**1万円の商品を月に300個、1日10個売る**という目標設定を掲げた形でシミュレーションをしていきたいと思います。

7-1-3
月間の広告予算を予測する

手はじめとして、まず1日に10個販売するにはどうすればいいか。
解説の理解が深まりやすいよう、右ページ図を用いながら解き明かします。

● 広告費用のシミュレーション

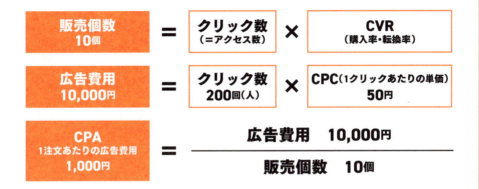

一番わかりやすいのは広告で強制的に商品ページに誘導し、10個売れるようにすることです。

その際に頭のなかで、「**10個売れるようにするには、商品ページに何人訪れるとよいか**」というシミュレーションが必要です。たとえば100人見てくれたら5人が買う、つまり「**全体の5%の人は買ってくれるだろう**」というイメージをします。

つまりCVR（P.71）は5%です。

 購入単価に対するCVRの妥当率は後述します。

【仮説】

1日10個売るためには、200人に見られる必要がある。
　→ [計算式] 10個×(100÷5) = 200人

7-1-4
CPA：1注文あたりの広告費を算出する

200人に見られるにはどうすればいいか。

単純計算として、**広告を200回クリック**される必要があります。

では、1クリックされるために何円の**広告費用**がかかるのか。ここでは、いったん**1クリックあたり50円**としましょう（検索キーワードの競争具合などで変動します）。

1クリック50円の場合は、200人に見てもらうには50円×200人なので、**1日あたり1万円**の広告費がかかることになります。

また、この**シミュレーションを逆算**して考えてみましょう。

1万円の広告費を使えば、1クリックあたり50円かかるので、200人が訪れてくれます。そして200人のうち5%が買ってくれるので、10個売れます。

それを理解したうえで広告費1万円に対して、目標の10個を割り算すると、**1注文あたりに必要な広告単価が1,000円**であることが導き出せるのです。

これをマーケティング用語で、**CPA（コスト・パー・アクション）** と呼びます。CPAがそもそもいくらになるのかは、最初の**事業計画で仮設定しておく**ことが大切になります。

7-1-5
1クリックあたりの広告料の目安とは？

次に**CPC（コスト・パー・クリック）** です。

CPCとは、1クリックあたりにかかる広告の費用です。金額については、Amazonの広告管理画面で、推奨入札額で確認できます。

次ページ図として示しているキャプチャ画面は、**スポンサープロダクト広告の1クリックあたりの入札額、推奨入札額**です。ここの金額を参照することで1クリックあたりの広告料もおおよその目安が立ちます。

あとは、「**1日に何個売りたいか**」という自社での目標設定ができれば、データは揃います。

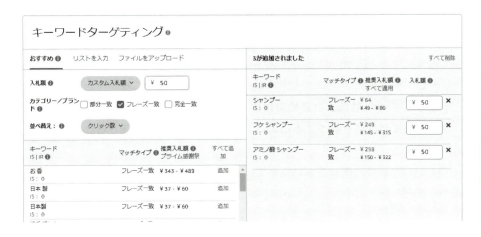

▶ シミュレーションのおさらい

ではもう一度シミュレーションしてみましょう。

1クリックあたり50円で、CVRは5%。商品単価は1万円で、1日あたり10個売りたい（月に300個）とします。

すると、広告費用は次のようになります。

● 広告費用のシミュレーション

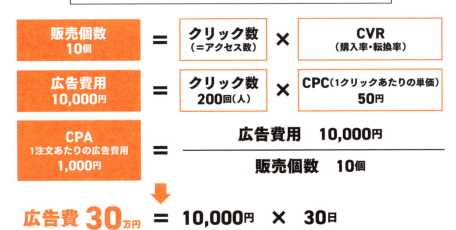

1万円×30日で、計30万円の広告費が必要になるということです。

では毎日1万円を使って、きちんと10個ずつ売れた場合、販売個数がどのように伸びていくかについて、直接効果、間接効果の両面から解説をします。

事業としての**利益**は、**自然検索による売上が伸びれば伸びるほど高まります**。つまり、**まずは広告を打つことによって間接効果がどれだけ伸びるかを把握**する必要があります。

ですが、どれだけ伸びるかについては実際にやってみないとわからないというのが、正直な答えです。

つまり裏を返せば、1か月目の広告投入によって「どのような実績が生まれるのか（＝費用対効果）」をしっかり把握することが大切です。

たとえば**最初の2週間**は、「**広告だけで売上を立てる**」と振り切ってもよいです。そのうえで残りの2週間について間接効果がどのような結果を生むのか予測を立てておきます。その際、**3パターンほど予測**を立ててそれぞれ計画を組んでおくと、最悪のパターンとなっても慌てずに済みます。

7-1-6
CVR：商品ページを訪れた人のうち何人が購入したか

そもそも初心者にとって「**CVR 5％は妥当な数字なのか**」といった勘所をつかむことは難しく感じるでしょう。

厳密には、市場、狙っているキーワード、自分の商品のよさ、商品ページのクオリティなどで変動します。そのため、すべての商品に共通する広告料やCVRは存在しません。

……と言われてしまうと、つらいところだと思いますので、本書をご覧いただいている読者だけに**私の実績から導き出した目安をご紹介**します。これがあると、シミュレーションや事業計画を立てる際の手助けとなるでしょう。

まず妥当な CVR については、商品価格によって変動します。

● **CVRの妥当性**

2,000円〜5,000円	：	**4〜7%**
5,001円〜10,000円	：	**2〜4%**
10,001円〜20,000円	：	**1〜2%**
20,001円〜	：	**1%未満**

これに加えてどんな付加価値があるかによって、CVR は変動します。たとえば、**商品ページがとても丁寧につくり込まれていれば上昇**します。逆に商品ページや商品そのものの質が悪ければ下がります。

7-1-7
販売計画は3パターン用意する

CPC の解説の際、3パターンの予測を立てておきたいと述べました。具体的には、「**ゴールドプラン**」「**シルバープラン**」「**ブロンズプラン**」というような計画を立てておきます。成功パターン、通常パターン、最悪パターンのようなイメージです。

たとえば、
・直接効果として広告で 10 個売った場合、間接効果（自然検索）によって **10個売れた場合はゴールドプラン**
・直接効果で 10 個に対して、間接効果が **5個だった場合はシルバープラン**
・直接効果で 10 個に対して、間接効果が **3個だった場合はブロンズプラン**

● 3つのプランを検討しておく

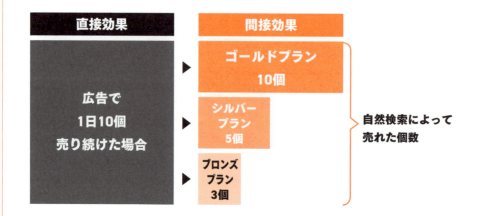

7-1-8
1か月目の結果を見て、2か月目以降の事業計画を修正する

　実際広告を打つ前に、このようなプランを必ず想定しておきます。そして広告投入から2週間後、どのプランになったかをすり合わせます。「なるほど、シルバープランで進んでいるな」「予想以上に売れて、ゴールドプランになった！」など実感をつかめれば、**2か月目以降の事業計画をさらにリアルな状態としてブラッシュアップ**することも可能です。

　つまり結果とは「**想像以上にずれる可能性がある**」ことを見越したうえで、事業計画を立てておかなければならないということです。

 最良なケースと最悪なケースどちらに転んでも、冷静さを欠くことなく次月に臨まなければなりません。

　また3つのパターンをもとに、本章冒頭の「Amazon収益モデル」をより具体的にすることもできます。それぞれのパターンで、「**いつごろ赤字が終わって利益化していくのか**」を確認し、事前に把握しておくのが大事になってきます。

7-1-9
広告予算確保の「理想」と「現実」

　ちなみに予算の理想は、**目指す目標（検索結果の1ページ目を獲る、1ページ目のなかでも1位を獲るなど）が先立っていること**、そのうえで**達成するために必要な広告予算を算出**していくことです。

　ですが現実は「**広告予算は月に〇万円しかありません**」と、**金額ありき**の場合が多いでしょう。

　1日に1万円しか用意できない。ではその予算で「何ページ目の何位くらいを狙えるのか」というような検討をせざるを得ない場合もあります。そのため実際には理想と現実、この両面を見据えながら落としどころを探しにいくことになると思います。

　念押しになりますが、**理想は、目指す目標に対して必要な予算と販売実績を出す**ことです。なぜそれが大切かというと、**競争が常に激化しているから**なのです。

　激化しているからこそ、予算の使い方は慎重にしましょう。

　たとえば「**焼け石に水**」と言われるような打ち手です。予算が少ししかないからと、その範囲で**ちびちび広告を打っても意味がありません**。競合に勝つのはおろか、追い付くことすらままならないのです。

　もちろんなにも広告を打たないよりはマシです。が、検索結果の **20ページ目**だったのが、19ページ目に上昇したところでどれほどの意味があるでしょうか？

　「では何ページ目を狙えばよいか」という質問に対して、私なら「**1ページ目、2ページ目が理想。最低でも3ページ目まで**」と答えます。そうでないと、上位100商品に入ることができず、延々と厳しい戦いを強いられることになるからです（P.67で解説したとおり、2ページ目でさえ閲覧者数は激減します）。

　「じゃあどのように分析しながら広告を打つのか」というところも気になると思いますので、次項で詳しくお答えしましょう。

7-2 ケーススタディ：1か月30万円の広告予算の場合

7-2-1 検索結果の1ページ目・最下位は何個売れているか？

では私が「ミックスナッツ」を販売する場合で解説をします。**広告予算は1か月あたり30万円**が支給されます。

まず1か月目のアクションとしては、**検索結果の1ページ目まで上昇するには何個売ればよいか**を考えます。

調べ方は簡単です。**1ページ目最下位（広告枠は除く）の商品が何個売れているか**を調べれば目安がわかります。

では実際に調べてみましょう。

検索結果の商品名の下に、過去1か月で何個売れたのかが概算として示されています。

本書執筆時点で**1ページ目の最下位**は**価格が2,000円**で、**過去1か月に300点以上購入**されていると示されています。

この情報から、おおよそ**1日で10個前後売れている**と想定されます。つまり**1日2万円ほど売上げている**計算になります。

このような分析を行うことで、自分たちがどれくらいの規模で勝負すればよいかが見えてきます。つまり、「**よしじゃあ自分は1日15個売れるように広告施策を打とう**」という算段が立つわけです。

7-2-2 検索キーワードに入札する

1日で売りたい個数が決まったら、次は「ミックスナッツ」という**キーワードの入札**を行います。

本書執筆時点で「ミックスナッツ」単体の**推奨の入札単価は** 55 〜 109 円と示されました。ひとまず今回は 1 ページ目の最下位あたりを目指すとしますので、推奨額の最小単価である 55 円で設定してもよいでしょう。

7-2-3
予算シミュレーションを立てる

　これで 1 日あたりの目標販売個数と、1 クリックあたりの広告単価が決まりました。そのうえで、具体的な予算シミュレーションを立てていきます。

　ミックスナッツの価格は 2,000 円です。

　価格に対して、**妥当な CVR を参照（下図、P.217 より再掲）**すると 4 〜 7% となります。ここでは計算をわかりやすくするために **5%** としましょう。

● CVRの妥当性

2,000円〜5,000円	:	4〜7%
5,001円〜10,000円	:	2〜4%
10,001円〜20,000円	:	1〜2%
20,001円〜	:	1%未満

　すると、商品ページのアクセス数は 300 クリック必要であるとわかります。

計算式は、15 個 ×（100 ÷ 5）＝ 300 クリックです。

　そして 1 クリックあたりの単価が 55 円ですから、**1 日あたりの広告費は 1 万 6,500 円**となります。

計算式は、55 円 × 300 人 ＝ 16,500 円です。

　すなわち **1 か月（30 日間）の広告費用は合計 49 万 5,000 円**かかることがわか

りました。

　予算が 30 万円ですので、このシミュレーションの時点で**予算オーバー**になることが判明しました。

● ミックスナッツの予算シミュレーション

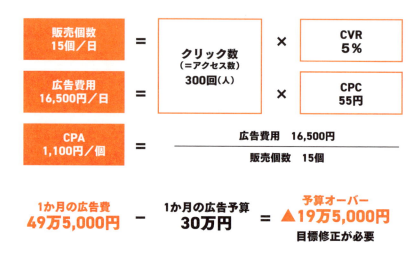

7-2-4
初回シミュレーション結果をもとに目標設定を修正する

　この結果をもとに、予算内に収まるよう調整をさらにかけます。

　広告予算 30 万円に対し、初回のシミュレーションでは 19 万 5,000 万円のオーバー。もちろんここで、社内稟議のなかで予算を上乗せできるようならば御の字ですが、それもなかなか難しい場合が多いでしょう。

　そこで、目標の修正をしていくことが求められますが、**予算を修正するのか、キーワードの入札額を修正するか**など、対応方法は柔軟に変更していく必要があります。

　ここでは、「**キーワードの入札額に修正**」を選択しましょう。

　「ミックスナッツ」に入札する場合、1 クリックの推奨金額は 55 〜 109 円でした。つまり最低価格でも予算に届かなかったため、**「ミックスナッツ」というキーワー**

ドは諦めなければなりません。

しかしここで落胆せず、ここから二の矢、三の矢という打ち手を放っていけばいいのです。

ではどう調整するかというと、そもそも「1ページ目にいくのを諦める」という思い切りも必要になります。そのほか「キーワードのレベルを下げる」という方法もあります。

［目標修正の例］
① ビッグキーワードで1ページ目を獲りにいくことを諦める
② キーワードのレベルを下げることでターゲティングを変える

▶ **キーワードのレベルを下げて、予算との折り合いをつける**

ビッグキーワードでは予算が見合わなかったけれど、**ミドルキーワード**ならば入札金額にも手が届くかもしれないというように考えていきます。そこで、Amazon の検索窓に「ミックスナッツ」と打つと、次のような予測ワードの候補が表示されます。

その候補のなかから予算に見合うキーワードを探していきます。
たとえば、「**ミックスナッツ　小分け**」の推奨入札額を調べると31〜61円です。

では入札額を 31 円 とし、予算シミュレーションを再度行うと下図のようになりました。

● 「ミックスナッツ　小分け」の予算シミュレーション

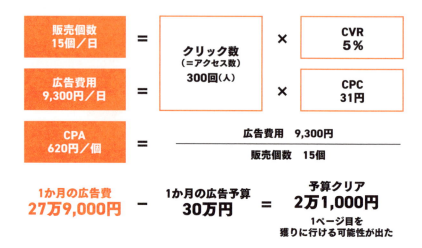

1か月の広告費が 27万 9,000 円 となり、無事に 予算クリア です。
もし自社商品も小分けであるならば、「『ミックスナッツ　小分け』というキーワードで1ページ目を狙おう」、というように目標が定まるのです。

このように予算シミュレーションを通じて、自分の身の丈に合ったターゲティングを調整することが非常に重要な作業になってきます。

7-3 最初の14日間で勝敗が決まる！

　前項までが販売開始1か月間での、広告予算のシミュレーションの解説でした。何度もお伝えしますが最初の1か月というのは、商品のその後の運命を左右するほど重要な期間です。

　そのなかで読者のみなさんには、もう1つぜったいに押さえてほしいことがあります。それは「フレッシュネス」という概念です。

7-3-1 商品ページ公開から2週間は"ゴールデンタイム"

　フレッシュネスとは、Amazonで商品ページを公開した日を起点にした2週間は、検索順位が上がりやすくなる"ブースト期間"が設けられていることです。

　もちろんこれはAmazonの公開情報ではなく、私の経験から導き出した法則です。しかしこのフレッシュネスは、販売者のあいだでは「ぜったいに存在する！」という確信に近いほど明らかな事実となっていて、多くの人が販売開始2週間に対して集中力を研ぎ澄ませています。

7-3-2 フレッシュネスを台無しにする段取り

　フレッシュネス期間でやるべきことは1つ。それは、販売実績をたくさん積み上げて、検索上位を達成することです。

　逆に「これだけは避けてほしい」もったいないケースも紹介します。

　それは、とりあえず商品ページだけ先に公開しておき、広告をほとんどかけずに寝かせてしまうことです。そして販売開始から1か月後に、「よしやるか」と言っ

て本腰を入れるのは最悪の取り組み方になります。

　フレッシュネス期間中に広告を行った場合と、フレッシュネス期間をすぎてから広告を行った場合とでは、その**効果は2倍ほど差**が出てしまうのです。

期間をすぎてから広告費を30万円かけて行った場合、フレッシュネス期間ならば15万円で済んだかもしれないのです。

　もしフレッシュネスを見過ごしてしまったのなら、極端な話、**商品ページを一度閉鎖しイチからつくり直す**ほうがマシです。それほどまでに最初の2週間は大事です。

7-3-3
見切り発車厳禁！ すべてが整ったら商品ページをリリースする

　商品ページをリリースする前つまり**準備期間中の段取り**として、**商品開発**はもちろん、**広告予算のシミュレーション、商品ページデザイン**などすべての用意が**整うまでは販売開始をしない**ことです。

つまり見切り発車は、ぜったいにしてはいけません。

　すべての準備が整い商品ページをリリースし、FBAやAmazonの倉庫に商品を納品したらすぐに広告を行うのがベストな動きになります。
　フレッシュネスという概念は「知る人ぞ知る」知識です。
　つまり2週間で一気に勝負をかけるだけでも、ブースト期間のおかげで1ページ目に躍り出ることが比較的容易になります。

7-3-4
「7Daysハーフ＋フレッシュネス」で、全広告予算を投入せよ！

　STEP6を読んだ方はお気づきかもしれません。

前章で **7Days ハーフの法則** を解説する際に「**最初の 1 週間がとても大切**」であるとお伝えしました。

Amazon のアルゴリズムは直近の販売実績に重きを置いています。とくに、直近 1 週間の評価が重要です。つまり、**7Days ハーフとフレッシュネスのタイミングが完全に一致**するのです。

はっきり言います。

この 2 つの法則が重なっている最初の 1 週間で、その月の広告予算を全部投下してしまいましょう。

それくらい振り切っていいほど重要な 1 週間です。

▶広告予算 30 万円のリアルな使い方

前項での **予算シミュレーション** では、解説上 30 万円の予算に対し日割り計算をしなければなりませんでした。

しかし、**リアルな現場としては最初の 7 日間でそれを使い切ってしまい、検索結果がどう変化するかを検証**します。併せてゴールドプラン、シルバープラン、ブロンズプランを打ち立てておき、結果とすり合わせていくのです。

もし目論見どおりゴールドプランを達成したならば、**8 日目からいきなり黒字転換する** 可能性もあり得るのです。すると、その黒字分からさらに広告費を捻出する計算式が成り立ちますし、商品の改良にも予算が充てられます。

逆説的ですが、フレッシュネスは「**お金を投入しまくって、検索上位を獲得する期間**」と捉えても間違いではありません。

"お金の力" によって強制的に販売実績をつくるという思い切りのよさ、覚悟を持てる人だけがフレッシュネスを攻略できるのです。

COLUMN 6
集客が爆増するマーケティング施策

　Amazon 販売でスタートダッシュを成功させるには、Amazon の外でどのような施策を打つかも大切です。ここでは、SNS 運用やインフルエンサー、マーケティング施策について説明します。

　まず、メディアには大きく３パターンあると言われています。そのうえで本項では、Amazon 内部と外部に分けて、下図のように分類します。

メディア	Amazon内部	Amazon外部
オウンドメディア 自社が保有するメディア	・Amazonブランドストア ・指名ブランドキーワード	・自社SNS運用
ペイドメディア お金を払って活用するメディア	・Amazon広告(Amazon Ads)全般	・Google、Meta、Xなどウェブ広告全般 ・インフルエンサーマーケティング、ギフティング、アフィリエイトなど
アーンドメディア 自分で作らず、お金も払わないメディア	・カスタマーレビュー	・メディア掲載 ・UGC ・口コミ、インフルエンサーの自発的な投稿

　オウンドメディアとは、自社が独自で保有するメディアのことです。Amazon 内部では、ブランド検索のボリュームがあることや、Amazonブランドストア全体が該当します。Amazon外部で言うと、自社で運用するSNSアカウントがあるならばそれに該当します。

　ペイドメディアは、お金を支払うことで活用するメディアです。Amazon 内部では、Amazon 広告全般が該当します。Amazon 外部で言うと、SNS 広告（Google、Meta、X など）です。また、インフルエンサーやアフィリエイターに案件として仕事を依頼することもペイドメディアに相当します。

　アーンドメディアは、自社でつくらずお金も払わないメディアです。Amazon

内部では、カスタマーレビューが該当します。なお Google や Yahoo! の検索結果上で、Amazon カスタマーレビューが上位に表示されている状態もアーンドメディアであると言えます。

　Amazon 外部でのアーンドメディアの代表はメディア取材による記事掲載です。また、最近重要視されているのは UGC（ユーザー・ジェネレイテッド・コンテンツ）です。口コミに近いイメージですが、とくにインフルエンサーによる「これはとてもおすすめです！」というレコメンドは、ファンやフォロワーに対して直接届くため爆発力が期待できます。

　では、これらのメディアをどう活用するか——。

　店主が私の友人でもある、山家漆器店さんを例に想定してみましょう。各メディアの施策を仮定すると、下図のようになります。

メディア	Amazon外部
オウンドメディア	・「日本の礼儀作法やマナー」を伝えるYouTubeチャンネル ・Instagramアカウントの運用
ペイドメディア	・料理系インフルエンサーへ自社商品を提供し、SNSでの紹介を依頼 ・SNS広告で（正月、お盆など）季節に特化した広告を配信
アーンドメディア	・漆を使った茶器や器の料理画像の投稿 ・わっぱ弁当箱を使った「かわいいお弁当コンテスト」の投稿 ・料理、ていねいな暮らしをテーマとしたメディアへの掲載

　オウンドメディア案の場合、日本の礼儀作法やマナーをテーマとしたYouTubeチャンネルや Instagram アカウントを立ち上げるのも手です。

　たとえば、結婚式でご祝儀袋を置くお盆、正月の半月盆の使い方など、日本文化や伝統工芸の活用方法を発信します。もちろんその際の小道具として、自社の製品を使ってアピールすることも忘れてはいけません。

　活動を続けるなかで、閲覧者によって「＃山家漆器」とタグ付けした投稿も促していきます。大切なのは、公式アカウント（＝山家漆器店）がコメント付きで返信するといった双方向のコミュニケーションです。それによってフォロワーやファンの獲得や定着に繋がるのです。

　その他、ショート動画で曲げわっぱをテーマとして、コンビニ弁当を美味しそ

うに盛り付け直す」企画など、視覚的に楽しいコンテンツを作成したりする。これらの動画によって商品の魅力だけでなく、使うシーンや世界観にも訴えかけていくのです。

　ペイドメディア案の場合は、正月、七五三、お盆といった日本の暦に合わせてSNS広告を展開します。
　これにより、季節に応じた需要を効果的に取り込むことができます。
　またインフルエンサーに対し、報酬を支払うことで案件として依頼することも手です。ただし、インフルエンサーの人気度やフォロワー数に応じて費用が変動することがネックになります。つまり人気が高い人ほど、費用がかかるということです。また大切なのはギフティング（商品提供）です。事前にインフルエンサーに使っていただき、気に入ってもらえたならば正式に依頼をします。使用感やおすすめポイントなどを、実感をもとに紹介してもらえるのがメリットです。

　その後、商品だけでなくブランドそのものを育てて行くには、アーンドメディア、UGCも不可欠です。
　そもそも、Amazon内でのカスタマーレビューが高評価であることは言わずもがなです。そのうえで、外部での活動が重要になります。
　たとえば、コンテストを開催するのは1つのアイデアです。わっぱ弁当箱を使った「かわいいお弁当コンテスト」を開いて、SNS上に写真を投稿してもらう。これにより、山家漆器店の商品が勝手に拡散されていく流れが生まれます。

　これらの施策を踏まえて、Amazonでは「フレッシュネス」「7Daysハーフの法則」「180日の法則」などアルゴリズムに沿った販売計画を行います。
　つまり、SNSやマーケティング施策と、販売計画との合わせ技によって「ベストセラーバッジ」や検索1位を獲得し、その結果、一気に人気商品へと駆け上がっていくのです。

STEP

8

売って終わり、ではない！
ベストセラー達成するための
「攻め方」と「守り方」

1

PDCAを回すべき対象

8-

　商品は「売って終わり」ではありません。STEP2で紹介した「Amazon収益モデル」（P.82）のような軌道に乗せるには、検索上位を目指し、自然検索経由で売れることによって利益を出すのです。そのために業務、事業、商品に対してPDCAを回し続けることが不可欠です。本章ではその「対象」について解説をします。

8-1-1
Amazon販売におけるPDCAの意義

　PDCAとはPlan（計画）、Do（実行）、Check（測定・評価）、Action（対策・改善）の仮説・検証型のプロセスです。これを循環させて品質を高めます。では、「PDCAは、何のためにするか？」。読者のみなさんも考えてみてください。

「大事な指標を改善するために行うもの」

　これは一般的な答えとしては正解です。ですがこのスタンスだけで、ECひいてはAmazonの物販事業において年商1億円に到達することはできません。
　私から読者の方へ伝授したい、PDCAの目的は次のとおりです。

「お客様のことをより理解するために行うもの」

　たとえば、クリック率（CTR）が0.4%から0.8%に増えたとします。そのとき「やった！」と純粋に喜ぶのもよいでしょう。ですが伸びた背景には、お客様に対する理解を深め、それを商品ページにも反映したことで集客、購買として実を結んでいるのではないかと思います。

8-1-2
売上方程式のPDCAを回せ

ではお客様のことをより理解するために、Amazon上でどの指標に対してPDCAを回せばよいのかについて解説します。内容がSTEP2と重複する部分もありますが、おさらいもかねて読み進めてください。

PDCAの対象となるのは「**売上方程式**」です。そのなかでも、下の**3要素**に対してPDCAを回します。

①アクセス数：**何人が商品ページを訪れたか**
②転換率：**商品ページを訪れた人のうち、何人に購入されたか**
③購入単価：**1人あたりいくら購入したか**

● **Amazonの売上方程式**

$$売上 = アクセス数 \times 転換率 \times 購入単価$$
$$\text{アクセス数} = \text{インプレッション} \times \text{CTR}$$
$$\text{転換率} = \text{CVR}$$

この方程式のなかでとくに注目すべきポイントは、「**いかにアクセス数を上げるか**」です。

アクセス数を求めるためには、**インプレッション数を上げる必要がありますし、CTR（クリック率）も上げて**いかなければなりません。

そしてそのなかから、買ってくれる人の率（CVR）を上げることによって、売上としてつながっていきます。

つまり、各要素の精度を「上げる」ための手段がPDCAを回すということです。

ちなみに、**購入単価については「下げる」**、つまり安くすることを考えます。ただし過剰な価格競争は、必ず行き詰まりを起こします。P.260で解説しますが、値下げ幅とCTRのバランスによって適切な価格を探ることが大切です。

8-2 分析レポートを確認する

　前項では、PDCAを回すべき対象が、「売上方程式」であると解説しました。売上方程式に紐づく各要素を改善したら、どれだけ効果が上がったのかについて「数値」で観測する必要があります。本章では、アクセス数、転換率について解説します（購入単価はSTEP9で詳述）。

8-2-1 「ビジネスレポート」と「広告レポート」

数値の参照先は、2種類のレポートがあります。

①ビジネスレポート
②広告レポート

それぞれ参照できる数値が異なりますので、個別に解説をします。
　まず**ビジネスレポート**は、**セラーセントラルの管理画面から確認**できます（ベンダーの場合は、ブランドアナリティクスからデータを取得します）。

　広告レポートは、Amazonが用意している**各スポンサー広告のメニューから取得**します。スポンサープロダクト広告、スポンサーブランド広告、スポンサーブランド動画広告、スポンサーディスプレイ広告、スポンサーディスプレイ動画広告の5つがあり、さらにそれぞれに対して複数のレポートの種類があります。

> 広告レポートの種類は日々追加されています。スポンサープロダクト広告だけでも現在9種類ほどありますので、総合すると何十種類ものレポートになるのです。

8-2-2
ビジネスレポートと広告レポートの棲み分け

　ポイントは2種類のレポートによって、取れる数字と取れない数字がありますので使い分けが必要になります。

　ビジネスレポートは、**アカウント全体や商品単位の売上、アクセス数、CVR、販売単価など、売上方程式に関する基本的な数字**を拾うことができます。

　広告レポートでは、**インプレッション数、CTR** のほか、広告の費用対効果を知るための **ACoS**（詳細は、P.247 参照）も見ることができます。

● **PDCAを回す「要素」と「やるべきこと」**

ビジネスレポート
・売上
・アクセス数(セッション数)
・CVR
・販売単価
・販売個数
・カートボックス獲得率

広告レポート
・売上
・販売個数
・インプレッション数
・CTR・ROAS・ACoS
・クリック数・クリック単価・広告費
・クリック後、何日以内に どのくらい買われたか
・どんなキーワードで商品ページを見たか

　各レポートではそのほかにも詳細な数字が参照できますので、まずはそれぞれに慣れることが大切です。

8-2-3
大公開！ 年商1億円を達成する PDCA チェックリスト

　ここまでは PDCA を回すべき、基本的な数値の指標について解説をしました。整理すると、**売上方程式に関する指標が PDCA を回すべき対象**となり、それらにまつわる**具体的な数字をビジネスレポート、広告レポートから取得していく**という流れです。

　「なんだ、そんな簡単なことでいいんだ」と感じたでしょうか。

　いいえ。ここはあくまでデータを取りにいくだけの話ですので、ほんの序の口です。このデータなどを駆使して、ここから実際に PDCA の回し方について解

説を進めていきます。ちなみに**私の会社では、消費者の正しい理解を目指すうえでPDCAを回すためのチェックリストを500項目ほど用意**しています。実際にそれらひとつひとつをクライアントさんに対して、あるいは私たちのブランド運営をしていくうえで実践しています。

驚かれたでしょうか？　でも安心してください。もちろん読者の方にいきなり同じことをしなさい、と言うつもりはありません。

次項からは、次の表に示した**要素に絞って、どのようにPDCAを回せばよいかの方法**をお伝えします。要は、**売上方程式をより具体的に細分化した要素に対して、改善を実施する**ということです。

●PDCAを回す「要素」と「やるべきこと」

売上方程式		要素	やるべきこと
アクセス	インプレッション	自然検索	狙う市場とキーワードのレベルが揃っているか
			競合の商品を定期的にチェックする
			キーワードから市場の"スキマ"を探しに行く
			インデックスを定期的にチェックする
		Amazon広告	広告の費用対効果を確認する
	CTR	検索結果	商品メイン画像を改善する
			カスタマーレビューを改善する
			バッジを獲得する
			価格を改定する
CVR		商品ページ	商品ページ全体を改善する
		サブ画像	商品サブ画像を改善する
			情緒的価値、機能的価値を高める
			商品に影響力をもたらす2つの理論を活用する
		カスタマーレビュー	カスタマーレビューの星を増やす
			お客様に「役立つレビュー」を書いてもらう

この「要素」「やるべきこと」を理解していただいたうえで、今回、読者のみなさんへ私からプレゼントを用意しました。

先ほど、PDCAのチェックリストが500項目あるとお伝えしましたが、それらのなかから**とくに重要なものを131項目に絞ってリストアップ**しました。

本書巻末の「特典」として掲載します。この項目を忠実に実践できれば、年商1億円が目指せるよう丁寧に整理しています。

8-3

適切な
キーワードボリュームで
市場を正しく狙う

ここからは、売上方程式の PDCA での「アクセス数拡大」について解説します。さまざまなカスタマージャーニーから、いかに自社商品のアクセス数を拡大していくか、そのための施策を3つの観点で説明します。

8-3-1
アクセス数を増やす3つの施策

最初に、アクセス数を拡大する観点を3つ紹介します。

①適切なキーワードランクで市場を正しく狙えているか
②競合の商品を定期的にチェックする
③キーワードから市場の "スキマ" を探しに行く

そもそもアクセスされるためには、「検索される」必要があります。

Amazonには無数のキーワードがあり、それぞれボリュームが異なります。キーワードが持つボリュームをきちんと把握し、自分が狙うべきキーワード、自分の市場にあったキーワードなどを適宜チューニングしていかなければなりません。

そのためのツールとして、ブランドアナリティクス（P.99）を活用します。「Amazon検索用語」欄に、「プロテイン」と入れると、キーワードのランキングを確認できます。

たとえば、2024年10月の1週目としたら、結果は総合順位22位でした。ちなみにこのランキングは週によって、または日によって変化します。

検索キーワード	検索頻度ランキング ↑	クリック数上位のブランド	クリック数上位のカテゴリー	ASIN
プロテイン	22	REYS, X-PLOSION（エクスプロージ…	Health & Personal Care, Grocery, …	B0C6X64277
プロテイン 3kg	1,052	Verifyst, X-PLOSION（エクスプロー…	Health & Personal Care, Grocery, …	B06Y69FKT2
レイズ プロテイン	1,160	REYS, VITAS, VALX	Health & Personal Care, Grocery, -	B0C6X64277
ザバス プロテイン	1,402	ザバス, AMBiQUE, VALX	Health & Personal Care, Grocery, …	B0B9G4QR1M
えくすぷろーしょんプロ	3,579	X-PLOSION（エクスプロージョン）, …	Health & Personal Care, Grocery, …	B06Y69FKT2
プロテイン 1kg	4,681	Wellni, X-PLOSION（エクスプロージ…	Health & Personal Care, Grocery, …	B0D32BKQS8
プロテイン ザバス	5,672	ザバス, AMBiQUE, 味の素	Health & Personal Care, Grocery, …	B0B9G4QR1M
バルクス プロテイン	5,813	VALX, -, AMBiQUE	Health & Personal Care, PC, Grocery	B08SHY7XKH
シェイカー プロテイン	7,491	ザバス, ハルクファクター(HULX-FAC…	Health & Personal Care, Home, Be…	B0B6MP5DB9
アンビーク プロテイン	7,894	AMBiQUE, VITAS, REYS	Health & Personal Care, Beauty, H…	B0CFY3RKRY
プロテイン 人工甘味料不(	8,480	MAD PROTEIN(マッドプロテイン), ザ…	Health & Personal Care, Grocery, -	B0C586C2Y7
ほえいたす プロテイン	9,240	VITAS, REYS, AMBiQUE	Health & Personal Care, Beauty, -	B0CQK125X2

> このランキングを見たとき、「『プロテイン』という単体のキーワードでは、市場としてとても大きいんだ」と感じ取るセンスが大切になります。

　つまり**自分の狙いたい市場規模とキーワードが適切**であるかどうか、もし大きすぎるようならば、「プロテイン＋ミドルキーワード」で規模を絞っていくなど次の施策を打つことに考えを巡らせていくのです。

　そうしたセンスを磨くためにも、「検索頻度ランクが〇位のキーワードで、自社商品や他社商品がいま検索結果の何位にいるか」という確認を日々の業務に取り入れましょう。
　するとやがて、新規市場に対して自社が参入できる可能性を判断する力が養われるのです。

8-4 競合の商品を定期的にチェックする

　PDCAを回す主な目的は、「自社商品がいまよりもたくさん売れるため」です。ただし、その考え方だけでは十分とは言えません。捉え方を少し変えることも大切で、「競合に負けないため」という視点も持ちましょう。すなわち、競合商品の動向を注視し続けることが、自社商品のPDCAにつながるということです。

　そこでここからは、美容ブランド「**オルナオーガニック**」が競合であると仮定して解説します。

8-4-1 競合はどんなキーワードで勝負しているかを考察する

　まず検索窓で「**オーガニックシャンプー**」と入力し、**オルナオーガニックの商品が何位**にあるか確認します。

　本書執筆時点で、自然検索の1ページ目の2番目に表示されています。

オルナ オーガニック シャンプー トリートメント セット 無添加 日本製 (モイスチャー (ボトル・各500ml))
★★★★☆ 15,809
過去1か月で1000点以上購入されています
¥4,200 (¥4,200/セット)
定期おトク便の割引適用で¥3,990
✓prime 2024/10/26土曜日までにお届け
通常配送料無料
カートに入れる

オルナ オーガニック シャンプー 500ml スムース 無添加 ノンシリコン 天然由来 日本製
★★★★☆ 2,607
過去1か月で900点以上購入されました
自然検索：2位
5%OFF
2024/10/26土曜日までにお届け
通常配送料無料
カートに入れる

※※※ ※※※※ シャンプー …
★★★★☆ 6,097
過去1か月で2万点以上購入されました
¥2,980 (¥2,980/1商品あたりの価格) 参考：¥3,480
定期おトク便の割引適用で¥2,831
⬛ ¥500 OFF クーポンあり
2024/10/26土曜日までにお届け
通常配送料無料
⬛ 日本の中小企業
カートに入れる

※※※ ※※※※ シャンプー …
★★★★☆ 844
過去1か月で1000点以上購入されました
¥4,000 (¥4,000/セット)
40ポイント (1%)
定期おトク便の割引適用で¥3,800
【まとめトク】4点以上まとめ買いで5%OFF
✓prime 2024/10/26土曜日までにお届け
通常配送料無料

このとき、「『オーガニックシャンプー』単体のキーワードで、自然検索として検索結果の1ページ目にくるんだな」ということで、**オルナオーガニックが非常に人気のあるブランドであることも理解**しましょう。

▶ビッグキーワード＋ミドルキーワードで表示されるか？

「**オーガニックシャンプー**」＋**ミドルキーワード**では、どのような結果となるかも検証する必要があります。ここでは、「**育毛**」をミドルキーワードとして同じ商品が出てくるか検索してみましょう。

すると2ページ目の**3番目**（＝27番目）に同じ商品が表示されました。

オーガニックシャンプーというビッグキーワードでは非常に優秀な結果を出している一方で、「オーガニックシャンプー　育毛」では検索順位がかなり後退しています。つまり、「**ナチュラル素材に強い一方で、育毛・発毛はさほど注力していないのかな？**」という予測が立ちます。

そこで「オルナオーガニック」というブランドや商品についてネット上で調べを進めてみると、さらさら指通る髪、潤い溢れる髪、ダメージケアなどヘアケアに特化させたコンセプトであることがわかりました。またオーガニック成分や有効成分も追求し、最高の使い心地と効能によって、より良いライフスタイルの実現を目指すとしています。

このことから、このブランドは「美容」に対してターゲティングしているが、「育毛」はターゲティングしていないとわかります。つまり**オルナオーガニックのPOF（諦めポイント）は、「育毛・発毛への訴求」**であると言えるでしょう。

自社商品の場合、「キーワードで何位を獲れているか」を分析する際に使えます。競合商品に対しては「どの市場に注力しているか」を分析するうえで役立ちます。

8-5 キーワードから市場の"スキマ"を探しにいく

前項では、Amazonで人気のあるブランドでも**商品に合わせてマーケットを取捨選択している**、ということを解説しました。

そして**この視点こそ、新参や後発ブランドでも年商1億円が目指せる突破口**にもつながります。

8-5-1
ミドルキーワードで、自分の"居場所"を探り当てる

当たり前ですが、新参が最初からビッグキーワードの市場で戦うことはきわめて困難です。そこで、レベルを一段下げて付随語での**キーワード"スキマ"（=市場）**を見つけていくわけです。

もし幸いにも**"スキマ"が見つかれば、新たに商品企画・開発をすることもよい**ですし、**既存の商品であれば広告を注力する**こともできます。

すなわち自社商品に対して、お客様はどんなキーワードで検索しているのかを日々の業務でチェックすることが大切です。

もちろん自然検索だけではなく、広告でも同じようなチェックや巡回をしていく必要があります。たとえば今後、「オーガニックシャンプー　育毛」の市場で勝負すると決めたとします。

そのときに広告でも「オーガニックシャンプー　育毛」の検索結果で、**どんなブランドがどんな広告を出しているかの調査が必要**です。

狙っているキーワードにおいて、「競合はどれくらいの広告予算を投下しているのか」「Amazonディスプレイ広告が空いているな」というようにホワイトスペースを見つけることができるわけです。

狙うキーワードにおいて、自社や他社が自然検索や各広告枠で掲載順位がどのようになっているか把握する

「オーガニックシャンプー　育毛」検索頻度ランキング5,069位（2024年10月時点）

	自然検索 掲載順位	SP広告 掲載順位	SB広告 掲載順位	SBV広告 掲載順位
自社	6	1	2	なし
A社	21	8	3	1
B社	15	9	なし	3
C社	14	10	なし	なし
D社	36	2	1	なし

▶対抗策を講じる競合に、どう対抗するか

　こうした施策（PDCA）によって**自社の商品が好調な兆しを見せはじめると、今度は競合が勝負を仕掛けてくる**（具体的には、ディフェンス的な目的で広告投下して自分の商品やブランドを守ろうと動く）ことも多々あります。

　自社が常にPDCAを回しているのと同様に、相手も定期的にこちら側の動向をチェックしています。そのため自然検索や広告の面から、**自分たちが狙うポジションの開拓（＝攻め）**にとどまらず、**ポジションのメンテナンス（＝守り）**も日々の業務に加えていかなければならないのです。

広告がどのくらいのポジションに位置しているか「お客様目線」で定期的に確認しましょう。

▶競合が忘れがちな、スマホチェックで差をつける

　補足として、忘れがちな"落とし穴"があります。
　それは「**Amazonをスマホでチェックする**」という、ひと手間です。

どういうことかというと、じつは**お客様におけるAmazonのトータルのページビュー、アクセスはほとんどがスマホアプリからの流入なのです**。おおよそ**7割の人がスマホアプリやモバイルウェブサイトで閲覧しています**。

販売者は商品登録やPDCAなどをパソコン上で行うため、うっかり見落としてしまいがちなので注意しましょう。

▶スマホは「プライベートウィンドウ」でチェックする

しかもAmazonの場合、パソコン、スマホアプリ、モバイルサイトそれぞれで検索結果が異なり、商品ページに出てくる他商品のレコメンド設計まで違います。

細かいですが、**Amazonの検索結果はパーソナライズ**されています。パーソナライズとは、ユーザーごとに過去の行動履歴や購買履歴にもとづいて結果表示を変えていく仕組みです。

パーソナライズが反映されてしまうと、**検索結果に対して個人の趣味嗜好のバイアスがかかります。そこで市場分析やPDCAを回すうえでは、ニュートラルな状態にする必要があるため「プライベートウィンドウ（プライバシーモード）」で**閲覧することを忘れないでください。

あくまで中立的な立場（お客様の目線）でPDCAを回す、チェックをすることを心がけましょう。

8-6 広告の費用対効果を確認する

そもそもAmazon広告の目的は、検索結果画面での場所を取り、アクセス数を増やすことにあります。Amazon広告は主に「スポンサープロダクト広告」「スポンサーブランド（動画）広告」「スポンサーディスプレイ（動画）広告」があります。これらに対しPDCAを回し続けることが重要です。

8-6-1 商品のフェーズに合わせて、適切な目標を設定する

本書を手に取られている方は「これから商品をつくって販売していきたい」という方もいれば、「Amazon運用で売上が上がらない」とお悩みの方もいるでしょう。両者とも「Amazonで売上・利益を上げたい」ことは共通していますが、それぞれフェーズが異なるためPDCAの対象が異なります。

● 成長フェーズ

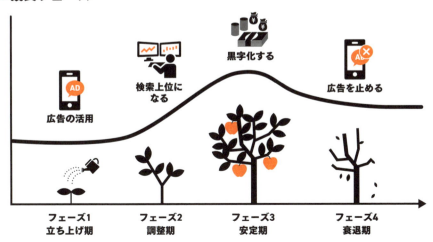

たとえば、「**フェーズ①：立ち上げ期**」の商品において、特定のキーワードに対するSEOを上昇させるために、目標販売個数を1日50個に設定したとします。その場合、**広告が貢献できることは「アクセス数の増加」**であり、**PDCAを回す対象は「インプレッション数」**となります。

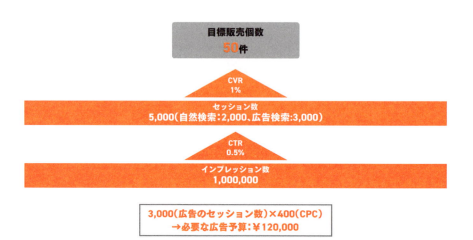

あるいは「**フェーズ③：安定期**」にある商品の場合、SEOも上がっていて販売個数も安定しているため利益回収の段階に入っています。その場合、**広告による費用対効果についてブラッシュアップを行っていく**ことが必要になります。

8-6-2 広告の費用対効果を測る「ACoS」「ACoTS」

広告のインプレッション数は、レポートから参照できます。
また「広告」によって、どれくらいの費用対効果が生まれたのか。それを知るための指標が2つあります。

① **ACoS**（アドバタイジング・コスト・オブ・セールス）
② **ACoTS**（アドバタイジング・コスト・オブ・トータル・セールス）

▶広告単位の費用対効果がわかる指標「ACoS」

ACoSは、**広告単位における広告経由売上の費用対効果**を計るものです。計算式は次のとおりです。

● **ACoSとは**

広告単位における、広告経由売上の費用対効果を調べる指標

ACoSの値が小さければ小さいほど運用効率が高いと言える

広告単位とはたとえば、キーワードターゲティング（P.214〜216）で入札したキーワードが該当します。

ここでは、「財布」を販売した際の広告効率を例にしましょう。

「財布　メンズ」と「財布　レディース」という、2つのキーワードに対して入札（広告投資）したとします。「**財布　メンズ**」は、1,000円の広告料に対し、**広告経由での売上が10,000円**でした（**ACoSは10%**）。一方、「**財布　レディース**」は、**10,000円の広告料に対し、広告経由の売上も10,000円**でした（**ACoSは100%**）。

この場合、社内では「『**財布　レディース**』は費用対効果が見合ってないので、**広告を止めましょう**」というような議論が行われます。

▶商品の全体売上やアカウント売上の広告効率を知る指標「ACoTS」

ACoTSは、私が提唱しているオリジナルの指標です。

ACoSが広告単位であるの対し、ACoTSは**もっと俯瞰した計測を行いたい場合に用いる**ものです。たとえば、下記のような用途です。

【例1】1商品の全体売上（広告経由売上＋自然検索売上）に対する、広告費の費用対効果を計測する

【例2】アカウント全体の売上（広告経由売上＋自然検索売上）に対する、各商品の広告費の費用対効果を計測する

たとえば【例2】の場合、アカウント全体の売上を「ビジネスレポート」から、商品の広告費を「広告レポート」から確認し、下図の計算式に当てはめます。

● **ACoTSとは**
商品全体やアカウント全体などにおける、広告の費用対効果を調べる指標

※【例2】の場合の計算式

$$\text{ACoTS}(\%) = \frac{\text{各商品の広告費（広告レポートで取得）}}{\text{アカウント全体の売上（ビジネスレポートで取得）}} \times 100$$

Advertising Cost of Total Sales

ACoTSの値が小さければ小さいほど運用効率が高いと言える

またACoSやACoTSは、ECの売上構成比を考えるうえでも役立ちます。

たとえば、1個あたり原価3,000円の商品を10,000円で30個で販売するとします。また、Amazonの販売手数料（FBA含む）は1個あたり2,000円としましょう。まとめると、原価は30％、手数料は20％になります。よって、残りの50％が粗利益となるわけです。

加えて、広告費を200,000円投資していたならばACoTSは20％となり、結果、残りの30％が営業利益となるのです（その他、人件費など細かな諸経費が別途必要）。

もし今回の売上においてACoTSが51％以上となってしまうと、利益よりもACoTSが上回るため赤字となります。

8-6-3
ACoSとROASはどっちが便利？

余談ですが、ACoSに似た一般的な広告用語として ROAS（ロアス）（Return On Advertising Spend）というものもあります。**広告費が売上をどれだけ増加させた**

かを測定する指標です。

分子が「広告に投資した金額」、分母が「広告経由の売上」に対して100を掛けます。つまり、**分母と分子がACoSと逆の計算式**になります。

▶ACoSとROASの違い

例）3,000円の広告費をかけて1万円の売上が出た

ACoS　30%
　　→数値が小さければ小さいほど、広告を効率よく運用できている

ROAS　333%
　　→数値が大きければ大きいほど、広告を効率よく運用できている

ACoSのよさは、数値としての明快さにあります。ACoS 20%は、ROASとして計算すると500%となります。ROASが決して悪いわけではないのですが、「**ROASは500%でした**」と言われたとき、「**で、営業利益は何%だっけ？**」というような、現場での会話としては若干計算しにくい部分があります。

ACoS（ACoTS）ならば、「**粗利50%に対してACoSが20%だと、30%が営業利益だね！**」というように会話がとてもスムーズなのです。

これを踏まえてなぜACoTSを使うかというと、商品全体でそもそもいくら儲かったのか、いくら広告費をかけたのかなどを把握するためです。

数値・戦略＼フェーズ	①立ち上げ	②調整	③安定	④衰退
ACoS	80～200%	30～80%	15～30%	0～15%
ACoTS	30～50%	15～30%	5～15%	0～5%
戦略	収益性度外視 SEO上昇狙い	SEO取れたものは抑える	利益率を重視しつつ運用	余計な支出は抑える

ACoSとACoTSの違いは「注視」と「俯瞰」。1商品の値はACoS、アカウント全体はACoTSで確認しましょう。

Amazonで販売するうえで目指すべき姿とは、自然検索で上位を獲れていて、

広告費をあまりかけずに売れている状態です。

もしいま複数広告を運用しているとして、**1つの広告運用が赤字であっても、全商品を見渡したときに売上と利益のバランスが取れていれば事業体としては合格**です。そのためにも ACoS（広告経由売上）と ACoTS（広告経由売上＋自然検索売上）の両面で推し量るということは大事で、それぞれを PDCA の対象として見据えていく必要があります。

8-6-4
広告予算を切らさない

▶予算が超過していないか定期的に確認を行っているか？

よくある見落としとして起こるのは、**広告予算を切らしている状態に気づかないこと**です。

Amazon 上の予算設定はいくつかの階層があります。1番目はアカウント全体の広告予算の設定。2番目にポートフォリオの予算設定。3番目にキャンペーンでの予算設定。さらに広告グループでの予算設定となります。**いずれかの設定上で予算が切れてしまうと、その時点で広告がストップ**してしまいます。

実際に販売を行うと実感するのですが、**最初の1か月間は広告にかかる費用がかなりブレます**。1クリック100円だった広告単価が、日によって150円や80円と変動します。これは、**自分の商品が売れるか売れないかのパフォーマンスで増減**するためです。

はじめは1万円の予算でよかったはずが、変動によって2万円は必要になってしまっていた。けれど日々のチェックを怠っていたため広告が稼働せず、いわゆる"ゴールデンタイム"と言われる18時以降の時間に広告が表示されないという事態も起こるのです。

Amazon 広告における PDCA は、商品のフェーズに応じて適切な KPI（＝ノルマ）を設定し、それにもとづいて広告運用を最適化するプロセスです。インプレッション数や ACoS、ACoTS などの指標を軸に、定期的なメンテナンスを行い、配信戦略を改善していきましょう。

7 バッジを獲得する

8-

バッジとは「ベストセラー1位」「Amazonおすすめ」など、商品名に付くリボン状のマークです。これらはCTRと直結するため、ぜひ獲得を目指しましょう。

8-7-1
バッジの存在は、お客様を無意識に引きつける

このいずれかが商品タイトルにつくことで単純に目立ちますし、**お客様もバッジを見て「なんか信頼できそうだ」と直感的に理解**します。それによって自然とCTRは高くなるので、ぜひバッジの獲得を狙いにいきたいところです。

ですが、**獲得するためにできる直接的な施策はありません**。どちらかというと、たくさん売れたことの結果としてバッジが付いてくるという捉え方がむしろ健全です。

8-7-2
バッジを獲得するための条件

最初から身も蓋もないことを言ってしまいましたが、バッジ獲得について一定数判明していることもありますので、できる限り解説します。

ベストセラーバッジは、**ブラウズノード（小カテゴリー単位）の1位に対して付与**されます。

Amazonおすすめバッジは、**検索キーワードに対して1つ選出されるロジック**になっています。

この違いを具体例で説明すると、たとえば「ボールペン」と検索します。すると検索結果上の1ページ目でバッジが付いた商品は下記のとおりでした。

● **「ボールペン」と検索した場合のバッジ付き商品**

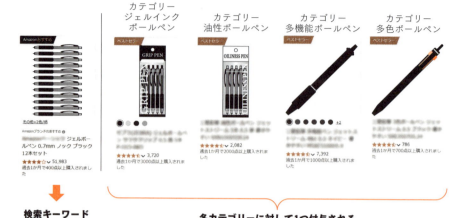

このように、検索結果に対して、**ベストセラーバッジは複数表示**されますが、**Amazon おすすめバッジは 1 個だけ表示**されるという違いがあります。

これをもとに、各バッジを獲得するための条件を整理すると次のとおりです。

[ベストセラーバッジ]

・カテゴリー内で一番売れている（販売個数）

[Amazon おすすめバッジ]

・検索キーワードでの CVR が高い
・検索キーワードでの CTR が高い
・レビュー（星）平均値が 4.0 以上
・Prime マークが付いている
・返品率が低い　など

　Amazon おすすめバッジに関しては、あくまで独自の検証から想定したものです。販売者側がコントロールできる領域ではありませんので、真っ当に商品や商品ページの改善を繰り返していくことで結果的に獲得できると捉えてください。

8-8 カスタマーレビューを改善する

「カスタマーレビューを改善する」と言っても、もちろん不正（サクラレビュー）をするわけではありません。CTR を良くするために、「レビューの総数」「平均レビュースコア」の目標を定めていくことについて解説します。

8-8-1 まずは「レビュー数 30 件」「スコア 4.0 点」を目指そう

　当然ですが、初めて販売する方は「レビュー数」も「星の数」もゼロです。では、そこからまずどこまで目指せばよいか。その目標値をお伝えします。

・レビュー数：30 件
・星の数：4.0 点

　この数字はあくまで最低条件です。**欲を言えば、レビュー数は 100 以上あればベター**。そのうえで**星の数が 4.5 以上獲得できれば合格**です。
　ちなみに星を 4.0 に光らせるには、平均で 3.8 ほどが必要です。4.5 に光らせるには、平均で 4.3 ほど必要になります。

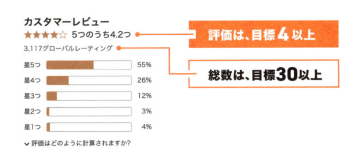

これを獲得するには小手先のマーケティングというよりは、大前提として商品そのものの良し悪しによって変わることを理解してください。

つまり、商品企画・開発、あるいは商品自体の改善によって左右されていくということです。

8-8-2
目標をクリアできれば、競合に引けを取らない

レビューの**目標値として示した数字の根拠は、競合との相対**です。同じ市場のなかで、**競合商品がどれくらいレビューを獲得しているかについて、お客様も目を光らせています**。

検索結果上で、競合商品のレビュー数が 100 件あるのに対して、自社商品が 10 件だと信用や説得力に欠ける印象です。
100 件に対して 30 件、あるいは **500 件に対して 100 件**あれば新参にしては**善戦している**と言えます。実際にお客様も、安心してクリックしてくれるようになるでしょう。

星の数も同じことが言えます。
最低でも 4.0 以上あったほうがいいのですが、**レビューが悪くなりやすい商品**もなかにはあります。**サプリメントやシャンプーなど、使用感について個人差が大きくなりがちなものはコントロールが難しい**です。そういった分野については、**3.5 以上あれば OK とする場合**もありますので、同じ市場の競合の平均値を事前に割り出しておけば、その数値より下回らないようにする目安となるでしょう。

8-9 カスタマーレビューの星を増やす

次はカスタマーレビューの星の増やし方について解説をします。ここはCTRの改善とつながりが深いため、まずはおさらいからはじめていきましょう。

8-9-1 人はよくも悪くも"ギャップ"に弱い

前項で、CTR拡大におけるカスタマーレビューのポイントは、「レビュー数」と「星の数」であるとお伝えしました。検索結果上に表示されているのを見たうえで、お客様は「多いのか少ないのか」という視点で他の商品と比較します。

CTRの場合は、定量的な面が重視されるということです。

一方で**CVR**においては中身、つまり「**どんなレビューが書かれているのか**」という文章内容に着目します。

結論から申しますが、**CVRにおけるカスタマーレビューのPDCAとは、すなわち商品そのものを改善する**ということを意味します。

とはいえ、**よいカスタマーレビューを書いてもうための"導線"**をあらかじめ敷いておくことは可能です。

▶期待値に対するギャップによって評価が決まる

そこでまずは「お客様がカスタマーレビューを書く心理」について考えてみましょう。つまり、お客様が**カスタマーレビューを書くきっかけとなる"トリガー"が何なのか**を知らなければなりません。

私は、次のような状態であると考えています。

「期待値に対してギャップが生まれたときに書かれる」

これは、よい場合にも悪い場合にも当てはまります。

・**あまり期待していなかったが、食べてみたらおいしかった**
　　→好感度 UP
・**口コミで大人気だったので食べてみたが、おいしくなかった**
　　→ 好感度 DOWN

販売する側には、この 2 つのベクトルをいかにコントロールするかが問われてきます。

8-9-2
悪いレビューがつかないようにする施策

まずは、**悪いレビューが書かれないようにする方法**について解説します。
施策は 2 つあります。

① **POX をきちんと定めて、伝え切る**
②**「本当にほしい人」だけに買ってもらう**

▶**製品の良いところ、悪いところを詳らかに**

①は、たとえば商品説明において、良い部分だけにスポットを当ててしまいがちですが、当然、**苦手とする部分や他社に劣る部分もある**はずです（**POF**）。ところが製品の一面だけしか伝えていなければ、お客様としても「ここはよかったけど、こっちは悪い」というレビューになってしまいます。

そうならないために、**POX（POP、POD、POF）全体を伝え切る**（P.126 参照）ことは、お客様のなかにギャップを生ませない施策となるのです。

▶価格競争に走らず、熱狂的なファンを増やしていく

②「本当にほしい人」だけに買ってもらう、というのは**自社ブランドを守るうえでも有効**です。

先述しましたが、価格を下げれば CVR は上がります。ただし落とし穴もあります。

値段が安くなるとお客様は、検討に要する時間が短くなる傾向にあります。つまり商品ページ内に書かれている**内容を熟読しない**、あるいは**競合との比較検討を十分行わない**のです。

するといくら POX を商品ページ内で伝え切っていたとしても、読んでいない、伝わっていない状態で買われてしまいます。そして、実際に製品を使ってみたときに、**お客様の情報不足によるギャップ**が生まれるのです。

そこで、あえて**「高くても買ってくれる人」をメインターゲット**とするのも手です。価格は下げず広告にお金をかけ、きちんと情報を見てくれる人だけに絞って売るアプローチです。

これによるご利益は、単純に商品が売れるということにとどまりません。長期的な目線に立つと、商品や自社ブランド価値を上げていくために必要な考え方でもあります。

ハイブランドが安易に値下げをしない理由は、まさにそこにあるのです。

8-10

お客様に「役立つレビュー」を書いてもらう

カスタマーレビューのなかでも、上位レビューにあがりやすい条件というのがあります。それは （役に立った） ボタンがたくさん押されているかどうかです。

8-10-1
ファンが「役立つレビュー」を書いてくれる

ではどういった内容のレビューだとボタンが押されるのでしょうか。

たとえば「ありがとう」「よかった」など "感謝" が前面に出ている内容は、あまり参考にされません。当たり前ですが他のお客様が読んでも、参考になる要素がないからです。

ボタン名に答えが書かれていますが、つまりは **「役に立つ情報」がレビューに盛り込まれているかが重要** です。

その「**役に立つ情報を共有したい！**」という気持ちをどのようにしてお客様から引き出していくかが、販売者に求められるスキルになります。

そのためのアプローチとして有効なのが、「**ファンをつくる**」ことです。

8-10-2
CRM でファンを拡大させる

ファンをつくるためには「**CRM**」が重要であると言われています。カスタマー・リレーションシップ・マネジメントの略で、購入したお客様に対して、その後のコミュニケーションを手厚くしていく手法です。カスタマーサポートのような一方通行のコミュニケーションとは異なり、LINE、X、Instagram などを使って**双方向のやり取りを定期的に行う**のが特徴です。

新潟のアウトドアブランドのスノーピークが、CRM に力を入れていることで有名です。スノーピークは、ユーザーさんとの距離を大切にしていて、オンライン、オフライン問わずユーザーさんの声に耳を傾け、それを商品開発に生かしています。

・**ユーザーと寝食を共にするキャンプイベントを開催している**
・**ユーザーからのクレーム、提案について直接対話することで絆を強化する**
・**ユーザーの声から「シェルター」の商品企画が生まれた**

　このようなファンと双方向の関係をつくるような活動を通じて、お客様も「自分の意見を共有したい」という感情が醸成されていきます。

　また、悪いカスタマーレビューが書かれないようにするためにも、共有したい気持ちをうまく生み出し、悪い方向へのギャップを生み出さないようにする策にもつながるのです。

価格を改定する

8-11

一般的には、価格を下げれば下げるほど CTR は上がると言われています。そこで本項では、価格を下げるための「ちょっとしたテクニック」について簡単に紹介します。

8-11-1
少しずつ値下げして、適切な価格を探る

たとえば、**2,020 円を 1,980 円にするだけで、クリック率が 1.3 倍になる**こともあります。そのとき、40 円値引きしたことと、CTR の向上による利益、どちらのインパクトが大きいのかを検討します。利益のインパクトが大きいのであれば、40 円の値下げは積極的に行ってよいでしょう。

値下げについては、一気に 10 ～ 20％といった幅で行うのではなく、**小さな金額を刻んでいくなかで、アクセス数や売上が跳ねるタイミングを見つけていく**のがセオリーです。また市場に対してゆっくりじっくり様子を見ていく行為そのものが、Amazon でのビジネスにおける経験や知見の蓄積にも直結します。徐々に市場に対する勘所もつかめて、値下げ幅も一発で狙えるようになるでしょう。

▶お客様も、価格の当たりをつけながら検索している

価格の勘所で言うと、お客様も同じです。

なにかの商品を検索すると同時に、ざっくりと「**これくらいの価格であれば買っちゃおうかな**」といったことを深層心理として思い描いています。

販売者とお客様の勘所が一致していれば、違和感なくクリックしてもらえます。

価格の相場をつかむというのは、非常に感覚的な判断が要求されます。

しかしそうしたセンスを磨くうえでは PDCA は最適です。繰り返し回していくことによって、感覚が体に染みついていくことにも一役買ってくれるでしょう。

8-12 商品ページ全体を改善する

ここからは、CVR の改善・拡大について解説します。

商品ページを訪れた方のうち、実際に購入してくれるお客様は「**なにを見て**買おうと決断」しているのか。PC 版とスマホではどう違うのか。まずは、商品ページのなかでもとくに重要な要素を洗い出していきます。

8-12-1 お客様は商品ページの「どこを」見ているか？

P.266 に掲載する、実際の商品ページをもとに、お客様がどこに注目しながら（参考にしながら）購入の判断をしているかを解説します。

▶①メイン画像

商品をもっとも象徴する画像です。

商品ページを訪れた際に、最初に目がいきます。商品をもっとも象徴する画像です。また、検索結果上もメイン画像が使用されるため、写真の仕上がりには十分注意する必要があります。以下の点についていま一度見直しましょう。

・**Amazon のルールに則った画像を用意する**

画像単体写真であることと白背景の画像であること。また、画像内で最大限商品が大きく見えるように作成しましょう。

・**ルールの範囲内で、徹底的にこだわる**

シワ、光の当たり方、影などに注意し、商品がもっとも美しく見えるように心がけましょう。アパレル商品の場合、モデルに着用してもらうことで、リアリティや立体感の表現に一役買ってくれます。

・解像度の高い画像を使う

メイン画像は、拡大されても荒さが出ない解像度で登録しておきましょう。各辺 1,000 ピクセル以上が推奨です。

・付属品がある場合は注意

付属品がある場合、大きすぎたり小さすぎたりすると消費者に誤解を与えてしまいます。メイン商品の横に配置するなどし、大きさの比較ができるような配慮を行いましょう。

・継続的な AB テストを行う

メイン画像は CTR、CVR の要になります。継続的に AB テストを実施し、常に最適なメイン画像を採用していきましょう。具体的な PDCA については、「8-13 商品のメイン画像を改善する」（P.268）を参照してください。

▶②サブ画像

商品を購入するうえで、メイン画像の次に大切な要素です。

まずメイン画像に目がいき、その流れのままサブ画像を表示させる流れが大半です。その商品のウリとなる説明など、あらゆる情報が集約される場所です。なおサブ画像はパソコンの場合 8 枚まで登録ができ、スマホやアプリでは 6 枚まで表示できます。そのため、**伝えたい情報は 6 枚までで完結させる**ことをおすすめします。サブ画像の作成は、以下を参考にしましょう。

・もっとも伝えたいことは、サブ画像の 1 ～ 2 枚目までで伝え切る

消費者はせっかちです。魅力的な訴求をして、ページの離脱を防ぎましょう。

・1 枚の画像内に要点を詰め込みすぎない

訴求ポイントを伝えたい気持ちはわかりますが、情報過多は読みづらさにつながるのです。そのため読み手はストレスを感じ、ページ離脱につながる恐れがあります。

・季節訴求を忘れない

ギフト商品であれば「母の日」「クリスマス」など季節のイベントに寄せた画像の訴求も効果的です。その際、キーワード登録も忘れずにしておきましょう。

ちなみに、サブ画像には、動画も登録できます。動画のメリットは、使用しているシーンや使用方法をより詳細に伝えることに役立ちます。また商品説明にとどまらず、自社ブランドの紹介動画も掲載できるため、関連商品をおすすめできるなど横展開するうえでも効果的です。なお、デザインに関する詳しい解説は「8-14　商品サブ画像を改善する」（P.272）を参照してください。

▶③商品タイトル

商品タイトルはキーワードのインデックス対象であり、狙いのキーワードを確実に入れておきましょう。Google 検索の結果上にも表示される可能性があり、訴求ポイントも忘れずに明記しておきます。また、順序も大切です。検索結果では、一定以上の長さを超えると省略されます。キーワード検索ランクの高い順に並べることがポイントです。

【例】　〇：イヤホン Bluetooth 防水　／　×：防水 Bluetooth イヤホン

▶④価格

いくらで買えるのか。参考価格に対して、割引率がどれくらいあるかなどが見られます。また価格に付随する形で、送料無料、クーポンの有無、ポイント還元率など、**どれだけお得に買い物ができるのかを検討する場所**になります。

▶⑤バリエーション

とくに**カラーに注意**しましょう。たとえば、メイン画像の初期設定では黒色を着用している場合、カラーの選択で「グレー」にするとメイン画像も連動してグレーの着用写真に変わります。このように**カラーバリエーションの分だけ商品画像を用意する**必要があります。

ちなみにこのカラーバリエーションの数だけ写真を撮り下ろす必要はありません。服の部分だけ色を加工すれば問題ありません。

▶⑥その他情報、この商品について

この 2 つについては、お客様もさほど細かく読んでいない傾向があります。

ですが、改善をしなくてよいという話ではありません。

素材、規格、原産国、製造国のほか、家電製品の場合は重量や寸法など、必要な情報が文字の羅列で示される場所であるため、むしろ入念に検討したいお客様は熟読してています。**「②サブ画像」「⑧商品の説明」などで書ききれなかった詳細情報をここに集約しておくのも手**です。

また、**「この商品について」はインデックス対象の可能性がある**ことから、説明文をぎっしり詰め込んでいるメーカーもあります。ただし「詰め込む」とは、ハッシュタグのように、単語を膨大に羅列するという意味ではありません。

説明文としての体裁を守りつつ、そのなかに自然な形でキーワードを含ませることが大切です。

▶⑦ブランド紹介

ブランドの歴史やその価値観などを伝えることができます。画像も追加できるうえ、別商品へ移動するリンクも組み込めます。すでに登録したブランドストーリーは、別商品にも流用することができます。

▶⑧商品の説明

商品の魅力について、画像と共に紹介する場所です。開発ストーリーや商品に対する熱い思いなど、「⑥その他情報、この商品について」と比較して、**お客様の情緒やニーズに強く訴える内容**が盛り込まれています。そのため、各社が思い思いの工夫を凝らしており、**アイデアやセンス**が試されます。

なお、本来は文章（テキスト）の体裁で説明を行うための場所でした。ですが現在は「A＋」という、画像を主体としたコンテンツを表示するため場所として成り立っています。

▶⑨ A+（商品紹介コンテンツ）

商品をより詳細に紹介するコンテンツです。サブ画像で語り切れなかった情報を補完するほか、他商品への流入経路としても活用できます。現在は、「プレミアム A+」というアップグレード版も実装され、より充実したコンテンツづくりが可能です。とくに動画が掲載できるようになったことで、実際の使用感やブランドの世界観を強く訴求できます。

▶⑩ Q&A

プレミアムA+のコンテンツの1つで、Q&Aの項目を設けることができます。想定されるお客様の疑問にあらかじめ回答しておけば、購入後のギャップを埋めることができます。

▶⑪イメージ付きのレビュー

画像付きでレビューをしてくれたものを一覧で見ることができます。「すべての写真を見る」をクリックすると、投稿されている写真が別ウィンドウで表示されます。

▶⑫上位レビュー

上位レビューとは、レビューのなかでも**「役に立った」ボタンが多く押された**ものが**選抜**されています。**多くのお客様は上位レビューのうち、上から3〜4つ目までをしっかり読み込んで参考にしています。**

上位にくるレビュー内容は、決して誉め言葉だけではありません。星の数が多くても、その商品のメリットやデメリットをまんべんなく書いているのです。

時に、販売者にとって耳が痛いことも書かれます。ですがお客様にとって公平な製品評価が書かれているため、有益な情報が集まるコンテンツとしてもよい仕組みと言えます。

ちなみに、**上位レビューのうち上から3〜4つが読まれているという根拠はスマホ**にあります。Amazonアプリ、スマホのウェブブラウザともにデフォルトで上位3つ分だけが表示されます。そのほかのレビューを確認したい場合は、「レビューをすべて見る」をタップしなければなりません。ですので、とりあえずレビューが見たいというお客様は、上位3つ分だけ参考にするということです。

▶⑬カスタマーレビュー

上位レビュー以外にも、さらにレビューを知りたいお客様は「カスタマーレビュー」を参照します。星5〜星1まで、星の数ごとに確認ができます。

STEP 8

売って終わり、ではない！ベストセラーを達成するための「攻め方」と「守り方」

8-12-2
カスタマーレビューを甘く見てはいけない

カスタマーレビューを侮ってはいけない、というのは私の経験からも言えます。

というのも、私の副業時代に財布を販売していたのですが、ある日突然、CVRが3分の1に減ってしまったことがあったのです。

「なんだこれは！」と思い、在庫数を調べても切らしていたわけではない。いろいろ調べた結果判明したのは、**上位レビューのなかに星1**があったのです。それが原因でCVRが激減していたのです。

カスタマーレビューというのは、これほどインパクトがあるのかという驚きとともに不思議な気持ちにもなりました。

▶お客様は案外、疑い深い生き物

お客様は商品説明や価格のことよりも、カスタマーレビューのほうを信用してしまうのか……。お客様というのは、疑い深いんだということを学びました。

しかし裏を返せば、お客様にとって最後まで残る感情としては、「不安や疑問を解消したい」ということです。

不測の事態に備える意味でも、日々の業務においてカスタマーレビューを注視していくことは大事になります。

8-12-3
スマホ画面での確認を忘れない

スマホとPCとの比較で、とくに注意したいのは**商品画像の見え方**です。先ほども解説しましたが、まずは表示できる写真の枚数が異なるということ。そのうえで、スマホで商品画像を確認する際は視認性が重要です。

スマホはそもそも画面が小さいため、**商品画像内に掲載する文字が小さすぎると読みづらい**と感じてしまいます。

PDCAを回すうえでは、可能な限りさまざまな大きさのスマホで商品ページを確認し、読みづらくないか、文字は小さすぎないかなどを検証してください。

8-13 商品のメイン画像を改善する

　前項で解説した商品ページ全体の流れを踏まえ、本項ではメイン画像の改善事例を紹介します。

　加えて、8-14、8-15ではサブ画像の改善事例、8-16では画像の改善に役立つ2つの理論も併せて解説します。一連の項目の内容を押さえることで、自社の商品にどう取り入れていくかを考えていきましょう。

8-13-1 目的は、いかにCTRを上げられるか

　メイン画像を改善していくうえで重要なのは、「**いかにCTRを上げられるか**」という着眼点です。

　それを踏まえ、まずはみなさんにクイズを出題します。

　下に掲載する写真は、授乳ブラジャーの商品画像です。

　❶～❸のうち、もっともCTRが高い画像はどれでしょうか？　理由も含めて答えてください（次ページに進まず、じっくり考えてみてください）。

――答えは出たでしょうか？

正解は、❸です。

ちなみに紹介した3つの写真は関連性があり、❶と❷は改善前に使用していたもの。そして❸は、改善後のものとなります。

では❸の写真にいたるまでに、どのような点を意識しながら写真を作成したのか、❶❷の特徴や問題点に触れながら解説します。

8-13-2
他社の商品画像を100枚見よ

画像を検討するうえでもっとも大切なのはリサーチ、つまり競合や他社の写真を参考にすることです。

- Amazon内で売れている商品のメイン画像はどれか？
- （楽天市場など）Amazon外で売れている商品のメイン画像はどれか？
- マタニティ商品の企業に限らず、ブラジャーを販売している企業で売れている画像はどれか？

まずは上記のような視点で、他社商品の画像をおおよそ100点ほど見比べてみましょう。つまりその目的とは、たくさん見て目を養うことで、売れる画像の傾向や条件が浮き彫りになるのです。たとえば、

- もっとも売れている色は？
- どのポージングが女性らしく見えるか？
- 女性の表情は？　顔も含めるべきか？
- 女性の肌の血色は？
- ライトの光の当て方や陰影の強さは？
- 胸のサイズの標準は？　または理想のサイズは？　など。

このように、検討すべきポイントがより具体的になります。

ちなみに本項で紹介している授乳ブラジャーは、実店舗でも販売している商品です。そこで、実際にお店の店長にもヒアリングを実施することにしました。

・もっとも売れている色は？

→**黒。**

・どのポージングが女性らしく見えるか？

→**鎖骨と脇が見えていると魅力的に感じやすい。**

・女性の表情は？　顔も含めるべきか？

→**有名なモデルでない限り、顔は映さないほうが良い。人種、年齢によって、自身を投影しにくくなる恐れがあるため。**

・女性の肌の血色は？

→**真っ白でも色黒でもでもなく、白に近い黄色が理想。**

・ライトの光の当て方や陰影の強さは？

→**左斜め下からライト当てて、胸元に立体感が出るようにする。**

・胸のサイズの標準は？　または理想のサイズは？

→**授乳期は胸のサイズが上がるため、カップ数の大きいモデルを起用する。**

8-13-3
1枚の写真のなかに「狙い」をしっかり詰め込む

変更前と変更後の写真のなかに、お客様にとっての「インサイト」（P.134参考）がたくさん隠されています。

そもそも**日本国内のAmazonで商品を買う人というのは、ほとんどが日本人な**わけです。その前提を踏まえ、もう一度変更前の写真を見てみましょう。

❷は明らかに海外のモデルです。その点に対してお客様は、無意識に違和感を持っているのではと推察しました。

もちろん、日本人であれば誰でもよいというわけではありません。顔から受ける印象ににも注意が必要です。❶は、表情や顔立ちなどから"歳の差"を惹起し、親近感が生まれにくくなる恐れがあります。

これらの問題点を踏まえ、あえて**顔が見えないように口から上はカット**した画像を採用することとします。

また、胸のサイズにも注意が必要であることがわかりました。授乳期は胸のサイズが上がるため、**平均的な大きさよりも、2サイズ大きな日本人のモデルを起用**したのです。

これらのポイントを押さえて完成した画像が❸です。これによって、**CTRは変更前と比べて2.4倍**に増えました。

CTRが**2.4倍**に上昇

写真の良し悪しと言っても「センス」は関係ありません。科学的なアプローチで、誰でも正しく導き出せます。

なお本項で紹介した分析方法は、サブ画像を改善していくうえでも重要な技術です。しっかりと理解していただき、次項へ進んでください。

8-14 商品サブ画像を改善する

商品メイン画像を改善したら、次はサブ画像も見直します。

8-14-1
問題点を洗い出す

まずは、先に変更前のサブ画像（5枚分）をお見せします。

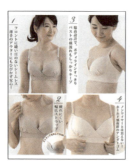

読者のみなさんもこの画像をご覧いただいたとき、どのように感じたでしょうか。「改善できるポイント」はどこにあるでしょうか。

問題点を考えるうえで大切なのは、なにより「**お客様の気持ちになること**」です。

この商品が必要なのだ、という使う人の背景を十分に理解しておくことが求められます。授乳ブラジャーの場合は、当然、女性向け商品ですので、「女性＋育児」は大前提です。そのうえで、いつ使うのか？　着け心地は？　素材は？　といったこともポイントになるでしょう。そのような視点をもとに、画像をじっくりと観察して答えを出してみてください。

——いかがでしょうか。まず1つ目の問題点として「**訴求ポイントが多すぎる**」ことに着目しましょう。つまり、画像1枚あたりの情報量が多すぎるのです。

販売する側にとっては、推しのポイントをたくさん詰め込みたいのは心情です。読者のみなさんもおそらく、画像を観察するうえで「**どのような情報を載せるべきか**」という視点だったのではないでしょうか？　もちろんそれも大切ですが、一方で「**どの情報が不必要か**」という視点も同じくらい必要なのです。

考えてみてください。**育児をしているお母さんは、とにかく寝る暇もないほどたいへん**です。つまり「時間がない」。そんななかで、商品を買うときにじっくりと説明を読み込み、吟味して買うことはなかなかできません。

販売者側の過剰な熱量は、お客様にとってむしろ情報過多に映ります。このギャップによって、お客様に混乱をきたす結果を招いてしまっていたのです。

8-14-2
「機能的価値」を整理する

訴求ポイントが多すぎるという問題点を改善するには、「**もっとも伝えたい価値はなにか？**」を整理することです。

・カスタマーレビュー分析をやり直す
・商品企画や開発の責任者へ、商品についてヒアリングする

分析をやり直す際は**自社の過去レビュー**だけでなく、**競合の商品も含めて約1,000件ほどレビューを集めましょう。**そうすることで、購入者が授乳ブラジャーに求めていることや、この商品自体が支持されている理由が見えてきます。

実際に自社商品に限らず、他社商品のレビューから見えてきたニーズとして、授乳ブラジャーに求められるもっとも大切なことは、「ホールド力」という機能面に対するニーズがあるとわかりました。

　加えて、「肌触り」に関するレビューが多数見られました。女性は、妊娠期、授乳期を経るなかで体質が変わる場合があります。今まで使っていた下着の素材が、突然身体に合わなくなる──。つまりストレスから解放されるために、素材にもこだわるのです。

　「ホールド力」「素材」。この2つはいずれも「機能的価値」に関するニーズです。

● 機能的価値

- 製品やサービスが持つポテンシャルに着目して、それを数値化できる
- 製品の価格、利便性、性能でお客様を満足させる

【例】素材、成分、デザイン、効能、安全性、使用感など

数値的、物質的な豊かさをもたらす

　これらを踏まえ、機能的価値に絞って作成した画像が次の画像です。

　大切なのは、**お客様にとって「どれが1番大事なことか？　2番目は？」と絞る**ことです。中立的にデータ分析をして、お客様が求めている情報をテーブルに並べてみると、ほんとうに大事なことは案外少ないことにも気づきます。

8-14-3
「情緒的価値」を整理する

機能性以外にも、「情緒的価値」というニーズも存在します。

・「使ってみたい！」というワクワク感はあるか
・画像そのもののデザインはきれいに仕上がっているか
・誰かに自慢したくなるような魅力はあるか
・自分のライフスタイルに自信が持てそうか　など

これらのニーズについて、改善前の画像では訴求力が乏しいと言えます。
情緒や感情面は、カスタマーレビューやお客様へのヒアリングでは見出しにくい要素です。

● **情緒的価値**

・感情、心情に訴えかけたり、体験を受けることで得られる数値化できない価値

・製品によってもたらされる、ストーリー性、共感、安心感、充足感

【例】人間関係、高級感、清潔感、人生、カリスマ性、楽しさなど

→ 感覚的、精神的な豊かさをもたらす

そのため、商品企画や開発の担当者や実店舗の店長との話し合いが大切です。私たちは他のレディースアパレル企業が行っている、クリエイティブ面の取り組みを徹底的に観察しました。

そのなかで、授乳ブラジャーの場合は、20代後半〜30代後半の女性がボリュームゾーンであること、デザインはベージュを基調にしたグレーの色使いをすることをセオリーに位置づけました。加えて、高級感を与えることで「安心感」「高揚感」に訴え

ることも心がけています。

8-14-4
サブ画像を変えるだけで CVR が 1.5 倍に！

いま解説した変更ポイントをもとにサブ画像を改善したことで、結果として <u>CVR は 1.5 倍</u>まで跳ね上がりました。これはつまり、売上がそのまま 1.5 倍に直結することになったのです。

変更後

CVRが1.5倍に上昇

　メイン画像やサブ画像を変更するだけでも、相当のインパクトがあることが理解いただけたでしょう。画像デザインに対して PDCA を回すと、お客様の気持ち（購買意欲）を大きく動かす施策になるので、しっかり時間をかけて研究をしましょう。

8-15 情緒的価値、機能的価値を高める

もう1つ、CVRが上がった事例を紹介します。前項で紹介した授乳ブラジャーと同じくサブ画像の改善なのですが、思い切ったアプローチなので読者にもぜひ知っていただきたく解説します。

8-15-1 世の中の流れを見て、大きく方向転換する

紹介するのは、ホームベーカリーの改善の事例です。サブ画像の1枚目を、ガラッと変え、ABテストで検証しました。

▶コロナ前後でニーズが変わった

変更前のサブ画像は右のとおり、できたてのパンがほかほかの湯気を立てていて、「**おいしいパンが焼けます**」ということを強く打ち出していました。もともとこのホームベーカリーは、メーカーさんの売れ筋商品でした。

当時は「自宅でおいしいパンを焼きたい」というパンづくり自体を楽しむニーズが高く、**サブ画像も的を射た打ち出し方で成功**しています。

しかしそこから時代は大きく動くことになります。原因は、**コロナ禍**です。

ステイホーム、**在宅ワーク**という大きな流れは、**パンづくりを楽しみたいというニーズ**

にも変化を起こしました。

カスタマーレビュー分析を行った結果、家族や子どもと一緒に家でパンを焼いて、食事を楽しむ。そのためにホームベーカリーがほしいというニーズが導き出されました。つまり、「自宅で家族と楽しく過ごすための手段」としてホームベーカリーが求められているということです。

8-15-2
製品を前面に打ち出さなくても CVR が 1.6 倍に！

「家族」をテーマにして変更を行ったのが右の画像です。

お父さんとお母さんと子どもが食卓を囲んで楽しそうに過ごしている様子です。

じつはこの家族写真をよく見ると、**ホームベーカリーはどこにも写ってない**のです。「食卓にあるパンは、ホームベーカリーで焼いたものなのかな？」くらいまでトーンダウンさせています。

製品写真はあえて余白に追い出し、そのぶん、**製品を使った先にある家族のだんらんを表現することを重視**しています。

8-15-3
コンセプトを機能的価値から、情緒的価値へシフト

結果的にこの施策も成功し、**CVR は 1.6 倍**に改善しています。

変更前は商品の**機能的価値**を訴求したコンセプトでした。一方、変更後は「家族」「幸せ」などを想起させる**情緒的価値**（ライフスタイルイメージ）を訴求するアプローチです。

CVRが1.6倍に上昇

このように、商品画像を作成・改善していくうえでは、この「機能的価値」「情緒的価値」を、商品企画の段階や、実際に販売後にもPDCAを回しながら整理し、改善していくことが重要です。

カスタマーレビュー分析、他社企業の分析、お客様へのヒアリングを何度も繰り返していくことで、ユーザーのインサイトにたどりつくことができます。

8-16 商品に影響力をもたらす2つの理論を活用する

ここまで8-13〜15を通じて、メイン画像とサブ画像の改善実例を見てきました。

最後にCTRとCVRを改善するための画像づくりとして、「**ゴールデンサークル理論**」「**影響力の武器**」という2つの理論を解説します。

8-16-1 ゴールデンサークル理論

「人間は人間である前に哺乳類で、哺乳類である前に生物である」。

これは「**ゴールデンサークル理論**」と言われる、脳科学的なアプローチの話です。マーケティングコンサルタントのサイモン・シネックが提唱し、「**生物は理性的に意思決定するよりも、直感で意思決定しやすい**」という理論です。

● ゴールデンサークル理論

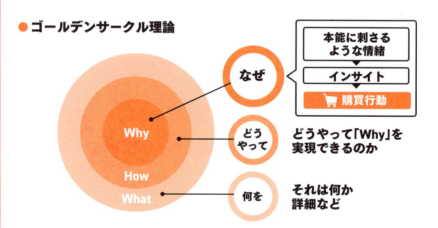

理性は哺乳類として備わっているものの、結局、**人間の本質は生物であるため直感が優位である**ということです。

たとえば**食事**をするとき、まず「**おいしい！**」という感情が来るでしょう。す

ると次は「**なんでおいしいのだろう？**」という理性がやってきます。

そのうえで、「**こういう理由です**」と答えが与えられると、「**なるほど、そういうことか**」と納得する。これが、**人間が理解しやすい基本的なアプローチ**なのです。

ゴールデンサークル理論では、この"直感"や"本能"のことを「Why（＝インサイト）」と呼びます。まずは「WHY」の部分から説明し、そのうえで「HOW」「WHAT」を説明したほうが相手に理解されやすいとしています。

どの価値が1番響くのかは、実際にCTR、CVRを見ながらABテストをしていきましょう。

定番商品、売れ筋であっても、時期やお客様の生活の変化によって、訴求すべき内容は変わってきます。そうした観点でPDCAを回していくことが大切です。

そして、「WHY」を探し抜く方法が、STEP3、4、そしてSTEP8でもお話ししてきた「①カスタマーレビュー分析」と「②ベンチマーキング」の2つです。

8-16-2
「Why」の見つけ方①：カスタマーレビュー分析

STEP3、4でもお話ししているので、ここではポイントだけ整理しておきます。

- 肯定／否定の具体／抽象レビューを集計する（4-5-2〈P.142〉参照）
- 表集計／グルーピング／マッピングしてみる（3-5-3〈P.110〉参照）
- 機能的価値と情緒的価値に分けてみる（8-14〈P.272〉参照）
- 優先順位をつけてみる（8-14-1〈P.272〉参照）
- 顕在と潜在にわけてみる（4-4-1〈P.134〉参照）

また、ネット上の声だけでは見えない声もあるため、「ユーザーに直接ヒアリングしてみる」「実際に店舗で購入体験をしてみる」「実際に店舗で購入している人がどう行動しているか見てみる」など、**生の声を必ず拾うようにしましょう**。授乳ブラジャーの場合、「胸を大きく見せたい」という**他人には言いづらい声は、ネット上のレビューだけでは集まらない**からです。

● 授乳ブラジャーのニーズ分析

	機能的価値	情緒的価値
顕在	・胸を支えるホールド力 ・素材の着け心地	・場所を問わず 授乳を楽にしたい ・シルクのような肌触り
潜在	・胸を大きく見せたい	・育児中も美しくありたい

8-16-3
「Why」の見つけ方②：ベンチマーキング

ベンチマーキングでは、以下の4点を行います。

❶ Amazon 内で売れている商品画像を集める

❷ Amazon 外（楽天市場など）で売れている商品画像を集める

❸ モール内外でその商品を販売している企業の商品画像／広告画像を集める

❹ Web 広告で何度も見かけてかつ、長い期間続いてる広告を集める

「①カスタマーレビュー分析」を実施したうえで、これらの画像を次に挙げる視点で観察していきます。

・機能的価値のどこを訴求しているのか

・情緒的価値のどこを訴求しているのか

・顕在的な購入理由はどれか

・潜在的な購入理由はどれか

これらの傾向を探ったのち、「デザインでどう表現しているか」「商品にどう反映し、改善しているか」という結論を見出すことで、ようやく商品画像をつくれるようになっていきます。

このように、カスタマーレビューとベンチマーキングを通じて、訴求ポイントを厳選し、優先順位をつけ、表に落とし込んでみます。

そのなかから、「WHY（＝インサイト）」は、この表のなかのどれなのかを探り当てていくのです。そして商品メイン画像やサブ画像に対して、どう生かしていくのかというプロセスを経るのです。

8-16-4
影響力の武器

ゴールデンサークル理論とセットで、もう1つ知っておいてほしい考え方があります。それは「**影響力の武器**」というものです。

コミュニケーションする相手が、どんなときに影響を受けて行動を変化させるか、その要素は全部で6つあるという考え方です。

この理論は1980年代に社会心理学者のロバート・B・チャルディーニが提唱したものです。すでに40年以上経っていますが、私たちはいまでもネット通販の商品ページづくりに応用できるほど、強力な**武器**です。

▶人を動かす6つの心理パターン

6つの心理パターンは、次のとおりです。

①返報性：「**施しを受けたら、お返しをしたい！**」という心理
②コミットメントと一貫性：「**一度決めたら、変えたくない！**」という心理
③社会的証明：「**みんなが良いと言うから、間違いない！**」という心理
④好意：「**好きな人が言うことは、聞いてしまう！**」という心理
⑤権威：「**あの方が言うのなら、正しい！**」という心理
⑥希少性：「**数が少ないから、貴重なものだ！**」という心理

コミュニケーションにおいて、この6つの要素を満たしていくと消費者の行動を変化させる、影響を与えることができるということです。

たとえば「**権威**」で言うと、「**ボディビル大会世界王者がおすすめするプロテイ**

ン」としましょう。この「世界王者」という部分に権威性があります。それによって「**偉い人がすすめるなら間違いない！**」という安心材料となるのです。

　ちなみに、一度にすべての要素を満たす必要はありません。訴求点が複雑すぎるとユーザーがその商品の「**らしさ**」がなにか、わからなくなってしまいます。

　STEP4（P.127）で、**POD** を解説しましたが、たくさんある訴求ポイントをうまく引き算し、バランスを取ることも大事です。

8-16-5
サブ画像は「情緒2枚：機能4枚」でつくる

　サブ画像の改善について全体のまとめをしましょう。

　まず大前提として、カスタマーレビュー分析や、実店舗の店員や販売責任者からヒアリングをして情報を収集します。そして「**お客様はどんな価値を求めているのか**」「**悩みは何なのか**」「**不安は何なのか**」を徹底的に分析するのです。

　それを明らかにしたうえで、訴求するアプローチとして「**人の心に訴える（情緒的価値）**」「**製品の持ち味を押し出す（機能的価値）**」を選択しながら、サブ画像に落とし込んでいきます。

　ちなみに、サブ画像はスマホでは最大6枚表示できますが、機能的価値と情緒的価値を何対何の割合で構成するかは「ゴールデンサークル理論」にもとづきます。

　「人は直感に意思決定する生き物である」という理論から、サブ画像の1〜2枚目は情緒的価値をコンセプトに作成するとよいでしょう。そして残りの4枚を機能的価値として落とし込みます。

　加えて、テクニカルな面として「**影響力の武器**」**の6つの要素をサブ画像のなかに盛り込んでいきましょう。**

　有名人に推薦コメントをもらうと、お客様の購買心理に働きかけやすいのか（＝**権威性**）。「**数量限定**」「**期間限定**」にして、レアリティを上げるのはどうか（＝**希少性**）など、いろいろな発想で商品ページを改善していくのが、サブ画像でのPDCAの回し方となります。

8-17 結局、商品はずっとβ版である

　ここまでの解説で、お客様に責任を委ねているようにも見えてしまいますが、そうではありません。勘違いしてはいけないのは、結局のところ、**商品そのものがよくなければ、いま解説した施策を打ったところで意味はない**のです。

　D2Cのブランド運営は、「ずっとβ版」「ずっとテスト版」「ずっと試作版」としてPDCAを回していくことが鉄則です。その積み重ねによって商品自体がよくなれば、カスタマーレビューもよくなりますし、最終的にブランディングの向上にもつながってきます。

　本書が掲げる1つのゴールとして、年商1億円を目指すとしていますが、3億、10億を目指すうえでも大事なアクションとなります。

8-17-1 事業計画に対するPDCAを忘れてはいけない

　そしてPDCAにおいて忘れてはいけないのは、事業計画そのもののPDCAについてです。

　STEP3で事業計画の立て方をレクチャーしました。3C分析、広告の費用の設定についてです。

　そのうえでSTEP7では、発売から1か月間での事業の進め方を解説しました。そして本章では、1か月間の販売実績によって獲得したデータをもとに、インプレッション、CTR、CVRの改善方法について学んでいます。

▶根本的なズレが出た場合は、事業計画の見直しを

　本章で解説したPDCAをもとに施策を改善しても、**当初描いていた計画には到達しない**、あるいは、幸いにも**あっという間に達成してしまった場合**には、このタイミングで**事業計画そのものも改善**しなければなりません。

たとえば**目標とする CTR、CVR に到底およばない**と判明した場合、原因として「**なにかが間違っている**」ということになります。至急、その原因を突き止めなければなりません。

- **競合があまりに強くて、事業計画が楽観的だった**
- **CTR は合格だが、CVR がまったく届かない**

このような原因をできる限り早く突き止め、**事業計画の改善を事業開始から3〜6か月目の間で施していく**ことが大切です。

そして STEP10 では、事業計画に対して「**拡大路線へ進むのか**」「**縮小・撤退へ舵を切るのか**」それぞれの打ち手について解説をします。

▶「打算」ではなく、「小さな努力」と割り切るかが大事

読者の方によっては、かなり打算的に映るかもしれません。しかしこうした手法は、**ネット通販の世界における上手な立ち回り**とも言えます。

私がチームメンバーによくアドバイスするのは、「**小さな施策で CTR が 1.1 倍になるならばぜひ実施すべき**」ということです。

つまり「塵も積もれば山となる」理論なのですが、そうした小さな努力を 10 個積み重ねると、結果として 2 倍以上の成果として結実します。

施策を行うとCTRが1.1倍になる

施策を10回積み重ねると	$1.1 \times 1.1 \times 1.1 \times \cdots \times 1.1 = 2.59\cdots$

2倍以上の売上になる

大事なのはPDCAの積み重ね

その考え方にもとづき、もしベストセラーのバッジを獲得することで CTR が少しでも上向くのであれば「ぜひやろうよ！」という思い切りのよさ、賢い戦い方も大切です。

COLUMN 7

Amazon 新規参入の壁！「適正価格」を考える

　メーカーが Amazon へ参入する目的の1つに、単品通販（自社サイト通販など）からの販路拡大が挙げられます。本項では Amazon へ新規参入するうえで不可欠な、「フェアバリュー（適正価格、適正品質）」について解説します。

　先に答えから言うと、Amazon の平均的な客層は、同市場内での「低価格～中価格」を買い求める傾向があります。たとえば、「シャンプーとトリートメントのセット商品」を検索します。本書執筆時点で検索結果の1～2ページ目は5,000円以下の商品が主流でした。ちなみに単品通販の場合、原価設計やビジネスモデル上5,000円以上の単価設計が必要になる場合が多いです。なぜなら広告、アフィリエイトにかかる CPA が8,000円以上になるケースが多く、リピート注文を見込んでも、そのコストに見合う設計にする必要があるからです。

● **Amazonと単品通販のフェアバリュー**

　Amazon と単品通販を分布で比較すると、客層が明確に違うことがわかります。Amazon の場合、販売開始直後はマーケティング施策によって検索上位を狙います。そして検索結果上位を獲得したら、以後はプロダクト面の改善（本章で詳述）が大切になります。なぜなら、お客様は検索上位に表示された商品一覧のなかから比較検討するためです。自社商品が比較争いに勝ち残るには、お客様の期待値

を超えるプロダクトを出し続ける必要があります。

　一方で単品通販の場合は、Amazonほど他社製品との比較競争になりにくいと言えます。そのぶん、中（高）品質・高価格の価格帯に設計し、「ブランド」という付加価値を含め"世界観"ごと買ってもらうのが王道です。このようにAmazonと単品通販との差異を知ったうえで、単品通販と並行してAmazonに参入する適正価格を探っていきます。その手がかりとなるのが、フェアバリュー上の「スイートスポット」です。まず単品通販で採算が取れる「最低単価」を割り出します。次に同市場のAmazon内での「中価格帯の上限」を割り出します（検索結果の1〜2ページまでの商品価格から見当をつける）。そして単品通販の価格とAmazonの価格が重なり合う場所が、Amazonでのスイートスポットになります（下図参照）。

● **Amazon参入時の適性価格の割り出し**
シャンプーとトリートメントセット商品の例

　さらに、新規参入で注意したいのは「ブランド価値訴求に期待しすぎるな」という点です。商品ページも定型ですので、見た目の差も打ち出しづらい。そのため、プロダクトデザイン、価格、高評価レビューの獲得など、商品自体の価値を積極的に高めていくことが重要です。お客様はブランドよりも他社製品との比較を重視する傾向があります（もちろんブランドを訴求する方法もありますので、STEP9で詳述します）。とくに単品通販で高い実績を上げたメーカーほど、注意して取りかかりましょう。これまで培ったノウハウとのずれを味わうため、明確なマインドセットが求められます。そのためのきっかけとしても、本項で紹介したフェアバリューはたいへん役に立つのでぜひ活用してください。

STEP
9

広告、SEO に次ぐ "第 3 の施策"
「Amazon ブランドストア」に
いち早く取り組め

9-1 「Amazon ブランドストア」とはなにか？

本章では、「Amazon ブランドストア」（以下、ストア）について解説します。これは売上方程式の3要素目「購入単価」（P.71）に寄与し、売上アップが期待できます。またストアを通じて、お客様が質の高い購買体験を重ね、競合商品に目を奪われないようにする施策にもなり得ます。

9-1-1 まるで公式ホームページのような独自コンテンツがつくれる

ストアとは、一言で言うと、**Amazon 内に自社ホームページ、EC サイトのようなコンテンツ**が開設できるサービスです。ストア内は、**競合が介在しない自社の商品だけを取扱える場所**です。**Amazon ブランド登録が済んでいるアカウントであれば、誰でも無料で開設**できます。

作成の自由度も高く、さながら**公式ホームページのようにブランドの特性に合わせたつくり込みが可能**です。

▶ストアの目的は、お客様の可処分時間を独占すること

Amazon に出品する企業は年々増加しています。そのため **Amazon 広告に関してもクリック単価の高騰**が相次ぎ、資金力のある企業でさえ利益率の低下は免れない状況です。

そこへ追い打ちをかけるように**昨今の物価高で、商品原価も高騰**しています。これまでのセオリーだった、広告施策や SEO 施策などの**「検索面」の打ち手だけでは生き残りにくい世界**になりつつあります。そこで**今後着目すべきは、お客様が購買にかける「可処分時間」に対する施策**が求められているのです。

競合が介在しない場所だからこそ、自社ブランドに滞在してもらう時間を増やし、購買されやすくなる施策が重要です。

STEP 9

● Amazonブランドストア（参考：オルナオーガニック）

広告、SEOに次ぐ"第3の施策「Amazonブランドストア」にいち早く取り組め

9-1-2
Amazon 内、外部広告どちらでもお客様が流入可能！

ストアの運用方法、PDCA の回し方に入る前に、基本的な知識を押さえておきましょう。まず、**お客様がどのようにストアを訪れるか「流入経路」**について解説します。大きくは、以下の3つに分かれます。

① **各商品ページ**
② **スポンサーブランド広告、スポンサーブランド動画広告**
③ **Google 検索結果や Amazon 外部広告**

▶ ①各商品ページ

Amazon の**ヘビーユーザーの流入が多い**傾向があります。各商品ページの「商品名」の下部にさりげなくリンクが掲載されており、「この商品（ブランド）に関して深く知りたい」という好奇心を持ってクリックされるのです。そのため **CVR も3つの経路のなかでもっとも高い**結果を出しています。

● **商品ページ内にあるストアへのリンク**

▶ ②スポンサーブランド広告、スポンサーブランド動画広告

検索結果ページなどに広告を掲示してストア内のコンテンツへ遷移させます。

トップページだけでなく、ストア内の各商品コンテンツなど任意で飛び先を設定できます。

▶③ Google 検索結果や Amazon 外部広告

　Googleでブランド名を検索した際、検索結果の上位にストアの遷移先が表示される場合があります。これは、Amazon内のブランド名の検索が多い場合に起こるケースです。またInstagram、LINEのようなSNS媒体のほか、外部サイトのディスプレイ広告、YouTubeなどの媒体からも誘導できます。ただしAmazon外からの誘導になるため、①②に比べるとCVRは悪くなる傾向にあります。そのため、**闇雲に広告を打つというよりは、季節ものやセールなど特別な時期に限定して行うと効果を発揮**します。

これほど優れたサービスなのに「無料」です！　ブランド登録を済ませているならば、ぜひ取り組みましょう。

9-2 施策①：ストア来訪者の「即離脱」を防ぐ

前項でもお話ししたとおり、ストア内における施策の目標は「お客様の滞在時間をいかに伸ばしていくか」です。そのための手段として、Amazon ブランドストアを充実させていくことが課題となります。

9-2-1 ストアの滞在時間を増やすための具体的な施策

まずは、以下の表をご覧ください。これは、お客様がストアに入店してから、商品を購入するまでを3つのフェーズとしてまとめたものです。

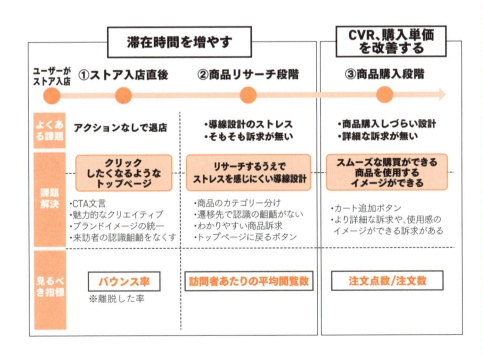

大きくは、①「ストア入店直後」、②「商品リサーチ段階」、③「商品購入段階」という3段階に分けられます。

またそれぞれの**PDCAの課題**として、①と②は「滞在時間を増やす」こと。③は「CVR、購入単価を改善する」こととなります。2つの課題は、車の両輪と捉えていただくとよいでしょう。

つまり、どちらか一方だけ改善すればいいということではなく、互いの相乗効果によって最終的な購買につながるのです。

9-2-2
ストアに来た人をいかに「つなぎとめるか」

それでは、それぞれの各フェーズに対するPDCAについて解説します。

お客様が**ストアに入店した直後の問題点は、「入店直後に即離脱（バウンス）されてしまうこと」**です。即離脱とはすなわち、ストアに魅力がなかったということです。トップページを訪れた**お客様が興味を示し、次のコンテンツをクリックする（＝したくなる）ようなつくり込みが必要**となります。

そのためのポイントは、以下の4つが挙げられます。

①クリックを促すコピーを入れる
②ページ内のデザイン、見やすさを高める
③ブランドイメージをわかりやすくする
④来訪者のニーズと、コンテンツのズレをなくす

▶①クリックを促すコピーを入れる

お客様が**思わずクリックしたくなるような誘導の文言**（「おすすめ商品はこちら」「詳細はこちら」など）を入れましょう。

▶②ページ内のデザイン、見やすさを高める

右ページ図は、オーガニック美容品を取扱うブランドのストアです。トップページでは、**商品ラインナップを「目的」ごとにカテゴライズすることで訪れた人への使いやすさを追求**しています。

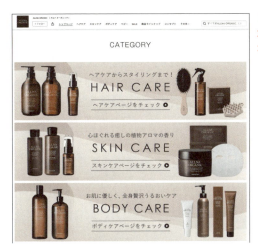

「目的」ごとにカテゴライズするなど、訪れた人が興味を持てる、あるいは閲覧しやすいコンテンツを目指すことが大切

▶ ③ブランドイメージをわかりやすくする

ブランドイメージを捉えやすいデザインを心がけることが大切です。そのための手法の1つが「**キャッチフレーズ**」でしょう。参照ストアでは、ブランド名のそばに「見た目だけでなく、心まで美しく」という言葉が添えられています。つまり、商品を通じて見た目の美しさだけでなく、内面まで変わることを訴求しています。またそれに合わせる形で、トップのイメージ画像(動画)も「上質な暮らし」を演出するつくり込みになっています。

ブランドイメージの訴求を徹底的にこだわられる点も、ストアの魅力。キャッチフレーズ、イメージ画像や動画によって、ストア内の滞在時間を多く生み出せる

▶④来訪者のニーズと、コンテンツのズレをなくす

　ストアへの導線はAmazon内だけでなく、外部からの流入を含め複数存在します。いずれにしてもお客様はリンクから訪れるわけですが、**外部で掲示している広告画像と、飛び先のストアの内容にズレがないかはたいへん重要**です。極端なたとえですが、外部のディスプレイ広告ではまるでスーパーマーケットのチラシのような大味なデザインであるのに対し、ストアのトップページがとてもシンプルで研ぎ澄まされた内容ではお客様は面食らってしまいます。

　つまりお客様は**広告をクリックする際、ある程度ブランドの雰囲気を想像したうえで訪れる**のです。その受け皿としてストアが存在するため、広告とストアとのズレは徹底的になくさなければなりません。

▶改善の実績を数値で確認する

　いま紹介した①〜④の改善を行ったら、数値として改善されているかの確認を行いましょう。

　見るべき数値は、「**バウンス率**」です。バウンス率とは、ストアを訪れた人がなにもクリックせずそのまま離脱（ブラウザバック、ウィンドウを閉じるなど）した人の比率を表しています。つまり「バウンス率」が改善前より下がっていれば合格です。理想は **15％以下** です。

9-3 施策②：ストレスを与えない導線設計を考える

お客様がストアを訪れるということは、商品もしくはブランドに対し少なからず興味があるということです。

たとえば**スーパーマーケットの実店舗で「醬油」を探すときのプロセス**を想像してください。「**醬油は調味料だから、調味料コーナーにいって探そう**」と自然に考えるでしょう。**店舗内には棚ごとにカテゴリーを示すポップが用意されている**ので、ストレスなく目的のものを探せるわけです。

9-3-1 やるべきことは簡単。「使いやすさ」「わかりやすさ」の改善

Amazon のストアでもそれは同じです。お客様にとって、**ストレスなく探せる状態をいかにつくるかが大切**になります。そのためのポイントは次の 4 つです。

①**商品のカテゴリー分け**
②**遷移前と遷移先のイメージの一致**
③**わかりやすい商品訴求**
④**スマホ上での見やすさ、使いやすさ**

▶①商品のカテゴリー分け

「オルナオーガニック」の場合、トップページで「HAIR CARE」「SKIN CARE」「BODY CARE」にカテゴリー分けがされています。**ユーザーが商品を探しやすい導線設計**となっているため、**買い回りが促進**されるのです。

複数商品を展開するブランドの場合、どのようにページコンテンツをつくり上げるかが重要。買い回りを促進するために、たとえば「カテゴリー」「目的別」などの導線設計は有効な手法となる

▶②遷移前と遷移先のイメージの一致

「HAIR CARE」をクリックすると、ヘアケアのページへ遷移します（下図参照）。遷移先では「なりたい髪に合わせて選ぶ」というキャッチコピーがあり、**トップページから誘導するうえで、齟齬が生まれない配慮**がされています。またヘアケアカテゴリーのページ内でも商品の特徴ごとに振り分けているため、さらに親切設計となっています。

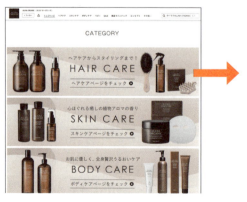 

▶③わかりやすい商品訴求

商品訴求のPDCAは、ストア内ではなく各商品ページに対する改善となりま

す。詳細は、STEP8「12　商品ページ全体を改善する」（P.261）で説明しましたのでそちらを参照ください。

▶④スマホ上での見やすさ、使いやすさ

Amazonでは、スマホ経由の売上が約6割となっています。商品ページを改善するうえで、「**スマホ上でどう見えているか**」を確認することが不可欠であると述べました。それはストアページにおいても同じです。

▶改善の実績を数値で確認する

①〜④の改善を行ったら、数値として改善されているかの確認を行いましょう。

見るべき数値は、「**訪問者あたりのビュー数**」です。これは、ストア内で「何回クリックされたか」という回数（回遊性）を表しています。改善前と比べて数値が増えていれば合格です。理想は **1.8以上** を目指しましょう。

施策③：クロスセル、アップセルで売上を最大化する

　ストアで販売することで得られるメリットは、「合わせ買い（クロスセル）」「上位クラス商品の購入（アップセル）」が促進できることです。**1顧客あたりの購入点数や売上単価が上がるため、たいへん効率がよい**と言えます。本項で解説する「③商品購入段階」（P.295）の施策は、まさにこのメリットを最大化するための重要なフェーズになります。

9-4-1 お客様に「便利」と「知識」を授けることが大切

　これまで、ストア滞在中のPDCA対象として「①ストア入店直後」「②商品リサーチ段階」に関して解説してきました。ですが、①②をどれだけ完璧につくりあげたとしても、最後のひと押しとなる「③商品購入段階」が不完全であればすべてが水泡に帰します。その前提を踏まえ、下記のポイントを押さえながら改善を行いましょう。

①カートへ追加するための「カートに入れる」ボタンがある
②用途、効果、使用感などの「知識」をお客様へ授ける

▶①カートへ追加するための「カートに入れる」ボタンがある

　これはとくに、**合わせ買いを促すことに寄与する施策**です。
　ストア内で紹介している商品に対し、「カートに入れる」ボタンを付属しておけば、それを**クリックするだけで次々とカートのなかに商品が追加される仕組み**です。わざわざ、各商品ページに飛ばす手間が省けて、お客様にとってストレスが減るのです。

▶②用途、効果、使用感などの「知識」をお客様へ授ける

たとえば「スキンケア」のページへ遷移すると、「肌タイプで選べる3タイプ」というコンテンツがあり、**肌の水分量や皮脂量によってスキンケア商品が振り分け**られています。これはお客様のなかで、「なるほど、一言でスキンケアと言ってもきちんと使い分けないといけないのか」という"**新たな発見**"をもたらします。

また美容の分野とは異なりますが、**スポーツ系のサプリメント**も特徴的です。たとえば「**スポーツ前**」「**スポーツ中**」「**スポーツ後**」など、タイミングに合わせて摂るべきサプリが異なります。**その前提をストアのコンテンツとしてつくり上げ、お客様に"知識"として授ける**のです。それを理解・納得することで、お客様は**合わせ買いはもちろん、より高い効果が得られる上位クラスのサプリを購入**したくなる可能性が高まります。

▶改善の実績を数値で確認する

①②の改善を行ったら、数値として改善されているか確認を行いましょう。見るべき数値は、「**注文**」「**注文された商品点数**」です。「注文」はストア内で決済されたお客様の人数。「注文さ

「カートに入れる」ボタンを押すだけで、カートへ次々と商品が追加さる。これにより、各商品ページにアクセスする手間なく買い物が楽しめる

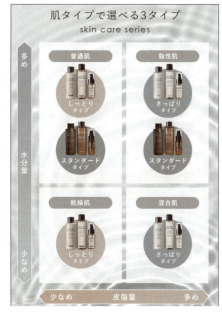

ストア内の見やすさ、使いやすさ以外にも工夫が必要となる。たとえばお客様にとって、もっともふさわしい商品を購入してもらうために、理解度を高めるコンテンツを用意するとよい。それによって、購入後、カスタマーレビューの高評価にもつながりやすくなる

れた商品点数」は、購入された商品の総点数です。なお**1人あたりの購入点数は**
「注文された商品点数÷注文」で計算できます。理想は**1.3～1.4**を目指しましょう。

9-4-2
Amazonブランドストア PDCA まとめ

　ストアの PDCA についてまとめると、下の表に掲げた基準値を目指していくことが目標となります。ただし、PDCA を回すうえでお客様のインサイトにフォーカスすることを忘れてはいけません。どのようなお客様がストアに来ているのか、どのような訴求によってお客様の心を動かしているのかを日々探求し、その要素を盛り込んだストアにしていきましょう。

● **AmazonブランドストアPDCAまとめ**

寄与する部分	段階	見るべき指標	目指す基準値
滞在時間	ストア入店直後	バウンス率 （離脱率）	ストア全体で 15％以下
	商品リサーチ 段階	訪問者あたりの ビュー数 （平均ページ 　閲覧数）	ストア全体で 1.8以上
CVR、 購入単価	商品購入段階	注文点数/ 注文数	ストア全体で 1.3以上

COLUMN 8

無名シャンプーが、大手メーカーに勝った秘密

　Amazonで商品を買うときに、見たこともない商品が有名ブランドを差し置いてベストセラーになっていることがたびたびあります。

　この現象には、無名の企業が大手ブランドを倒す立派な秘密があります。それが「認知的不協和解消マーケティング」です。

　本章でたびたび登場した「オルナオーガニック」も無名シャンプーからスタートし、認知的不協和をきっかけの1つとしてベストセラーを獲得しました。ちなみにテレビCMはまったく行っていません（大前提としてマーケティング云々抜きに、商品自体が純粋に素晴らしいものであることは強調しておきます）。

　まずはGROOVEが独自で調べた、Amazonの検索キーワードの頻度ランキングを見てみましょう（下図）。お客様がシャンプーを購入する際に「どんな言葉で検索しているか」の傾向をまとめたものです。「シャンプー」が10～20位、「シャンプー 詰め替え」が約500位、「シャンプー メンズ」が約1,000位に位置しています。「パンテーン」や「メリット」よりも、ジャンルや目的での検索が圧倒的に上位であるのがわかります。

● シャンプーを検索するとき「どんな言葉」で調べるか

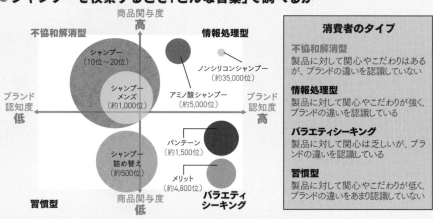

この事実を押さえたうえで、認知的不協和について解説します。

人間には「知らない事実が登場すると、都合の良いように解釈する」という性質があります。たとえば誰もが知っている有名商品を差し置いて、未知の商品が上位に登場すると違和感（＝不協和）を覚えます。そして違和感を解消するために、脳内で「思い込みのバイアス」が発生するのです。

「きっとこの商品は自分が知らないだけで、本当は良いものに違いない」。そして思い込みを担保させるべく、ついカスタマーレビューを覗いてしまう。レビューが高評価であれば「やっぱり正しかった！」と納得でき、その安心感とともに商品を購入するのです。

この傾向から導き出せるのは、Amazon 上で「良いに違いない！」と思える商品の条件とは**「検索結果の上位にあり、レビュー数が多い商品」**であることです。

オルナオーガニックは常に検索上位で、レビューが多く、実際に評価も高い商品です。前提として、成分や企業思想に共感し、商品の素晴らしさを十分に理解したお客様から多くの支持を集めているのは事実です。一方で、認知的不協和で商品に注目するお客様も見逃してはいけません。「検索上位に位置しているから、良い商品に違いない」「レビュー数が多く、平均点が高いから良いに違いない」と解釈し、安心してカートに入れていくからです。

つまり購買の決め手に欠けるとき、お客様はブランドイメージで情報を補って購入にいたるケースが多いと言えます。繰り返しになりますが、Amazon で商品を取扱うメーカーにとっての「ブランディングの正解」とは、Amazon 内の検索で上位表示され、かつレビューが多い状態です。

無名商品や無名メーカーの場合、大規模な CM を打つほどの予算はありません。しかしいま解説したように、Amazon 内での「ブランディング」の定義を理解すれば、低予算でも十分に勝負できます。

そしてひとたびベストセラーの地位を獲得できれば、実店舗のバイヤーへのアピールが可能になるなど、他販路へ展開するうえで追い風となるでしょう。

これが、パンテーンやメリットなど大手よりも、無名メーカーが売上を上回る"ジャイアントキリング"の秘密です。

STEP 10

進むも勇気、
退くも勇気！
正しい未来へ導くための
「拡大戦略」「撤退戦略」

年商1億円に至る シナリオ

10-1

本章では、事業の「拡大」について解説をします。

プロジェクトが進行し、1～2商品ほど販売してみて、「ここから先、どう取り組めばいいのだろう」という瞬間に直面するときが必ず訪れます。

しかしここで誤った道を選んでしまうと、最終的にはブランドの失敗にもつながるため、慎重に事を進めなければなりません。そこで、いくつかのシナリオをベースにお話を進めていこうと思います。

拡大への観点として、大きく3つあります。

①年商1億円に至るシナリオ
②撤退判断
③成功事例、失敗事例から学ぶ

10-1-1
ラインナップを増やす

まず、年商1億円にいくまでのシナリオについて考えていきます。

本書を丁寧に読んでくださった方のなかには、すでに月商100万円いきました、数百万円売上げています、という人もいらっしゃるでしょう。

そんな方々にお伝えできる次のアプローチは、全部で4つあります。

・ラインナップを増やす
・カテゴリー、ブランドを増やす
・販路はあえて増やさない
・別媒体から流入させる

▶増やす、減らす、変える

まず1つ目が、「ラインナップを増やす」ことです。これは、比較的容易に進めやすく、かつ間違えにくい方針です。

実際に私がかつて財布を販売していたころ、まずはラウンドファスナーの財布をつくりました。そこから二つ折り財布に改善し、次は素材を合成皮革から本革へ変更するなどPDCAを回すなかでアップデートを行いました。

たとえば食品を取扱う販売者の場合は、フレーバーを変える、容量を増やす（減らす）なども考えられるでしょう。

電化製品を取扱う販売者ならば、カラーバリエーションを増やす、スペックを変えるなどが、お客様にとってもわかりやすい変化です。

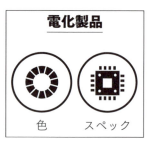

当然ですが、これらの変更はあくまでカスタマーレビューをたくさん読んで、お客様の声に応えるというPDCA（マーケットイン思考）のうえでの施策であることが大前提ですので注意してください。

▶過剰在庫につながる変更は気をつけて

ただし「増やす」施策において、たとえばアパレル関連の商品が該当しやすいのですが、SKU（ストック・キーピング・ユニット）が多くなり、在庫管理が複雑になるような増やし方は注意が必要です。

もともと、同じ品番でS、M、L（3サイズ展開）、白、黒、赤（3色展開）で販売していたところ、**XS、XLの2サイズを追加、色はグレーとピンクの2色を追加**するとします。

● **ラインナップを増やす際はSKUに注意する**

当初は**9SKU（3サイズ×3色）**であったものが、一気に**25SKU**にまで**膨れ上がる**ことになります。この施策によってたしかに販売機会は増えるものの、オペレーションの工数が増えることが案外見落とされがちなのです。

10-1-2
カテゴリー、ブランドを増やす

次に、「**カテゴリー、ブランドを増やす**」について解説します。
まずこれらを増やすにあたり一番の悩みどころは「**いつ増やすか**」というタイミングの判断があります。

▶最大の判断軸は「そこにスケールメリットはあるか？」

私が一番大事だと考える観点は、スケールメリットです。
そこで2つの観点から、スケールメリットの有無を判断します。

①コスト
②消費者インサイト

優先順位として①→②の流れで着目していくのがよいのですが、最終的にはそれぞれが密接に関わっているので、バランスよく組み合わせていくことが求められます。
そのうえで、それぞれの観点について解説します。

▶①コスト：現状のバリューチェーンのなかで検討する

コストにおけるスケールメリットは、**現時点でのバリューチェーンのなかで拡大できるかどうかを判断**することが大切です。

たとえば、軽くて丈夫な木製品をつくることが得意なメーカーさんが、Amazonで「**木製のハンガー**」を販売していたとします。
そこから新しいカテゴリーの商品を検討する際、**着目すべきポイントは「軽くて丈夫な木製加工が得意である」**という点になります。つまりバリューチェーン上の強みを軸に拡大するということです。

その前提に立ち、ハンガー以外の商品はなにかを検討します。
すると、「**シューキーパーをつくってみよう**」「**木製の椅子はどうだろう？**」というように、自社が持つリソースを活用することで生産すれば生産するほど、商品単体だけでなくブランド全体の費用が抑えられてコストが下がる仕組みです。

現状のバリューチェーンのなかで拡大の検討をする

　また、**バリューチェーンのなかで検討しているつもりが、微妙に踏み外しているリスク**にも注意です。

　たとえば、「木製のハンガーに、スラックスをかけるための**金属のクリップ**をつけよう」というように、**自社でまかなえない工程がアイデアのなかに紛れてしまう場合**があります。売上は拡大できたとしても、オペレーション工数は複雑になり、コストダウンのスケールメリットは効かない可能性があります。

　あくまで「自分の強み」を忘れることなく検討していければ、「赤ちゃん用の木製のベビーチェアをつくるのはどうか？」「木製の食器をつくってみるのはどうか？」というように、ブレない商品ラインナップ、商品のカテゴリーを増やすことができるようになります。

いまあるサプライヤーから仕入れられる商品で、中くらいの市場規模を狙っていきましょう。

▶できるだけ1社のOEM先で完結させる

　自社で製造部門、加工部門を持っていない方(とくに個人)の場合も同様です。
　OEM方式で商品を生産しているとして、**特定の1社(ないしは数社)に注力して発注をかけるほうがメリットは大きい**です。発注先に対する交渉力やバイイング・パワーが増しますので結果的にコストが下がります。しかも長期的なバリューチェーンの強さにもつながります。

　そもそもOEM初心者はノウハウがゼロです。そのため、サポートしてくれる仕入れ先や製造元に頼ることは必然になります。つまり大切なのは、相手方との関係性の構築、製品に対する学習などを経験値として積み上げなければなりません。

　ところが、「売上が伸びた」という理由だけで取引先をガラッと変えてしまうと、またイチからスタートすることになり、かえってコストや支払い条件が悪化する場合もあるのです。
　OEMで事業を行う人は、**仕入れ先や製造元もバリューチェーンの1つとして捉え**、そのなかで「どう拡大するか」を検討するのがもっとも効率のよい進め方になります。

▶②消費者インサイト：その業界にいるからこそ聞こえてくる「ヒント」

　「消費者インサイト」のスケールメリットとはなにかというと、「**アンテナ力**」「**情報収集の感度**」と言い換えることができます。
　要は、自分たちががんばってマーケティングしている、あるいはモノづくりをしている市場だからこそ見えてくる商品企画(ラインナップの増やし方)があるということです。

　たとえば**アウトドアに特化しているメーカー**だとすると、2020年に入ったあ

たりで「**いま、サウナ需要が来ているな、ブームが来ているぞ**」というムーブメントを嗅ぎ取っています。

アウトドアとサウナ、一見すると何の脈絡もないと思われますが、じつは**アウトドア好きの方がテントサウナにハマっているという文脈**なのです。こうした情報も、アウトドアで長らく勝負しているからこそ聞こえてくる情報であったりします。

そうしたときに、「**アウトドアメーカーとしてつくれるものは何だろうか**」というふうに考えることで、アウトドアカテゴリーにプラスする形で「サウナ」というカテゴリーが自社に加わります。

これが、消費者インサイトのスケールメリットということです。

10-1-3
販路はあえて増やさない

拡大について話をするのに、逆説的な見出しで驚かれたかもしれません。しかしここには深い理由があります。

「**販路はあえて増やさない**」とは、もどかしさを覚えるでしょうが、私が強く伝えたい思いは、「**年商1億円達成するまでは、Amazon に集中せよ！**」ということです。

私はこれまで、中途半端に終わってしまう会社さんを何度も目撃してきました。Amazon で一生懸命がんばっているけれど月に 100 万円しか売れない。そのうえ次の打ち手が見えなければ、つい楽天市場への鞍替えや、販路を増やしたくなるのです。

たしかにそれまでに培ったノウハウがあるので、**楽天市場でも月に 50 万円くらいの実績は立てられる**でしょう。

このとき、「合計で 150 万円に上がった！　やった！」となるのですが、じつのところ**本質的には、「楽天市場でも 50 万円止まり」**ということなのです。

▶ 苦しい時期を「打破する力」が年商1億円の道となる

こうした進路変更に対して、私は「ノー」を突き付けたいです。なぜなら、長

期的な事業を行ううえで求められる「打破する力」が養われないからです。

　問題の原因を環境（Amazon、楽天市場など）に求めてしまうと、個人や組織のなかで短期的な売上だけ追い求めていく文化が醸成されていきます。

　どんなフィールドで戦うにも"難しい局面"というのは必ず訪れます。そこに対して**目を背けるのではなく、知見を広めたり、修練する場として向き合わな**ければなりません。

難しい局面を打破する力もまた、PDCAとつながってくるのだと思います。

▶「踏ん張りどころ」を見誤らないことが経営者の才覚

　Amazonは常にアップデートし続けるプラットフォームです。仮に一時期、楽天市場に乗り換えて売上を立てて自信をつけたつもりでも、いざAmazonに戻ってきたところで"**浦島太郎の状態**"を味わってしまうでしょう。

　数か月のブランクによって、結局また**Amazonについて学び直しを余儀なくされて、再び挫けてしまう**ことも考えられます。

　そうならないためにも、まずは**Amazonマーケティングに対する練度を徹底的に上げていくのが筋**というわけです。それこそが、モノづくり、自分たちの組織力、マーケティング力をアップデートすることにつながります。

販売者として、ひいては経営者として「踏ん張りどころ」を見誤らないようにしましょう。

▶「ベストセラー」を達成すると見える景色がある

　裏を返すと、年商1億円達成できれば次の販路を検討してもよいということになりますが、そのほかにも**拡大の目安となる指標**はあります。

・ビッグキーワードで検索したとき、1ページ目の1〜2段目に表示される

・「ベストセラー」「Amazon おすすめ」バッジを獲得する

これらを達成できているということは、Amazon 内でしっかりとしたシェア率を獲得している証拠になります。つまり、**達成するに至るまでの間に Amazon マーケティングの修練具合が上がった結果**ですので、そこから次のステージへ進むのは正しい順序であると言えます。

最初から大きなカテゴリーで 100 万円を売るよりも、まずは**小さなカテゴリーで 100 万円売上げる経験をするのがおすすめ**です。バッジを獲得できる可能性も高まりますし、それが自信につながる、前向きな気持ちになるなど精神的にも豊かになります。

10-1-4
別媒体から流入させる

4 つ目は別媒体からの流入を増やすという施策です。発売前後で、YouTube、Instagram、X、TikTok などの SNS でコンテンツマーケティングを行うことはほぼ必須でしょう。

▶外部流入によるジレンマに、どう折り合いをつけるか

ちなみにこの施策について、"矛盾"のような受け止められ方をする場合があります。
「Amazon の外から集客するのに、なぜ自社サイトではなく Amazon へ誘導するのか？」
「わざわざ販売手数料を払ってでも、Amazon に誘導させる必要があるのか？」という疑問です。
このジレンマは、人によってなかなか受け入れにくい部分でもあります。

つまり、なにを「正義」として捉えるか、という話にもなるでしょう。しかし、私はなにはともあれ、まずは Amazon に集中することがとても大事なのではないかと考えています。

たしかに外部 SNS の運用によって 1 日 100 人のアクセスを取れるとなれば、自社サイトで販売すれば手数料もかからずに販売実績をつくれます。しかしそれで Amazon を手放してしまえば、**すべてが中途半端**になってしまいます。

Amazon 上で広告を打つだけでなく、外部の集客施策も使ってでもまずはなにがなんでも自然検索で 1 位を獲る、あるいはそれに準ずるような「ベストセラー」「Amazon おすすめ」バッジを獲る。

それらをやり切れば、いざ自社 EC に販路を求めたときも、培った知見をもとに大きな利益が見込めるようになるのです。

まずは Amazon のマーケティングを一定レベルまで学ぶには、自社サイトを含めた外部の EC サイトへ浮気をしないことが大切です。

勇気ある撤退判断

　無事に年商1億円に到達する場合もあれば、残念ながら撤退を余儀なくされることもあります。ここからは、私が見てきた失敗事例をもとに原因や撤退判断の見極め方について解説します。

10-2-1
撤退の根本原因は「マーケット選定ミス」が9割

　撤退となる根本原因——。これは、ほぼ1つの理由にまとめられます。それは、「**マーケット選定を見誤った**」ということです。
　3C分析の時点で考え得る原因として、

原因①：**市場規模の検討が不十分だった**
原因②：**競合が強すぎた**
原因③：**プロダクトがお客様に刺さらなかった**

などが考えられます。

10-2-2
原因①：市場規模の検討が不十分だった

　市場規模の検討が不十分という原因のなかでも、「**狙った市場規模が小さすぎた**」ということがよくあります。
　ただし、これは**さほど大きな問題ではなく、すぐに撤退の判断が求められるわけではありません**。
　打ち手としても単純で、「もっと大きい市場はないか」「新しく商品を増やせば

いい」といったことがソリューションになります。

ただし、市場が小さいにもかかわらず、在庫を積みすぎてしまった場合は要注意です。むしろ、撤退せざるを得ない判断も必要になってきます。

過剰在庫さえ避けられれば、挽回のチャンスは十分に残されています。

10-2-3
原因②：競合が強すぎた

競合が強すぎた、歯が立たなかった場合は2つの理由が考えられます。

▶自社の広告がまったく出ない

これは「予算が足りない」ことによって引き起こされます。当たり前ですが競合としても、ライバルを増やしたくはありません。そのため、ディフェンス的な立ち回りとして、広告予算を大量に投下していると考えられます。

仮に競合が、自然検索で1位を獲っていたら、本来はその商品に対して広告をする必要はなくなります。しかし心理的には、「**広告枠を他社に譲るよりは、わが社が居座って入り込む余地をなくそう**」という、防御策として引き続き広告を打ち続けているのです。

そのため、1クリックあたりの単価も高く設定されて、もはやこちらも予算的に太刀打ちできずに撤退の判断に迫られます。

参入する前の段階で、競合の広告に対する資金力を予測しないといけません。

▶アクセス数は取れても、コンバージョンが取れない

これは自社商品のクオリティに原因がある場合もありますが、どちらかというと**競合製品のクオリティが良すぎる、安すぎる**ということが多いです。そのため、お客様による比較・検討のなかで買ってもらえないならば、**競合にキャッチアップできるだけの商品の改善、値下げで勝負する**とよいでしょう。

しかし、相手に比肩するほどの打ち手がなければ、残念ながら撤退の判断をせざるを得ません。

10-2-4
原因③：プロダクトがお客様に刺さらなかった

これはそもそも自社に原因があります。

売りたかった商品が、お客様のニーズと合致しなかったということです。つまり消費者インサイトをつかめていなかった、マーケットインできていなかったという反省のもと、撤退をするかどうかの判断をしなければなりません。

あるいは、最初は好調に売れたのに2か月目に入ると悪いレビューがたくさん投稿されてしまい、3か月目、4か月目と経るごとにCVRが減少していくという事態です。これも同様に、自社の商品がそもそも悪いからにほかなりません。

▶商品を見直すことで挽回できるかもしれない

ただしプロダクトに原因がある場合は、商品を改善することでCVRを回復できる可能性もあります。幸い、競合に原因があるわけではないので、自社と徹底的に向き合うことで解決の糸口を探っていきましょう。

10-2-5
撤退の検討は3〜6か月目までに決着せよ

いま紹介した原因をもとに、撤退する・しないの決断はいつまでに行えばよいかをお伝えします。

結論、販売開始してから3〜6か月までの間に行うのがベストです。なぜかというと、原因を特定して検証を行うまでにおおよそそれくらいの期間がかかってしまうからです。逆に、雲行きの怪しい商品に対して、原因や検証に6か月以上費やして持ちこたえたケースは、ほとんどありません。執念深く追いかけて疲弊するよりは、むしろ新しい消費者に向けた商品企画・開発へシフトすることを

私は強くおすすめします。

　たしかに在庫も抱えていて、なんとか売りさばきたい気持ちもわかります。ですが、**その商品はもう「売れない」**のです。と同時に、刻一刻とマーケットの情勢が変わっています。売れない商品に対してPDCAを重ねれば、組織の成長もありませんし、時間やお金も浪費することになります。

　いっそ、**気持ちよく在庫を手放してしまい、また新しい商品企画に向けて再スタートを切ることが人としても会社としても健全**であると私は思います。

10-2-6
失敗を次に生かすための種とする

　私たちもこれまでの活動のなかで、売れない商品をたくさん生み出してしまいました。しかしその苦い経験があったからこそ、マーケティングやモノづくりの知見につながっていることは間違いありません。

　正直、撤退は辛いものです。しかし不良在庫の処分に追われてしまうことで、新しいお客様や市場の開拓が疎かにならないよう、失敗に対するポジティブな面も忘れないようにしましょう。

10-3 あるある失敗事例から学ぶ

ここからは、実際に起こりやすい「失敗事例あるある」を紹介します。

10-3-1
よくある失敗①：広告予算が途中で尽きる

よくある失敗 01
自然検索で上位にくるまでに
広告予算が途中で尽きる

▼

**広告予算のシミュレーションをしっかりして、
実績が出るまでは投資する覚悟を持つ**

　繰り返しになりますが、Amazonのアルゴリズム上で重要なのは、自然検索結果でいかに上位を獲れるかということです。そのために、販売開始直後は広告費の投資による赤字（売上利益トントン）からスタートし、最終的に自然検索による売上で利益を立てていくというスキームです。
　しかし残念ながら、道半ばで広告予算が尽きてしまうことがあります。ですので、**参入する前に広告予算がどれくらい必要なのか十分にシミュレーション**をしないといけません。

逆説的ですが、「Amazonとは、広告主体での戦い方が王道」と理解し、実績が出るまでは投資を続ける覚悟が必要です。

10-3-2
よくある失敗②：PDCA を回しきれていない

よくある失敗 02 オペレーションが煩雑になってしまって **PDCAを回しきれていない**

▼

長期的なブランドを育てる意識で Amazonに集中する

　オペレーションが煩雑(はんざつ)になってしまって、PDCA を十分にやりきれていない、という**組織上の問題**です。原因として考え得るのは、

・**商品数を増やしすぎてしまった**
・**Amazon で売れていないのに、楽天をはじめてしまった**

などオペレーションの工数の増加によって、**現場の手が回らなくなる**ことです。そのため本来やるべき、商品ページの改善、カスタマーレビュー分析など**重要な業務が疎かになり、最終的に商品自体の PDCA が回せなくなってしまう**のです。
　無理に手を広げすぎず、まずは「**1 商品で 1 億円**」「**1 ブランドで 1 億円**」など、**集中できる条件のもとで販売を行うことがセオリー**になります。

目の前の売上利益を追わずに、長期的にブランドを育てるっていう観点で、Amazon 事業をやっていくことをおすすめします。

10-3-3
よくある失敗③:強力な競合が参入してくる

よくある失敗 03
市場調査時にはいなかった
強力な競合が参入してくる
▼
Amazon PBに対しては良い商品を
中価格中品質で狙っていけば
バッティングすることはない

これはアンラッキーですが、とてつもなく強力な競合が参入してくる場合です。これは**不可抗力ですし予測することは困難**なのですが、それでも**"予感"のような嗅覚を持っている**とよいでしょう。

たとえば、自社と同じ取引先や仕入れ先を持っている同業他社に対して注意を払うということです。親切なサプライヤーさんの場合は、「**○○社さんが同じような商品開発をはじめているよ**」というようなことを事前に伝えてくれる可能性もあります。そうした"もしも"の備えとして、自分のバリューチェーン全体の強さを盤石にしておかなければなりません。**競合が入ってきたとしても、量産に耐えうる、価格競争に耐えうるなど、勝ち続けられるビジネスモデルを構築しておくことが大切**です。

ちなみにここだけの話、AmazonのPBについては、**安かろう悪かろうによる大量販売戦略**で攻めてきます。ベストセラーを明け渡すかもしれませんが、こちらは引き続き「**良い商品**」を「**中価格帯・中品質以上**」を保つ戦い方を続けていれば、過剰に恐れる必要はありません。

むしろ低価格帯としてのすそ野が広がることで、「高級路線がほしい」というニーズも生み出されて、**市場全体としてはプラスになる傾向**もあります。

10-3-4
よくある失敗④：事業計画が不十分

よくある失敗 04 事業計画が不十分

▼

楽天で売れているからといって、
Amazonでも売れるわけではない
Amazonのユーザーに着目することが大事

事業計画が不十分というケースも、よく見受けられます。

たとえば、「この商品は、楽天市場で1億円売上げているのだから、Amazonでは3,000万円くらい売れるでしょう」という"**たられば**"をしてしまっているケースです。

本書をここまで読んでくださった方は、この考え方がどれだけ悪手であるかは容易に想像がつくことでしょう。

繰り返しますが、Amazonと楽天市場では、お客様が求めているもの、商品ページのUI、アルゴリズムなど根本的な構造がまったく異なります。つまり「**楽天市場で売れている＝Amazonでも売れる**」という短絡的な論理を当てはめるのは**無策でたいへん危険な判断**ということです。

楽天市場のカスタマーレビューを見つつも、Amazonのカスタマーレビューも見て、その傾向の違いを知ることが大切です。

 Amazonのマーケット調査の手間を惜しまないようにしましょう。

10-3-5
よくある失敗⑤：市場シェアを奪われる

よくある失敗 05
ベストセラーでも
市場シェアを奪われる
▼
分野がまったく異なるメーカーの参入に注意
新しい価値観、世界観で勝負するので、
流れを一気に奪われてしまう

せっかくベストセラーバッジを獲ったのに、その座を奪われるケースです。

私が身近に感じた例で言うと、**家庭用トランポリンの市場**です。いわゆるトランポリンというと、円形で伸縮性のあるナイロンやバネで構成された定番のものを想像するでしょう。しかし現在のトランポリン市場は少し異なります。定番の形状はインテリア的に好ましくないというニーズが高まったことで、新しいトランポリンの需要が生まれているのです。

いま主流なのは、**クッションとほぼ見た目が変わらない、四角形のトランポリン**です。しかもメーカーは、インテリア系のクッションを手掛けているサプライヤーです。つまり、これまでのトランポリンメーカーは家庭で使用するニーズの変化に気づけず、まったく違うアプローチから参入したメーカーに1位の座を明け渡すことになったのです。

常にお客様のニーズを捉えながら、商品の改善（スペック変更、容量変更など）を続けなければなりません。場合によっては、形状そのものを思い切り変更しなければ、最終的に痛い目に遭うこともあるということです。

商品開発はやはり「ずっとβ版」で取り組まなければいけないことが、証明された形です。

4 成功事例から学ぶ

10-

失敗事例に続き、次は成功する D2C ブランド、メーカーさんについて解説します。じつは、失敗事例と比べて数は多くありません。やるべきことはシンプルに 3 つに絞られます。

①常に PDCA を回している
②世の中のマクロ環境を捉えている
③ブランディングができている

10-4-1
成功事例①：常に PDCA を回している

何度も申し上げていますが、PDCA を回し続けているブランドは強いですし、成功する秘訣です。

PDCA を回す対象は、多岐にわたります。商品そのものもそうですし、商品ページ内の要素、広告運用も含めすべて PDCA を回します。

私も副業ではじめたときは素人でしたので、発注ごとに改善を積み重ねていきました。1 ～ 2 か月に 1 度発注を行うので、1 年経つと 10 回ほど改善を実施したことになります。するとレビューも溜まるし、SEO も上がるし、プロダクトの質もよい、という三拍子が積み重なり、最終的に「ベストセラー」のバッジが獲れました。

「ずっと β 版」という意識のもと、常に PDCA を繰り返し続けている組織、ブランドは勝てる DNA を備えていると言えるでしょう。

10-4-2
成功事例②：世の中のマクロ環境を捉えている

　世の中の市場、マクロ環境をよく捉えられているかどうか。これは、お客様のニーズを敏感にキャッチすることにつながります。

　近年で象徴的だったのは、コロナ禍でしょう。「ステイホーム」を旗印に、日本中、世界中の人々が家のなかで過ごすというライフスタイルが一斉に起こりました。そのなかで働き方、生き方などにも変化が起こり、生活を豊かにするというニーズにも変化が起こったのです。

　そうした**お客様の機微に対して販売者やメーカーがいち早く察知できれば、自然と市場は広がってくれる**ので、成長しやすい環境に身を置けるようになります。

　STEP1でも解説したとおり、**Amazon自体が年に25～30％ほどの高い成長を維持**しています。**言わばAmazonそのものが「世の中の流れ」**と言っても過言ではありません。その市場のなかでさまざまなジャンルや商品が、生まれては消えてを繰り返しています。つぶさに観察を続け、上昇傾向を見抜けば、Amazonで成功しやすくなるでしょう。

10-4-3
成功事例③：ブランディングができている

　最後の3つ目は、「ブランディングができている」ということです。
　「**ブランド**」とは、「**価格**」「**機能**」「**デザイン**」に加わる第4の要素として、お客様に提供できる価値であると私は考えています。

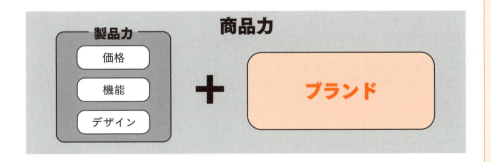

たとえば、A社、B社、そして自社の3社が、機能もデザインも価格もまったく同じ商品を発売したとします。そのなかで、自社の商品が圧倒的に売れるということは、自社で買いたくなる「何かしらの理由」があるのです。
　その正体こそが「**ブランド力**」ではないかと思います（P.121～122で詳述）。
　そして販売者は、そうしたブランド力を自ら醸成できているかが問われています。つまり、ブランディングをどうすればよいか──。最後に少しお話をします。

　たとえば新社会人が新生活をはじめるにあたり、**スーツをきれいに掛けるためのハンガー**を求めているとします。細いワイヤータイプでは心許ないので、「ハンガー　木製」というキーワードで調べます。

　すると、頑丈で高級そうなハンガーがずらっと表示されました。レビュー数も、価格も容量も異なるため、**どれにしようか迷う**ものです。

　するとお客様は一度 **Amazon から離れてみて、Google、X、Instagram、YouTube などで、そのブランド名を検索してリサーチ**を行います。そうした外部 SNS を通じて、第三者的な意見を集めてから購入に至ります。

これもブランドとして優位だからこそ、そのハンガーが選ばれるということです。

▶ **ブランドは「口コミ」でつくられる**

ブランディングというのは、**相手に自分のイメージを理解してもらうための努力**です。こちらから伝えるのではなく、顧客やインフルエンサー、アフィリエイターに「どう伝えてもらうか」というのがブランディング力なのです。

いわゆる「**口コミ**」とも言えますが、お客様が第三の意見を求めたくなる価格帯というのも存在します。

5,000円以上の単価帯になると、お客様も慎重に比較検討をはじめます。

高価格帯になればなるほど、Amazon内の商品を比較検討する

あまり変わらなければ、ブランド名をGoogleなどAmazon外で検索する

そのユーザーの行動を押さえることが大事

10-4-4
ビッグキーワードで検索されれば、ブランド力として十分！

ブランディングについてさらに補足をします。たとえば、「**カフェのブランドと言えば?**」と聞かれたとき、みなさんは何と答えますか？

「スタバ」「ドトール」「タリーズ」とスムーズに答えられるでしょう。

では、「**ハンガーのブランドと言えば?**」と聞かれたとき答えられるでしょうか？　おそらく、答えに詰まるのではないかと思います。

このように、「○○のブランドと言えば?」という質問に対して、すんなりと言

い当てられることもまさにブランド力の賜物（たまもの）です。

ただ、**Amazon** において「ハンガー　木製」という比較的大きなキーワードで調べた際に 1 ページ目に表示されることも、ある種、ブランディングが効いていると言えます（広告、自然検索問わず）。

そこに対して自分の商品を食い込ませられるかどうか、それがすなわち **Amazon でのブランディング活動**となります。

ビッグキーワードでの検索で自社商品が上位に表示されることを目指しましょう。

▶理想は、予測ワードに自社ブランド名が表示されること

Amazon 上でのブランディング活動がうまく蓄積していくと、なにが起こるか——。究極は Anker さんのように「○○○　Anker」というように、**アイテム名＋ブランド名という形で予測ワードにまで表示される**ようになるのです。

そこまで到達できれば、真の意味でのブランディングが成功した状態と言えるでしょう。

ブランド名をキーワード検索しているということは、**そのブランドを狙い撃ちして買いに行こうとしている行為**です。

Amazon という市場は、世界最大の EC サイトであるぶん、参入するプレイヤーも多く、**コモディティ化する市場**（似たり寄ったりの商品が並んでしまう市場）も少なくありません。

そのような状況のなか、**価格、機能、デザイン以外の要素で価値を提供できるのはなにかというと、ブランド力にかかっている**と私は考えます。

ここまでで紹介した、「失敗事例」「成功事例」を参考にしながら、ブランドを醸成し年商 1 億円を達成し、またその先にある 10 億円のフェーズにも突入してほしいと願っています。

COLUMN 9

「日本のモノづくりをアップデート」の真意

すでに何度も述べましたが、私は Amazon 在籍中に Amazon D2C による副業で年商3億円を達成しました。

モノづくり初心者が年商3億円——。

私はこの体験を通じ、日本のモノづくりや伝統的・文化的価値を持つ商売に対し大きな課題を見つけました。それは、「日本は素晴らしいモノづくりが豊富だが、モノ売りが苦手な人が多すぎる」という点です。

私が培った Amazon ビジネスのノウハウさえあれば、日本のモノづくりはもっと明るい未来がある。それが「はじめに」でも述べた、「日本のモノづくりをアップデートする」の原点です。

少し精神的な話になりますが、私は日頃から、「モノ」と「心」は密接に結びついていると考えています。この信念はパナソニックの創業者である松下幸之助氏の「物心一如」という言葉を知ったことに端を発します。

心がなければモノは生まれないし、モノが足りなくなれば心はすさんでしまう。つまり、人、モノ、金など目に見える要素である一方、熱意、誠意、思いやりという目に見えない要素も大切にするということです。

たとえば感謝の気持ちを伝えるときにお辞儀をする、ありがとうを伝えるといったことも、心をモノに置き換える行動と言えるでしょう。

「日本のモノづくりをアップデートする」には、まさに心（＝人間性）のアップデートも不可欠なのです。私自身も副業を通じてモノづくりを経験し、松下氏の言葉どおり「モノづくりは、心づくりでもあるのだ」と感じる場面が多々ありました。もちろん当初は"資本主義ゲーム"という即物的な思考で取り組んでいたことは否定しません。ですが売上が少しずつ伸びるなかで、心の在り方に変化が現れたのも確かです。そのきっかけの1つに、カスタマーレビューがあります。

お客様が心の中に持つ「喜びの声」「お叱りの声」に目を通し、次の生産までに改善点として盛り込んでいく。そのようにしてモノづくりという仕事を通して人

間性を磨いていくということは心のアップデートでもあると感じています。これもまさに物心一如であると言えるでしょう。

　心の在り方に変化が現れるとやがて、「商売の美しさ」について深く考えるようになりました。言葉にすることが難しいのですが、料理にたとえてみましょう。

　私は、料理を食べたときに感じる言葉として「旨い」と「美味しい」には明確な違いがあると考えています。「旨い」はグルタミン酸、イノシン酸のような旨味成分を単純に舌で感じる際の味覚。一方「美味しい」は料理の味だけでなく、調理技法や食器への盛り付け、お店の設え、地域文化との結びつき、コース料理のストーリー、食を共にする方との会話、そのような体験すべてに対する感覚。

　辞書的な違いではなく、あくまで私見ですから異論もあるでしょう。つまり私が伝えたいのは、「文脈や背景の有無」が違いの正体であるということです。

　私はこの２つの違いについて、未来のAmazonD2Cで重要な役割を果たすと目します。Amazonのお客様に置き換えると、前者は「できる限り安価で、最低限機能すれば問題ない」と考える人、後者は「商品の価格や機能のほか、審美性、ストーリーなど世界観全体で価値を評価したい」と考える人。これは良し悪しの話ではなく、あくまで性質の違いについてです。そして現在のAmazonは、圧倒的に前者がマスです。しかし私は近い将来、その潮目が変わる時期が訪れると考えています。STEP8のコラムでは「ブランド価値訴求に期待しすぎるな」としましたが、これはあくまで「いまは」ということを付け加えておきます。

　では「どのようなプロセスで情勢が変わるのか」についてですが、お客様とメーカー（作り手）の両者が心を通わせることで醸成されていくと考えます。たとえば商品の感想についてお客様同士が積極的に語れる場所があれば、お客様のなかに美意識が育まれて購買動機や審美眼もアップデートされます。その語り合う場所こそ、カスタマーレビューやSNSです。そしてお客様の心のバトンはやがてメーカーに渡り、商品のアップデートへと還元されていくです。

　Amazonは、今後もマス向けのプラットフォームとして成長を続けるでしょう。大切なのはメーカーや作り手が、その大きな流れを認めつつもお客様との"知のリレー"を絶やさないこと。常に新たなステージを模索し、日本のモノづくり文化の発展を目指すことなのです。

おわりに

　本書を最後まで読んでいただき、ありがとうございました。読者のみなさまへ伝授したいことが溢れ、気がつけば300ページを超える大作となり私自身驚いています。

　さて「おわりに」では、私自身の歴史と執筆に込めた願いについて触れ、本書の結びにしたいと思います。もう少しだけお付き合いください。

　私は、大阪の泉州で5代続いてきた繊維商社の後継ぎとして生まれました。
　2012年に新卒第1期生としてアマゾンジャパン合同会社に入社するのですが、最終的には家業を継ぐ前提での就職のつもりでした。
　……が、入社して1か月が経ったころ、家業の役員だった一人がMBO（経営陣による自社買収）を行いました。有り体に言うと、会社を乗っ取られてしまったのです。もちろん適切に法的に正しく買い取られ、やがて別の事業を営む会社へ変貌します。
　私にとって「繊維やファッションにまつわるモノづくりに携わる」というアイデンティティが失われたことで、目の前が真っ暗になった感覚を覚えています。

　——しかし、そんな私を救ってくれたのはAmazonでした。
　入社後初の配属先は、奇しくもファッション事業部の営業チームでした。メーカーさんに対してAmazon参入の営業活動を行うなか、家業を継いだ自分の姿と重なる場面も多々ありました。それによって私自身も前向きに生きることができたと感謝しています。

　そして入社3年目に大阪へ転勤となったさい、生まれて初めて副業でカフェを経営しました。
　知人の誘いを受け、私が経営者のポジションでスタートしました。結果的に事

業は失敗し1年で身を退くのですが、小さいながらも経営の勉強ができたことは大きな自信になりました。そういった会社員としての業務以外にも、なりふり構わず好奇心で何でもトライするなかで、とある京都のセラーさんに出会いました。私の3つほど年上の方で、モノづくりを愛し、好きなことを好きな場所でして自由に働く姿に憧れを感じ、私も今すぐにモノづくりをしたいと思いました。そしてその方に紹介されたのがGROOVEの創業メンバーとなる、岡垣さんと田中さんです（お二人は本書の執筆にも大いに貢献してくださいました。この場を借りて御礼申し上げます）。

　同時にAmazonの配属先も東京に戻ることになりますが、その後の部署は直接メーカーさんと関わりを持たない業務がメインでした。そのころから私のなかで「お客様とつながること」が、自分のアイデンティティであることに気づきます。そこで無償ながらも、かつて懇意にしていた営業先のメーカーさんへの販売コンサルティングを行うようになりました。また、コンサルを通じてリアルなモノづくりの世界を体感でき、「自分でもやりたい」という思いが生まれていくことになります。

　先のカフェ経営の経験や失敗で培った知見、また会社勤めで貯めていたお金を資本にモノづくりの副業を始めました。それが本書でもお伝えした、1年で年商1億円を達成した財布の販売です。

　Amazonで最後に配属となったのは、マーケティングに関する部署です。これまで営業畑だったこともあり、環境がらっと変わったことは新鮮でした。たとえばマーケティングの部署として営業資料を作成し、営業チームへの社内トレーニングを実施する。また米アマゾン本社とのやりとりなどは、よく本屋で見る"Amazonの経営本"に書かれていることがそのまま実践されていたりします。投資の考え方、数字の見方など、経営の視点から学びを得ることができました。

　——こうした数々の経験がまるで織物のように重なり、やがて私のなかに「自分で会社を育てたい」という夢として形づくられていくのです。
　もちろんその夢をAmazonの社員として、社内で実現していく考え方もありました。しかしAmazonはあくまでプラットフォーマーであること、また"巨大

企業"という長大なシステムのなかで私が目指す中小企業としての経営像はうまく当てはまらない部分がありました。

　こうした考えが私のなかでまとまり、いよいよ Amazon を退職し独立を決断したのです。

　もちろん悩みに悩んだ決断です。これからも急成長を続ける企業なのにもったいない、立ち上げる会社が 100% うまくいく保証はない……、不安を挙げればキリがありません。けれども「経験」や「タイミング」は、いまそのときにしか決断できないことも多々あります。そのなかでも、最後に私の背中を押したのは、やはり「家業を継いで自分の会社を持つ」という夢のリベンジだったのです。

　話は少し逸れますが、株式会社 GROOVE の社名は、音楽用語に由来しています。リズムやビートが生み出す「動的秩序」を意味し、流動的でありながら調和のとれた一体感を表します。

　日本のモノづくりを担う方々と Amazon や D2C のノウハウを有する私たちが協業することで、消費者に新たな価値を生み出す "GROOVE" を創り出す——。それが「日本のモノづくりのアップデート」に繋がると信じています。

　さて、いま本書の執筆を終え、あらためて「目次」を読み返してみました。

　すると Amazon の話にとどまらず、経営、マーケティング、ブランディングなどさまざまなテーマで織りなしていることがわかります。手前味噌ですが、たいへん意義深い一冊に仕上がったと誇りを持って世に送り出す気持ちです。

　本書の内容は AmazonD2C 初心者にとって、骨太すぎると感じられるかもしれません。ですが一度だけ読むのでなく、何度も読み返していただき、みなさまのガイドブックとして末永くお役に立てることを願っています。

　2025 年 2 月

株式会社 GROOVE 代表取締役　田中謙伍

特典 1

Amazonセラーセントラル
（出品アカウント登録）

　Amazonへ出品するにはまず、出品用アカウントを登録して「セラーセントラル（出品者向け管理画面）」にサインインする必要があります。なお登録には審査が行われ、Amazonの担当者による面談が発生する場合もあります。そのため、事前に必要な資料を揃えておくとスムーズです。

セラーセントラルの申請画面

【①準備】

　出品用のアカウント登録を始める前に、下記の書類を準備しましょう。

- 行政機関発行の顔写真付きの身分証明書（例：パスポートや運転免許証等）
- 過去180日以内に発行された取引明細書（例：ガス・電気・水道料金等の請求書）
- ビジネス用のEメールアドレスまたは既存のAmazonアカウント
- 電話番号
- 有効なクレジットカード
- 銀行口座番号（Amazonから売上金を受け取る口座）
- （法人の場合）登記簿謄本

【②アカウント登録】

出品用アカウントを登録します。左図の「さっそく始める」ボタンより、入力フォームに従って申請を行いますが、法人の場合と個人の場合で入力する内容が異なりますので注意しましょう。

【③本人確認のためのビデオ審査】

アカウントの登録申請後、Amazonの担当者によるビデオ審査が行われる場合があります。なお、顔・名前・本人確認書類などを再確認する程度であり、厳しい審査ではありません。審査がスムーズに行えるよう、【①準備】に挙げた書類を事前に準備しておきましょう。特段問題がなければ、数日でAmazon担当者よりアカウント開設の案内メールが届きます。

セラーセントラルにログイン後に表示される管理画面

〈参考資料〉2025年2月現在
- Amazon 本人確認手順（Amazon.co.jp）
  https://sell.amazon.co.jp/sell/identity-verification?ref_=sdjp_sell_accreg_siv
- 出品用アカウント登録
  https://sell.amazon.co.jp/start
- Amazon 出品用アカウント登録手順
  https://sell.amazon.co.jp/sell/account-registration

特典2 Amazonブランドレジストリ（Amazonブランド登録）

　自社の知的財産の保護や商品情報の管理を行うための出品者向けの制度です。Amazon ブランド登録を済ませることで、ブランド出品者は主に下記の恩恵を受けることができます。

ブランドレジストリ申請画面

- スポンサーブランド広告を活用できる
- スポンサーディスプレイ広告を活用できる
- 独自ストアページを作成できる
- 相乗り業者や転売屋からの被害リスクを防げる
- 商品ページをリッチテキストやA＋などで充実できる
- Amazon ブランドアナリティクスを利用できる

　ただし、Amazon ブランド登録には事前に、商標権、ブランドロゴ、商品画像の3つが必要になります。そのため、計画的に準備を進めることがポイントです。

【①準備】

Amazonブランド登録を行うには、事前に特許庁への商標登録が必要です。出願後、商標登録審査の進捗は「J-Plat Pat」から常時確認ができ、6〜8週間ほどで「係属 - 出願 - 審査中」というステータスに移行します。このステータスになれば、Amazonブランド登録が可能となります。つまり審査がすべて完了（半年〜1年かかる）せずとも、Amazonブランド登録は行えるということです。

【② Amazonブランド登録】

特許庁で行った商標登録以外に必要なものとして、「ブランドロゴ画像」「ブランドロゴが印字された商品画像」があります。これらを準備のうえ、①Amazonブランドレジストリへのサインイン、②ブランド登録の申請を行います。

ブランドレジストリ登録後に表示される管理画面

〈参考資料〉2025年2月現在
- 出願の手続きについて（特許庁ホームページ）
  https://www.jpo.go.jp/system/trademark/shutugan/tetuzuki/index.html
- 審査状況の確認（J-Plat Pat）
  https://www.j-platpat.inpit.go.jp/
  ※当該商標の審査状況を示す「ステータス」欄が、「係属 - 出願 - 審査待ち」であればAmazonブランド登録が可能。
- Amazonブランド登録の概要（Amazon.co.jp）
  https://sell.amazon.co.jp/learn/brand-register
- Amazonブランドレジストリ（Amazon.co.jp）
  https://brandregistry.amazon.co.jp/
  ※サインインには、Amazonセラーセントラルのアカウントが必要
- ブランド登録の申請手順（Amazon.co.jp）
  https://brandregistry.amazon.co.jp/help/hub/reference/GRWHD3TXWAVKUT86
  ※サインインには、Amazonセラーセントラルのアカウントが必要

Amazonの新規商品登録の方法

初心者がぶつかる壁として挙げられるのが、「出品（商品登録）の仕方がわからない」ということです。Amazonでの商品登録方法は大きく2つあります。

- 相乗り出品：**Amazon内ですでに販売されている商品を出品する**
- 新規出品：**Amazon内にはない商品を新たに登録する**

本書のテーマは「自社商品で売上を立てる」ことですので、後者の新規出品が該当します。そのため以下では、新規出品に関する手順について紹介します。

【①事前確認と準備】

Amazonで販売する商品は、法律や規制のほかAmazonが掲げるポリシーに準拠する必要があります。「制限対象商品」に当たるものを販売すると、出品用アカウントを剥奪される可能性もありますので注意しましょう。制限対象商品は、セラーセントラル内の検索バーに「制限対象商品」と入力すれば確認できます。

制限対象商品例
- 医薬品：**未承認または無承認無許可医薬品**
- カー＆バイク用品：**騒音防止基準に適合しない消音器**
- 食品＆飲料：**正式な許可または免許なく製造された商品**

また事前準備として、①JANコードの取得、②メーカー型番が必要です。JANコードとは日本国内共通の商品管理コードを指し、商品パッケージの多くに付いているバーコードのことです。Amazonに新規出品で販売する場合は、「JANコードを取得した商品の出品が原則」になります。あらかじめ、一般財団法人 流通システム開発センターに申請を行って取得しておく必要があります。

メーカー型番とは、メーカー側が個別の商品に対して付与している型番、品番、製品番号などを指します。

【②新規出品の手順】

　新規出品の手順は大きく、①セラーセントラルから商品登録をクリック、②カテゴリー指定、③重要情報の入力、④出品情報の入力、⑤画像追加、という流れで行います。なお出品に関する基礎知識・基本操作については「Amazon出品大学」という、無料で学べるラーニングツールが充実しています。動画で紹介されている手順に従って出品を行いましょう。

セラーセントラル内の出品画面

【③販売のコツ】

　多くのお客様に購入いただくために、本書で紹介したコツも実践しましょう。

1) **インデックス**　→ P.177 参照
2) **7Days ハーフの法則**　→ P.199 参照
3) **フレッシュネス**　→ P.225 参照

〈参考資料〉
- ● JAN コードの取得（一般財団法人 流通システム開発センター）
  https://www.gs1jp.org/code/jan/
- ● メーカー型番とは（Amazon.co.jp）
  https://sellercentral.amazon.co.jp/help/hub/reference/G201974130?ref_=&mons_redirect=stck_reroute
- ● Amazon 出品大学（YouTube チャンネル）
  https://www.youtube.com/watch?v=r_oZJPGC3GQ
- ● 製品コードとは（Amazon 出品大学）
  https://www.youtube.com/watch?v=N1tWr-51N08
- ● 商品を個別に出品する（Amazon 出品大学）
  https://www.youtube.com/watch?v=tdm54-6Mug4

特典4 AmazonD2C PDCA チェックリスト 131

項目1	項目2	項目3	項目4	項目5	施策	No	チェック項目	✓
売上	アクセス	Amazonサーチ経由	検索順位（インプレッション）	Amazon内対策	商品名・検索キーワード（以下、KW）	1	ユーザーが検索するKWを抜け漏れなく設定できているか？	☐
						2	ビッグ・ミドル・スモールKWを意識して設定できているか？	☐
						3	商品名＞検索KW＞商品説明文の順に注力KWを設定しているか？	☐
						4	型番やブランド名など、商品・ブランド特有のKWは入れているか？	☐
						5	注力KWを定期的に順位計測を行っているか？	☐
						6	注力KWで検索した際、商品がインデックスされていることを確認しているか？	☐
						7	季節・イベント要因でニーズが高くなるKWを設定しているか？	☐
						8	検索KWに上限までKWを入れているか？	☐
						9	他社商品と比較し、KWに抜け漏れがないか確認しているか？	☐
					ブラウズノード	10	商品に合致する設定ができているか？	☐
					商品説明（箇条書き説明文）	11	商品説明に全て文章を入れているか？	☐
						12	商品ごとにユーザーが求めている情報が含まれているか？	☐
						13	ユーザーが検索するKWを意識して文章を作成できているか？	☐
					商品紹介コンテンツ（A+）	14	※13参照	☐
					スポンサープロダクト広告の運用・チューニング	15	予算が超過していないか定期的に確認を行なっているか？	☐
						16	オートターゲティング、マニュアルターゲティングの両方を設定できているか？	☐
						17	オートターゲティングのネガティブターゲティングを活用しているか？	☐
						18	オートターゲティングの配信戦略（ほぼ一致、大まか一致、代替商品、補完商品）を意識して運用ができているか？ ほぼ一致：広告商品が検索されたKWとほぼ一致する場合に、検索結果に表示／大まかな一致：広告商品が検索されたKWと大まかに一致する場合に、検索結果に表示／代替商品：広告商品の代替となる商品の商品詳細ページに広告を表示／補完商品：広告商品を補完する商品の商品詳細ページに広告を表示	☐
						19	マニュアルターゲティングのKWや商品ターゲティングは定期的に見直しを行なっているか？	☐
						20	マニュアルターゲティングで費用対効果の良いKWは配信を増やすようCPCを調整しているか？	☐
						21	マニュアルターゲティングで費用対効果の悪いKWは配信を増やすようCPCを調整しているか？	☐
						22	マニュアルターゲティングKWの完全一致、フレーズ一致、部分一致は使い分けられているか？	☐
						23	季節需要の高いKWは抜け漏れなく設定できているか？（母の日、クリスマスなど）	☐
						24	商品ごとに注力KWおよび商品ターゲティングを決めているか？	☐
						25	注力KWでKWターゲティング広告を出稿できているか？（マニュアル配信）	☐
						26	注力KWで1ページ目（掲載順位4位以内）に露出できているか？	☐
						27	注力KWは複数KW設定しているか？	☐
						28	注力KWでの配信実績を定期的に確認しているか？	☐
						29	キャンペーンの入札戦略を確認しているか？ 費用対効果重視の場合：ダウンのみ IMPを増やす場合：固定額入札	☐
						30	広告配信実績を定期的に確認しているか？	☐
						31	注力KWで広告掲載される競合商品を確認しているか？	☐
						32	Amazonのセールや独自のタイムセールなどのタイミングでCPCを調整できているか？※売れる時期のため、通常時よりも高めに設定する	☐
					スポンサーブランド広告の運用・チューニング	33	※15参照	☐
						34	広告の目標ROASや目標CPAは決めているか？	☐
						35	オートターゲティング、マニュアルターゲティングの両方を活用できているか？	☐
						36	オートターゲティングのネガティブターゲティングを活用しているか？	☐
						37	※18参照	☐
						38	マニュアルターゲティングのKWや商品ターゲティングは定期的に見直しを行なっているか？	☐
						39	マニュアルターゲティングで費用対効果の良いKWは配信を増やすようCPCを調整しているか？	☐
						40	マニュアルターゲティングで費用対効果の悪いKWは配信を減らすようCPCを調整しているか？	☐

項目1	項目2	項目3	項目4	項目5	施策	No	チェック項目	✓
売上	アクセス	Amazonサーチ以外	検索順位(インプレッション)	Amazon内対策	スポンサーディスプレイ広告の運用・チューニング	41	※22 参照	☐
						42	マニュアルターゲティングのネガティブターゲティングを活用しているか？	☐
						43	※23 参照	☐
						44	※24 参照	☐
						45	※25 参照	☐
						46	※27 参照	☐
						47	※28 参照	☐
						48	※31 参照	☐
						49	※29 参照	☐
						50	※32 参照	☐
						51	予算が超過していないか定期的に確認を行っているか？	☐
						52	広告の目標ROASや目標CPAは設定しているか？	☐
						53	リマーケティグオーディエンスは活用しているか？	☐
						54	最適化戦略は目的に沿った設定ができているか？※広告のROASを高めたいのであれば「コンバージョン数」を推奨	☐
						55	画像クリエイティブを活用する場合、ガイドラインに則った画像を準備できているか？画像サイズ：1,200×628ピクセル以上／ファイルサイズ：5MB以下／ファイル形式：PNGまたはJPEG／コンテンツ：画像にテキスト、グラフィック、ロゴが追加されていません	☐
						56	動画クリエイティブを活用する場合、ガイドラインに則った動画を準備できているか？アスペクト比：16:9／サイズ：1,920×1,080（最小）／最大ファイルサイズ：500MB／ファイル形式：H.264 MPEG-2、MPEG-4／長さ：6～45秒／フレームレート：23.976fps、24fps、25fps、29.97fps、29.98fps、30fps／ビットレート：1Mbps（最低）／動画ストリーム：1のみ	☐
						57	画像、動画クリエイティブは定期的に見直しを行っているか？	☐
						58	※42 参照	☐
						59	※20 参照	☐
						60	※30 参照	☐
						61	※32 参照	☐
					セール入稿	62	プライムデーやブラックフライデーで特選タイムセール数量限定タイムセールなどに参加しているか？	☐
						63	セールの割引金額・割引率は他社と比べても魅力的な訴求になっているか？	☐
						64	イベントがなくとも特選タイムセールや数量限定タイムセールに参加できているか？	☐
						65	セール入稿を行った際、広告予算を増額させるなどの配信を増やす施策は行えているか？	☐
					その他	66	商品の発送は他社と同等もしくは早く設定ができているか？	☐
						67	プライムバッジをつけるための対策はできているか？※FBAの利用がおすすめ	☐
				CTR	メイン画像改修	68	Amazonのルールに準拠しメイン画像は作成できているか？（商品本体の白抜き画像）	☐
						69	商品素材はしわや汚れなどない画像になっているか？	☐
						70	商品は大きく見せるようにメイン画像を作れているか？	☐
						71	商品に付く付属品やパッケージがある場合、それらを活かしたメイン画像を作れているか？	☐
						72	メイン画像はABテストを行ったうえで最もCTRの高いメイン画像になっているか？	☐
					商品名	73	商品名の前の方にユーザーのクリックを誘う文言を配置できているか？※「ブランド名＋ワイヤレスイヤホン＋防水」など、注力KWを先頭に入れる	☐
					価格	74	他社商品と比べて自社商品は魅力的な価格になっているか？	☐
					タイムセール	75	他社商品と比べて魅力的な割引率・割引金額になっているか？	☐
					ポイント・クーポン	76	他社商品と比べて魅力的なポイント・クーポンの割引金額になっているか？	☐
					プライムマーク	77	プライムバッジをつけるための対策はできているか？※Amazon FBAの利用がおすすめ	☐
				回遊	A+コンテンツ	78	A+コンテンツを活用し他商品への回遊動線を入れているか？	☐
						79	プレミアムA+コンテンツを活用し回遊動線を入れているか？	☐

項目1	項目2	項目3	項目4	項目5	施策	No	チェック項目	✓
売上	アクセス	Amazonサーチ以外	回遊		広告	80	スポンサープロダクト広告で自社商品に対して広告を配信できているか？（離脱防止）	☐
						81	スポンサーディスプレイ広告で自社商品に対して広告を配信できているか？（離脱防止）	☐
						82	スポンサーブランド広告で自社商品に対して広告を配信できているか？（離脱防止）	☐
					ストアページ	83	商品に関連するアップセル商品への導線を作れているか？※上位モデルや上位グレード商品への導線	☐
						84	商品に関連するクロスセル商品への導線を作れているか？※スマートフォン購入時にスマホケースを購入いただく	☐
			その他		Amazon外部から流入を増やす	85	外部から流入数を増やす動きはできているか？※SNS広告、インフルエンサーマーケティング（固定費依頼、Amazonアソシエイト活用依頼）等	☐
	転換率	流入の質を上げる	Amazon内対策	広告以外での対策	商品名	86	商品名先頭に、商品と関連度の低いKWを配置していないか？	☐
						87	ユーザーが魅力的に感じる文言を商品名の先頭に配置できているか？※「〇〇受賞」「最新モデル」など	☐
					メイン画像	88	商品パッケージは訴求したい内容が伝わる構成になっているか	☐
				広告対策	スポンサープロダクト広告チューニング	89	商品に関係のないKWやターゲティングに広告配信していないか？	☐
					スポンサーブランド広告チューニング	90	※89参照	☐
					スポンサーディスプレイ広告チューニング	91	オーディエンスの設定の見直しを行っているか？	☐
		内部情報の最適化	価格や値引きなど		ポイント・クーポン	92	他社商品と比べてポイント付与率、割引率は低すぎないか？	☐
					価格設定	93	他社商品よりも購入されやすい価格設定になっているか？	☐
			デザイン		サブ画像	94	サブ画像の1枚目、2枚目で特に押し出したい訴求を入れ込めているか？	☐
						95	サブ画像1枚あたりに訴求を詰め込み過ぎていないか？	☐
						96	文字サイズは小さ過ぎず、スマホでも見えるサイズになっているか？	☐
						97	他社商品と比較して魅力的な訴求をサブ画像に入れ込めているか？	☐
						98	季節要因で売上が伸びる商品は、その季節ごとにサブ画像を変更しているか？	☐
						99	商品レビューの高レビュー、低レビューを加味し、定期的に訴求を見直しているか？	☐
						100	画像のトンマナは揃っているか？	☐
					A+コンテンツ	101	サブ画像に含みきれていない訴求をA+に入れ込めているか？	☐
						102	A+コンテンツのモジュール数はなるべく多く使えているか？（最低でも5個以上）	☐
						103	A+コンテンツに含めるテキスト情報はお客様にとって魅力的な情報になっているか？	☐
			レビュー		レビュー数を増やす	104	新商品販売の際、Amazon Vineを活用しているか？	☐
						105	レビューリクエストを商品購入者にお送りしているか？	☐
					レビュー点数を上げる	106	商品に関係ない低レビューの削除依頼は行っているか？	☐
						107	低レビューに繋がりそうな内容を事前にページに反映させていないか？※商品の個体差が生じる場合の但し書きなど	☐
			客単価		セット商品	108	同じ商品の複数個数セット（2個、3個）は作れているか？	☐
						109	同じ商品の複数個数セット（2個、3個）は単品商品とバリエーション設定ができているか？	☐
						110	異なる商品（A商品+B商品）でのセット商品を検討し、商品登録できているか？	☐
						111	異なる商品（A商品+B商品）でのセット商品を単品商品とバリエーション設定できているか？	☐
					クーポン	112	複数点数購入された際に使えるクーポンは設定できているか？	☐
					広告	113	アップセル、クロスセルにつながる商品を用意し、自社商品に広告をかけられているか？	☐
					回遊	114	A+コンテンツを活用しアップセル、クロスセルにつながる商品を訴求できているか？	☐

項目1	項目2	項目3	項目4	項目5	施策	No	チェック項目	✓
コスト		広告費			Amazon 内広告のチューニング	115	商品別に広告の ROAS や売上対広告比率を決めて広告運用ができているか？	☐
						116	決めた基準に対して定期的にデータの確認を行い、優先度を決めて改善ができているか？	☐
					Amazon 外広告のチューニング	117	各施策ごとに想定でも費用対効果を算出しているか？	☐
						118	費用対効果を算出したうえで PDCA を回せているか？	☐
		販促費			ポイント・クーポン	119	他社商品を加味したうえでポイント・クーポンを付与しすぎていないか、定期的に確認できているか？	☐
		販促費			販売価格	120	他社商品を加味したうえで販売価格の見直しを定期的に行っているか？	☐
その他		他社商品の動向			価格	121	他社商品の価格を定期的に確認し商品価格の見直しを行っているか？	☐
					ページ	122	他社商品のページを定期的に確認し、自社商品のページと比較ができているか？	☐
					割引（クーポンやポイント）	123	セール時、その他期間での他社商品の割引状況を定期的に確認できているか？	☐
		データ分析（最低でも月 1 回を推奨）			店舗全体	124	昨年対比、昨月対比での売上金額、セッション数、CVR、客単価の数値を見て分析ができているか？	☐
						125	分析した結果に対して効果的な施策が打てているか？	☐
						126	Amazon でかかる経費（販売手数料など）も加味したうえで店舗単位での利益計算は定期的に行っているか？	☐
					商品	127	商品別での昨年対比、昨月対比での売上金額、セッション数、CVR、客単価の数値を見て分析ができているか？	☐
						128	分析した結果に対して効果的な施策が打てているか？	☐
						129	Amazon でかかる経費（販売手数料など）も加味したうえで店舗単位での利益計算は定期的に行っているか？	☐
		在庫				130	商品別に販売予測をし、在庫管理ができているか？	☐
						131	商品の在庫を切らすことなく余裕を持った在庫数を確保しているか？	☐

特典 5 AmazonD2C 用語解説集

用語	説明
あまぞんぶらんどあなりてぃくす Amazonブランド・アナリティクス	Amazonに出品されている商品のデータや、Amazon内の検索ボリュームを分析できるツール。Amazonが公式に提供しているもので、正確な情報をもとに検索キーワードや自社商品と競合商品との比較・分析が行える。
あまぞんぷらいむ Amazonプライム	年間プランまたは月間プランに入会することで受けられる消費者向けの会員制プログラム。迅速で便利な配送特典のほか、Prime Video、Prime Music、Amazon Photosなどデジタル特典を追加料金なしで使える。
あまぞんべんだーせんとらる Amazonベンダーセントラル	Amazonからの招待制プログラムおよびプラットフォームであり、メーカーや卸売業者向けに提供される。(⇔Amazonセラーセントラル) ⇒ベンダー
あるごりずむ アルゴリズム	プログラミング言語を使って問題を解いたり、目標を達成するための計算方法や処理方法を指す。算法や演算法などを意味する「Algorithm」が語源。
いーしー EC	Electronic Commerce。データ通信やコンピュータなど電子的な手段を通じて行う商取引の総称。狭義には、Webサイトで企業が消費者に商品を販売するネット通販を指す。イーシー、eコマース。
いーしーしー ECC	楽天市場の営業担当者。出店を行った店舗には必ず担当がつき、売上や利益の向上を目指すために手厚いサポートやコミュニケーションを行う。イー・シー・シー。
いんぷれっしょん インプレッション	広告が表示された回数を示す指標。Amazonでは、お客様に対して表示されたスポンサープロダクト広告やスポンサーブランド広告などの表示回数。
えーしーおーえす ACoS	Advertising Cost of Sales。広告売上高比率。広告費用と広告収益を測定する。Amazon独自の指標。広告費を広告収益で割り、パーセントに変換して計算する。エーシーオーエスとも。
えーしーおーてぃーえす ACoTS	Advertising Cost of Total Sales。アカウント全体における広告売上高比率。アカウント全体の広告費を広告収入で割り、パーセントに変換して計算する。本書著者独自に開発した指標。エーシーオーティーエスとも。
えーしん ASIN	Amazon Standard Identification Number。書籍以外の商品の識別用に設けた番号。10桁の数字とアルファベットで表される。エーシン、エースアイエヌとも。
えーだぶりゅーえす AWS	Amazon Web Service。Amazonが提供するクラウドサービスの総称。サーバーやストレージ、データベースなどを提供・共有する「パブリッククラウド」の一種で、業務を円滑化する多種多様なサービスを展開する。
えーぷらす A+	商品詳細ページの下部に表示されるコンテンツ。画像やテキストなどを活用し、商品の特徴や使用イメージなどを訴求する。
えすけーゆー SKU	Stock Keeping Unit。商品の受発注・在庫管理を行うときの、最小の管理単位を指す。たとえば同じデザインの服で、サイズはS、M、Lの3サイズ展開、カラーは3色展開されていたとする。この場合、アイテム数は1、SKU数は9SKU(3サイズ×3カラー)となる。エスケーユーとも。
えすでぃーぴー SDP	Single Detail Page。「同じ商品で、複数の商品ページが存在してはいけない」というAmazonサイト上のコンセプト。これによりお客は、商品を探すとき・購入を検討することが明快になる。
えふびーえー FBA	Fullfillment by Amazon。出品者に代わって、Amazonが商品の保管、注文処理、配送、カスタマーセンターなどを行うサービス。エフ・ビー・エーとも。
えむおーきゅー MOQ	Minimum Order Quantity。1回の発注における最低数量のこと。しがたって、指定された数量を下回って発注数することはできない。
おーいーえむ OEM	Original Equipment Manufacturer。メーカーが他企業の依頼を受けて、製品の製造を代行すること。またはその業務を行う企業を指す。
おーがにっくけんさく オーガニック検索	→自然検索
かーとぼっくす カートボックス	商品ページに表示されているカートに入れるためのボタン。
かーとをとる カートを取る	→WBB
かすたまーじゃーにー カスタマージャーニー	お客様が商品やサービスを知り、実際に購入(利用)するまでに辿る一連の購買行動(動線)。
しーあーるえむ CRM	Customer Relationship Management。お客様とコミュニケーションを取り、良好な関係を維持・促進すること。シーアールエムとも。
しーてぃーあーる CTR	Click Through Rate。検索結果として商品が表示された回数(インプレッション数)のうち、実際にクリックされた回数の割合を指す。

用語	説明
しーぴーえー **CPA**	Cost Per Action。1コンバージョンあたりにかかったコストを指す。実際にかけた広告費用に対していくら売れて、1つ売るのにいくらの広告費用を費やしたかを示す。
しーぴーしー **CPC**	Cost Per Click。インターネット広告の料金単位の一種で、クリック単価を指す。キーワードごとに定められているクリック単価を入札し、入札結果に従って検索結果の上部に広告が表示される。なお、キーワードの人気度によって1クリックの単価が変動する。
しーぶいあーる **CVR**	Conversion Rate。Webサイト訪問者のうち、購入や問い合わせなどそのWebサイトの最終成果に至った件数の割合。通販の場合は、商品購入に至った割合を指す。転換率、とも。
しぜんけんさく **自然検索**	検索結果画面の広告枠を除いた部分を指す。GoogleやYahoo!などの検索エンジンが、アルゴリズムで評価したサイトをランキング形式で表示する。オーガニック検索、とも。
すぽんさーでぃすぷれいこうこく **スンポンサーディスプレイ広告**	Amazon広告の一つ。関連するカテゴリや個別の商品または特定の興味・関心を持つユーザーをターゲットとして、商品ページや関連ページに表示する。
すぽんさーぶらんどどうがこうこく **スポンサーブランド動画広告**	Amazon広告の一つ。検索結果内に動画形式の広告を表示する。
すぽんさーぷろだくとこうこく **スポンサープロダクト広告**	Amazon広告の一つ。「検索したキーワード」に対する検索結果内に表示、または商品ページ内において関連した広告を表示する。
すぽんさーぶんらんどこうこく **スポンサーブランド広告**	Amazon広告の一つ。検索結果画面の上部、商品ページなど複数の場所に表示する。
せらー **セラー**	Amazon.co.jpに出品者として登録をし、自社商品を自ら出品・販売する形態を指す。2種類に大別し、大口セラーは月額登録料を支払うことで、出品数の制限がなくなるうえ、広告サービスを利用できる。小口セラーは月額登録料は必要ないが、毎月49点までの出品ができ、1商品にごとに成約料が発生する。
だぶりゅーびーびー **WBB**	Win By Box。自分が出品した商品が、Amazonの商品ページ内のカートボックス上で最上位を獲得した状態を指す。カートを取る、とも。
でぃーえすぴーこうこく **DSP広告**	Demand-Side Platform。広告出稿の費用対効果を高めたい広告主向けのサービス。
でぃーつーしー **D2C**	Direct to Consumer。メーカーが中間流通を介さずECサイトなどを通じ、商品を直接消費者に販売するビジネスのこと。
てんかんりつ **転換率**	→CVR
ぴーおーえっくす **POX**	Points of X。マーケティングのポジショニング分析において、競合と比較して自社や自ブランドの特徴を明確にするための分析フレームワーク。「Difference (違い、便益)」「Parity (類似、必要最低条件)」「Failure (失敗、不出来)」の観点で捉え、自社が選ばれる価値や理由を明確にする。ピーオーエックスとも。
ぴーおーえふ **POF**	Point of Failuere。「脱落ポイント」「脱落点」と訳され、競合商品の性能、機能と比較して脱落しているポイントを意味する。顧客にとって「他社製品を選ぶ理由」になる。ピーオーエフとも。
ぴーおーでぃ **POD**	Point of Difference。「異なる点」「差別化ポイント」と訳され、「競争優位につながる独自の強み」を意味する。顧客にとって「選びたくなる理由」になる。ピーオーディとも。
ぴーおーぴー **POP**	Point of Parity。「類似化ポイント」「同質化ポイント」と訳され、同一カテゴリーの商品が共通して持っているような機能、性質、特徴を意味する。もしそれがなければ、顧客にとって「買わない理由」になる。ピーオーピーとも。
ぶらうずのーど **ブラウズノード**	サイト上で表示されるカテゴリーの一覧に紐づけるための設定。
べんだー **ベンダー**	Amazonと直接取引を行う卸売業者を指す。業者はAmazonに商品を卸売りし、Amazonが販売を行う。セラーセントラルとは違い、Amazonから招待を受けた場合のみ利用できる。
ゆーあい **UI**	User Interface。広義には、ユーザーとコンピュータ間で情報をやり取りするためのさまざまな機器や装置を指す。本書では狭義に、webサービスでのページデザインやフォントを指す。

【超完全版】
『Amazonビジネス大全』読者限定
LINE友だち登録で3大プレゼント!

登録特典
友だち登録でAmazonD2Cに役立つオリジナル資料を無料でプレゼントいたします

手順1 QRコードで登録

手順2 登録後、フォームに記入いただくと以下のプレゼントが届きます

GROOVE オリジナル
AmazonD2C 事業計画書

事業計画は、AmazonD2Cを行ううえで不可欠です。GROOVEでは、はじめての方でも使いやすい事業計画書を準備しています。事業を始める前にぜひ活用してください。

GROOVE オリジナル
【完全版】広告運用 PDCA チェックリスト

AmazonD2Cにおいて、広告運用は必須の施策です。本書「特典4」で掲載しきれなかった、さらに詳細なチェックリストを用意しました。競合に負けない施策が盛りだくさんです。

GROOVE オリジナル
【詳細版】AmazonD2C 各申請手順書

本書「特典1、2、3」をより詳細に解説した資料を用意しました。申請を行うための参照先をQRコードで載せていますので、よりスムーズな手続きが進められます。

■ PC・スマートフォン対象(一部の機種ではご利用いただけない場合があります)のご負担になります。■第三者やSNSなどネット上での転載・再配布は固くお断りいたします。購入者向けの特典ですので、図書館等でお借りになった場合、本データのご利用はお断りいたします。■システム等のやむを得ない事情により予告なく公開を中断・終了する場合があります。■本データは株式会社GROOVEが管理・提供しています。株式会社KADOKAWAではデータファイルのダウンロード・使用方法等についてはお答えできません。■端末やOSによっては、データファイルを開くためのアプリや、サービスへの登録が別途必要になる場合があります。なお、必要なアプリのインストールや詳細操作手順については、ご利用環境によって異なるため個別にご案内できません。

【お問い合わせ】株式会社GROOVE　https://grooveinc.jp/contact

※ 2025年2月現在の情報です。

【参考文献】

「日本における Amazon の沿革」(https://www.aboutamazon.jp/about-us/amazon-japan-timeline)

「The Everything Store: Jeff Bezos and the Age of Amazon」(https://www.amazon.com//dp/B00FJFJOLC/)

「フルフィルメント by Amazon」(https://sell.amazon.co.jp/fulfill/fulfillment-by-amazon?ref_=sdjp_fulfill_fba_i)

『競争優位の戦略』(M.E. ポーター著、土岐坤、中辻萬治、小野寺武夫訳、ダイヤモンド社)

『イノベーションのジレンマ 増補改訂版』(クレイトン・クリステンセン著、玉田俊平太監修、伊豆原弓訳、翔泳社)

『〔エッセンシャル版〕マイケル・ポーターの競争戦略』(ジョアン・マグレッタ著、櫻井祐子訳、早川書房)

「Start with why」(https://www.youtube.com/watch?v=u4ZoJKF_VuA)

『影響力の武器 [第三版]』(ロバート・B・チャルディーニ著、社会行動研究会訳、誠信書房)

『松下幸之助 人生をひらく言葉』(谷口全平著、PHP 研究所)

「外食が提供する価値に関する研究」(生江史伸著、東京大学大学院 農学生命科学研究科)

● 装丁：菊池 祐
● 編集協力／本文デザイン／DTP：城﨑尉成（思机舎）
● 図版：三協美術
● 校正：入江佳代子
● 協力：岡垣享典、小坂井 崇、鈴木将之、村上拓也、松岡孝明、木村一平、田口雅弘、藤田敦也（以上、株式会社GROOVE）、青木創士（株式会社キークエスト）、鈴木俊之（バックヤード株式会社）、田中健也（株式会社AINEXT）
● 編集：小林徹也

田中謙伍（たなか・けんご）

大阪府岸和田市出身。南大阪泉州で繊維業を営む家系に生まれる。慶應義塾大学環境情報学部卒業後、新卒採用第1期生としてアマゾンジャパン合同会社に入社。出品サービス事業部にて2年間のトップセールス、同社大阪支社の立ち上げ、Amazonスポンサー広告の立ち上げを経験。その後D2Cブランド支援業の株式会社GROOVE及びD2Cメーカーの株式会社AINEXTを創業。立ち上げ6年で2社合計年商50億円を達成。ミッションは、日本のモノづくりをアップデートすること。通称たなけん。YouTube「たなけんのEC大学」はチャンネル登録者数5万人超。

YouTube：https://www.youtube.com/@ec8531

【超完全版】Amazonビジネス大全
「ゼロ」から年商1億円の最短ルート

2025年4月1日　初版発行
2025年6月25日　再版発行

著者／田中 謙伍

発行者／山下 直久

発行／株式会社KADOKAWA
〒102-8177　東京都千代田区富士見2-13-3
電話 0570-002-301（ナビダイヤル）

印刷所／株式会社DNP出版プロダクツ
製本所／株式会社DNP出版プロダクツ

本書の無断複製（コピー、スキャン、デジタル化等）並びに
無断複製物の譲渡および配信は、著作権法上での例外を除き禁じられています。
また、本書を代行業者等の第三者に依頼して複製する行為は、
たとえ個人や家庭内での利用であっても一切認められておりません。

●お問い合わせ
https://www.kadokawa.co.jp/（「お問い合わせ」へお進みください）
※内容によっては、お答えできない場合があります。
※サポートは日本国内のみとさせていただきます。
※Japanese text only

定価はカバーに表示してあります。

©Kengo Tanaka 2025　Printed in Japan
ISBN 978-4-04-607221-4　C0030